운명이다

노무현 전집 5

운명이다

노무현 자서전

노무현재단 엮음, 유시민 정리

2019년 5월 3일 초판 1쇄 발행
2025년 1월 10일 초판 11쇄 발행

펴낸이 * 한철희
펴낸곳 * (주)돌베개
등록 * 1979년 8월 25일 제406-2003-000018호
주소 * 10881 경기도 파주시 회동길 77-20 (문발동)
전화 * 031-955-5020
팩스 * 031-955-5050
홈페이지 * www.dolbegae.co.kr
전자우편 * book@dolbegae.co.kr
블로그 * blog.naver.com/imdol79
트위터 * @Dolbegae79

주간 * 김수한
편집 * 이경아
디자인 * 김동신·이은정·이연경·김하얀
마케팅 * 심찬식·고운성·조원형
제작·관리 * 윤국중·이수민
인쇄·제본 * 영신사

ISBN 978-89-7199-946-2 04080
ISBN 978-89-7199-948-6 세트

책값은 뒤표지에 있습니다.

* 이 책은 2010년 (주)돌베개에서 처음 출간되었습니다.

운명이다

노무현 자서전

노무현재단 엮음
유시민 정리

노무현 대통령 전집을 발간하며

노무현 대통령 서거 10주기입니다. 노무현재단은 그 10년 동안 일어났던 우리 사회의 변화를 살피고 재단이 벌였던 사업을 돌아보았습니다. 이제는 애도와 추모를 넘어, '사람 사는 세상'을 열고자 했던 노무현 대통령의 생각과 뜻을 시민과 함께 더 깊고 더 넓게 펼쳐 나가는 일에 힘을 집중해야 할 것입니다. 노무현 대통령의 전집을 펴내는 것이 그 첫걸음입니다.

여러 출판사에서 펴냈던 노무현 대통령의 책을 전집으로 묶는 과정에서 관련 사료를 면밀히 검토해 착오와 오류를 바로잡음으로써 더 정확한 텍스트로 만들었습니다. 노무현 대통령의 생애와 철학을 이해하고 연구하고 평가해 보려는 시민에게 이 전집은 확실하게 믿고 의지할 수 있는 자료가 될 것입니다. 기존 저서로 엮이지 않은 노무현 대통령의 말과 글 가운데 널리 알릴 필요가 있는 것을 가려 모아 말글집을 만들었습니다. 1권 『여보, 나 좀 도와줘』와 2권 『노무현의 리더십 이야기』, 3권 『성공과 좌절』, 4권 『진보의 미래』, 5권 『운명이다』는 이미 나와 있던 책이지만, 노무현 대통령의 말과 글을 모은 6권은 새로 편찬한 것입니다. 전집 세트를 통해서만 만나실 수 있는 7권은 사진과 함께 보는 노무현 대통령의 연보입니다. 앞의 책들 곁에 함께 두고 보시면 노무현 대통령의 삶이 더 풍부하고 입체적으로 다가올 겁니다.

노무현 대통령은 대한민국에서 가장 큰 책임이 따르는 공직을 수행했지만, 한 인간으로서는 보기 드물 정도로 겸손하고 소탈했습니다. '사람 노무현'의 느낌을 전하기 위해 소박하지만 품격이 있고 독자가 편안하게 읽을 수 있도록 책을 만들었습니다. 성의를 다해 전집을 제작한 돌베개출판사와 지난 10년 동안 노무현재단을 만들고 키우신 9만여 후원 회원 여러분께 노무현 대통령을 대신하여 따뜻한 감사 인사를 드립니다. 노무현의 시대를 직접 경험하지 않은 젊은이들이 《노무현 전집》에서 그분의 삶과 철학을 만나기를 기대합니다.

2019년 5월

사람사는세상 노무현재단 이사장 유시민

고맙습니다

노무현 대통령 서거 1주기를 맞아 이 책을 펴냅니다. 노무현 대통령에 대한 책은 이미 많이 나왔고 앞으로도 더 나오겠지만, 출생에서 서거에 이르기까지 인생 역정 전체를 기록한 '자서전'은 이 책이 처음이자 마지막이 될 것입니다. 노무현재단은 대통령 서거 1주기를 맞아 그가 무슨 생각을 하면서 살았고 어떤 꿈을 꾸었으며, 그 꿈을 이루기 위해 무엇을 한 사람인지 정확하게 기록한 책을 출간할 필요가 있다고 판단했습니다.

정치인 노무현, 대통령 노무현에 대한 호불호나 정치적 평가는 사람마다 다를 것입니다. 그것은 또한 시대 상황과 시대정신의 변화에 따라 달라질 것입니다. 그가 어떤 목표를 추구했는지, 무엇을 성취했고 어떤 오류를 범했는지, 대한민국에 무엇을 남겼는지, 우리는 많은 시간 더 생각하고 연구하고 토론하게 될 것입니다. 이를 위해서는 '대통령 노무현'을 넘어 '인간 노무현'의 삶에 대한 기록이 필요합니다. 변호사 노무현, 인권 운동가 노무현, 정치인 노무현, 대통령 노무현은 모두 '인간 노무현'의 일부입니다. 그 모두가 하나로 어울려 '인간 노무현'이 되었습니다. '인간 노무현'의 삶과 죽음 전체를 있는 그대로 살펴보아야 비로소 '대통령 노무현'을 깊게 이해할 수 있다고 생각합니다. 비록 다른 사람이 원고를 정리하기는 했지만, 이 책은 노무현 대통령 스스로 자신의 삶에서 중요하다고 생각한 일들을 기록한 '정본

자서전'입니다.

노무현 대통령은 노력하는 사람이었습니다. 그는 매 순간 자신의 목표가 무엇인지를 분명하게 인식하면서 그 목표를 성취하기 위해 노력했습니다. 그 목표가 개인적 출세였던 시절도 있었고 사회의 진보였던 때도 있었습니다. 그러나 그는 언제나 최선을 다하는 사람이었습니다. 그것 하나만으로도 충분히 매력 있는 사람이었다고 생각합니다.

노무현 대통령은 또한 당당하게 살고자 분투했던 사람입니다. 세속적 기준으로 보면 성공한 변호사였던 그는 소위 부림사건을 만나 뒤늦게 역사와 사회에 눈을 뜬 이후 마치 활화산처럼 자신을 불태우며 '사람 사는 세상'의 꿈을 향해 나아갔습니다. 정치에 뛰어든 뒤 숱한 좌절을 겪고 낙선을 거듭하였지만 포기하거나 좌절하지 않았습니다. 완벽한 사람이 아니었기에 실수를 하고 오류를 범했지만 잘못을 감추거나 변명하지 않았습니다. 부단히 자신을 성찰하고 교정해 가면서 원칙과 상식의 힘에 기대어 대통령이 되었습니다. 대통령이 되기 전에도 된 후에도 한결같이, 그는 반칙과 분열주의에 항거했으며 기회주의와 분연히 맞서 싸웠습니다. 힘이 없을 때에도 부당한 특권 앞에 굴복하지 않았으며, 권력을 쥐었을 때에는 국민 위에 군림하지 않았습니다. 그는 남이 아니라 자기 자신 앞에 당당한 사람이 되려고 했던 사람입니다. 오랜 세월 멀리서 가까이에서 본 '인간 노무현'은 그런 사람이었습니다. 노무현 대통령 스스로 기록하거나 구술하였던 삶의 기록 곳곳에서, 우리는 전력을 다해 싸우고 끝없이 번민하는 '인간 노무현'을 만날 수 있습니다. 그는 그런 사람이었고 그런 대통령이었습니다. 우리는 그가 그 모습 그대로 사람들에게 사랑받기를 원합니다.

퇴임한 직후 노무현 대통령은 자서전을 쓰지 않으려고 했습니다. 가치 있는 자서전은 거짓과 꾸밈이 없이 진솔하게 써야 하는데, 정치인으로서 대통령으로서 관계를 맺었던 많은 사람들이 여전히 현업에 있는 상황이라 모든 것을 사실 그대로 솔직하게 말하기 어렵다고 생각했기 때문입니다. 그래서 시간이 더 많이 흐른 후에야 자서전을 쓸 수 있을 것이라고 했습니다. 검찰 수사가 대통령의 주변을 옥죄어 들어왔던 시점에 와서야 회고록을 써야겠다며 목차와 생각의 편린들을 메모하기 시작했지만, 그에게는 이미 그 일을 할 만큼 많은 시간이 남아 있지 않았습니다. 결국 그는 열네 줄 짧은 글 하나만 남기고 떠나 버렸습니다. 노무현 대통령의 회고록을 쓰는 것은 남은 사람들의 과제가 되었습니다. 앞으로 많은 날을 더 살아가야 할 '노무현의 사람들'은 그를 잊지 않고 그와 더불어 살아가려는 마음을 담아 이 책을 만들었습니다.

노무현 자서전 『운명이다』를 국민 여러분께 바칩니다. 국민장 기간 동안 봉하마을과 전국의 분향소를 찾아와 애도해 주셨던 모든 분들에게 동병상련의 정을 담아 이 책을 드립니다. 분향소에 오지는 못했지만 마음속으로 노무현 대통령의 명복을 빌어주셨던 분들에게도 감사의 마음을 담아 드립니다. 노무현 대통령을 아주 많이 사랑하셨던 분들에게는 이 책이 따뜻하고 정겨운 작별 인사가 되기 바랍니다. 아무도 모르게 혼자서 마지막 길을 걸어야 했던 그 외로웠을 발걸음을 생각하며 눈시울을 적셨던 모든 이들에게 작은 위안이 되기를 바랍니다. 노무현 대통령을 잘 몰랐거나 아직도 오해하고 계신 분들에게는 이 책이 막혀 있던 소통과 공감의 문을 여는 손잡이가 되었으면 좋겠습니다. 노무현 대통령의 유가족과 옛 참모들, 동지들, 오랜 벗들, 노무현재단 임직원과 회원들 모두를 대표하여, 아직도 애도를 끝마치지 못한 모든 분들에게 감사 인사를 드립니다. 고맙습니다.

2010년 4월
노무현재단 상임이사 문재인

노무현 자서전, 이렇게 만들었습니다

역사학자 야코프 부르크하르트는 "역사란 한 시대가 다른 시대 속에서 주목할 만한 가치가 있다고 생각한 일들에 관한 기록"이라고 했습니다. 그의 말에 따르자면, 이 자서전은 "인간 노무현이 자신의 삶에서 주목할 만한 가치가 있다고 생각했던 일들에 관한 기록"입니다.

제16대 대한민국 대통령 노무현은 자신의 삶에 관한 자필 기록과 구술 기록을 많이 남겼습니다. 자신의 삶에서 주목할 만한 가치가 있다고 생각했던 일들을 생전에 기록해 둔 것입니다. 이 기록들을 시간과 사건에 따라 재구성, 압축하면서 '재집필'(rewrite)했습니다. 작업을 하는 과정에서 어떤 사실들은 생략했으며 다른 사실들은 독자가 분명하게 이해할 수 있도록 보완했습니다. 결국 노무현 대통령이 자신의 삶에서 주목할 만한 가치가 있다고 생각했던 일들 가운데 이 작업에 참여한 사람들 역시 그렇다고 판단한 것들을 중심으로 기록을 다시 정리한 것입니다.

노무현 대통령이 생존해 있으면서 자서전을 썼다고 해도, 한 가지를 제외하면 작업 과정이 크게 다르지는 않았을 것입니다. 그것은 그가 원고를 직접 검토하여 수정하지 않았다는 사실입니다. 직접 작업에 관여했다면 그는 아마도, 주목할 가치가 있는 사실의 선택에 관하여, 그 사실들 사이의 상관관계와 인과관계에 대해서, 그리고 종국적으로는 그것을 서술하는 데 사용한 어휘와 표현 방식에 대해서까지, 늘 그랬던 것처럼 독자적인 견해를 분명하게 밝히면서 강력하게 밀고 나갔을 것입니다. 자서전은 원래 이렇게 써야 합니다. 그러나 그는 떠나고 없습니다. 어쩔 수 없이 제가 유족과 옛 참모들의 도움을 받아 대신 느끼고 대신 생각했습니다. 두려운 마음으로, 그가 했어야 할 일을 대신한 것입니다. 이 자서전은 그렇게 만들어졌습니다.

모든 자서전이 그러하듯, '사후(死後) 자서전' 역시 고의 또는 착오에서 비롯된 오류가 있을 수 있습니다. 그런 위험을 최소화하기 위해 철저히 고인이 남긴 기록을 토대로 자서전을 서술하였습니다. 그가 남긴 기록 그 자체가 오류가 있거나 불완전한 경우에만 내용을 수정·보완하였습니다. 혹시 있을지도 모를 불필요한 오해를 피하기 위해 어떤 기록을 토대로 삼았는지, 어떤 자료를 활용하여 기록을 보완하였는지, 되도록 자세하게 말씀드리고자 합니다.

노무현 대통령이 남긴 최초의 중요한 자전적 기록은 미공개 자필 기록 「오! 민주여! 사람 사는 세상이여!」입니다. 이 글은 그가 1988년 제13대 국회의원 총선에 통일민주당 후보로 출마했을 때 직접 쓴 것입니다. 그는 여기에 당시의 시국 현안에 대한 입장과 총선에 임하는 자세, 그리고 자신의 성장 과정을 일목요연하게 서술해 두었습니다.

두 번째 자전적 기록은 1994년 단행본으로 출간한 에세이집 『여보, 나 좀 도와줘』입니다. 열차나 비행기로 지방 출장을 다니는 시간까지 활용해 가면서 틈틈이 집필하였다고 합니다. 여기에는 가난했던 어린 시절과 학창 시절, 사법 고시 합격 과정, 판사 생활과 변호사 활동, 민주화 운동에 이어 정치를 하면서 겪었던 성취와 좌절이 특유의 구어체 문장으로 상세하게 기록되어 있습니다.

세 번째는 2001년도에 작성한 미공개 구술 기록 「통합의 정치를 향한 고단한 도전」입니다. 여기에는 이른바 '3당합당'의 충격파가 휩쓸고 지나간 1990년 이후 10년 동안 정치를 하면서 겪었던 일들이 소상하게 기록되어 있습니다. 야권 통합 운동의 성공과 좌절, 작은 민주당과 국민통합추진회의(통추) 활동, 국민회의 입당과 김대중 대통령의 당선, 2000년 총선 부산 재도전과 낙선, 노사모(노무현을 사랑하는 사람들의 모임)의 탄생, 해양수산부 장관 시절까지의 이야기입니다. 원래는 책을 내려고 했지만 출판하지는 않았으며, 구술 기록도 완결되지 않은 상태에서 끝났습니다. 제목 역시 출판을 위해 녹취록을 정리하면서 임시로 붙인 것입니다.

네 번째는 2007년 9월 5일, 9월 16일, 10월 20일, 2008년 1월 18일, 네 차례에 걸쳐 청와대에서 구술한 「나의 정치 역정과 참여정부 5년」입니다. 9월 16일의 두 번째 구술은 『오마이뉴스』 오연호 대표기자가 함께했습니다. 오연호 기자는 노무현 대통령 서거 40여 일 후인 2009년 7월 『노무현, 마지막 인터뷰』라는 단행본으로 그 내용을 출간한 바 있습니다. 네 차례 육성 기록은 모두 영상으로 촬영했으며, 그 일부를 편집하여 2007년 11월 11일 〈대통령, 참여정부를 말하다〉라는 제목의 KTV 다큐멘터리로 내보냈습니다. 2008년 2월에는 〈참여정부 5년의 기록〉이라는 5부작 다큐멘터리 DVD도 제작했습니다. 그러나 인터뷰 기록 전체를 공개하지는 않았습니다.

마지막으로 노무현 대통령이 고향으로 돌아온 후부터 서거하시기 전까지 1년 3개월 동안 쓴 다양한 자필 기록과 구술 기록이 있습니다. 쓰다 만 회고록, 홈페이지 '노하우'와 '민주주의 2.0'에 올렸던 글들, 이명박 대통령에게 보냈거나 보내려 했던 편지와 청원서, 진보주의 연구모임의 비공개 카페에 올린 토론 자료, 진보주의 연구모임 토론회 발언 녹취록, 봉하마을 방문객 인사 말씀 녹취록 등 그가 봉하마을에 살면서 남긴 기록은 무척 다양합니다. 회고록 성격이 있는 기록은 서거 이후 『성공과 좌절』(학고재, 2009. 9.)에 담겨 공개되었고, 민주주의와 진보주의 연구 관련 기록은 『진보의 미래』(동녘, 2009. 11.)에 묶여 출간되었습니다. 일부 자료는 아직 공개되지 않은 상태로 남아 있습니다.

자필 기록과 구술 기록 말고도 노무현 대통령의 삶과 죽음에 관련된 다양한 기록들이 남아 있습니다. 통합의 정치와 리더십에 대한 생각을 담은 『노무현이 만난 링컨』(학고재, 2001. 11.), 해양수산부 장관 시절의 경험을 정리한 『노무현의 리더십 이야기』(행복한책읽기, 2002. 10.), 대통령 후보 출마를 결심한 배경을 밝히는 인터뷰가 실린 『상식 혹은 희망, 노무현』(행복한책읽기, 2002. 3.), 선거제도와 정당 문화의 혁신 필요성을 제기한 『한국정치, 이대로는 안 된다』(대통령비서실, 역사비평사, 2007. 9.; 2009. 6, 『노무현, "한국정치 이의있습니다"』로 개정판 출간), 참여정부의 정책 성과를 도표로 정리한 『있는 그대로, 대한민국』(대통령비서실, 지식공작소, 2007. 6.), 『조선일보』 등 보수 언론과의 대결을 기록한 『노무현과 국민사기극』(강준만, 인물과사상사, 2001. 4.)과 『노무현은 왜 조선일보와 싸우는가』(유시민, 개마고원, 2002. 8.) 같은 자료가 그것입니다. 그 밖에 참여정부 5년의 정책 평가를 시도한 『불멸의 희망』(이백만, 21세기북스, 2009. 11.)과 서거 전후 상황을 추적 정리한 『내 마음속 대통령』(노무현재단, 한걸음 더, 2009. 10.)에서도 노무현 대통령의 삶과 죽음에 관련된 여러 의미 있는 기록을 발견할 수 있습니다.

이 자서전을 쓰기 위해서 새로 발굴한 자료도 있습니다. 노무현 대통령의 유가족과 친구들, 그리고 옛 참모들을 대상으로 한 취재 기록입니다. 이것을 참고하여 노무현 대통령의 자필 기록과 구술 기록에 공백이 있거나 불명확한 부분들을 보완하였습니다. 이 취재 기록은 모두 노무현재단에 사료로 제출할 예정이며, 적절한 시점에 일반에게 공개할 수 있을 것으로 전망합니다. 자서전 본문은 대부분 노무현 대통령이 직접 작성하거나 구술한 자전적 기록을 재구성하여 집필하였으며, 취재 기록과 다른 사람이 쓴 책은 그 기록을 수정 보완하는 데 활용하였다는 점을 밝혀 둡니다.

책의 본문은 4부로 구성하였으며, 앞뒤에 프롤로그와 에필로그가 있습니다. 프롤로그는 노무현 대통령이 회고록을 써야 한다고 생각하게 된 이유를 보여 줍니다. 1부에는 출생에서 부림사건 변론을 맡기 전까지, 변호사 노무현의 성장 과정을 기록하였습니다. 2부에는 부림사건 변론을 맡은 때부터 해양수산부 장관직을 마칠 때까지, 인권 변호사 노무현과 정치인 노무현의 도전과 시련을 기술하였습니다. 3부에는 민주당 대통령 후보 국민 경선에 출마한 시점부터 대통령직을 마치고 청와대를 떠난 때까지, 주로 국정 운영과 관련한 대통령 노무현의 고뇌를 담았습니다. 4부에는 고향 봉하로 돌아온 후부터 서거 시점까지, 전직 대통령 노무현의 희망과 좌절을 기록하였습니다. 여기까지 노무현 대통령은 '나'로 등장합니다. 자서전이기에 당연한 일입니다. 하지만 에필로그에서만큼은 '그'가 됩니다. 에필로그에는 서거 이후 상황과 인간 노무현의 생애에 대한 저의 주관적 소감을 적었습니다.

이 자서전에는 두 가지 아쉬운 점이 있습니다. 먼저 이 책은 인간 노무현의 삶과 죽음에 대한 '빠짐없는 기록'이 아닙니다. 그가 스스로 "자신의 삶에서 주목할 만한 가치가 있다고 생각했던 일들"을 기록한 자필 기록과 구술 기록에는 적지 않게 빈 곳이 있습니다. 이 공백들을 채워야 할지, 채운다면 어떻게 채워야 할지, 떠나고 없는 그에게 물어볼 수 없기에 그대로 두었습니다. '사후 자서전'으로서는 피할 수 없는 한계일 것입니다.

다른 하나는 인간 노무현의 매력을 보여 주는 흥미로운 사실들 가운데 여기 기록할 수 없었던 것이 적지 않았다는 점입니다. 자필 기록과 구술 기록에 아무런 흔적이 없기 때문입니다. 노무현 대통령은 부끄러움과 수줍음이 많은 사람이었습니다. 다른 사람이 성취한 것을 가지고 생색내는 일을 하지 않은 것은 물론이요, 자신이 한 일조차 드러내 자랑하기를 꺼렸습니다. 그래서 그런 사실들을 여기 제대로 기록하지 못했습니다.

예를 들어 부산상고를 졸업할 무렵 친구 여동생이 경남여고에 합격하고도 등록금이 없어서 울고 있는 것을 보고 어머니 심부름을 하느라 지니고 있던 돈을 덜컥 주었다가 집에서 쫓겨났던 일, 인권 변호사 시절 자기 돈을 털어 부산 일대의 시민 단체들을 지원하고 부산 경남 지역의 반독재 민주화 운동을 이끌었던 과정 같은 것은 관련자의 증언으로 확인할 수 있었지만 관련 자필 기록과 구술 기록이 남아 있지 않아 다 포함시키지는 못했습니다. 반기문 씨를 UN 사무총장으로 만들기 위해 많은 공을 들여 정상 외교를 하고서도, 일이 성사된 후 방송에서 이것을 축하하는 〈열린음악회〉를 기획했을 때 그가 끝내 참석을 거절한 일화도 같은 이유로 기술하지 못했습니다. 이런 것들은 누군가 자서전이 아닌 '평전'을 집필할 때 상세하게 다룰 수 있을 것으로 기대합니다.

자신의 삶에 관한 인간 노무현의 자전적 기록은 1988년 초부터 2009년 봄 서거 직전까지 20년 넘는 긴 세월 동안 여러 차례 작성되었습니다. 시점과 상황에 따라서 분위기가 많이 다르고 내용도 약간씩 차이가 납니다. 아마도 자신의 삶에서 "주목할 만한 가치가 있다고 생각하는 일"을 선택하는 기준이 시대 상황의 변화에 영향을 받았기 때문일 것입니다. 1988년 초의 자전적 기록은 마치 불덩어리처럼 뜨겁습니다. 여기에는 슬픔과 분노가 가득한데, 당시의 참혹한 노동 현실 때문인지 분노가 슬픔을 압도합니다. 그러나 2009년 봄의 기록은 모든 것이 다 타 버리고 켜켜이 쌓인 잿더미 아래 마지막 불씨가 숨어 있는 화로와 비슷합니다. 여기서는 두터운 슬픔과 회한 때문에 분노가 잘 보이지 않습니다.

어느 기록의 분위기를 선택해서 자서전을 '재집필'해야 할지 고민했습니다. 결론은 그의 마지막 선택을 존중하는 것이었습니다. 검찰 수사가 그를 옥죄고 있던 시기의 마지막 기록을 선택했다는 뜻입니다. 독자들께서는 2009년 4월 22일부터 서거일인 5월 23일 새벽까지 노무현 대통령이 자서전을 썼다고 가정하면서 이 책을 읽으시기 바랍니다. 그는 4월 22일 봉하마을 사저 회의실에 참모들을 불러 '사람사는 세상' 홈페이지 개편에 관한 의견을 나누었습니다. 그때 '진보주의 연구'라는 책을 자신의 이름으로 내는 것이 이제는 의미가 없다고 하면서, 예전에는 쓰지 않으려고 했던 회고록을 써야 할 때라고 말했습니다. 그것도 "영광과 성공의 이야기가 아니고 시행착오와 좌절과 실패의 이야기를 써야 맞는 게 아닌가 싶다"고 했습니다. 그래서 이 '사후 자서전'도 "시행착오와 좌절과 실패의 이야기"가 되었습니다.

안장식이 끝난 직후인 2009년 7월 '노무현재단' 결성을 준비하던 시점에서 서거 1주기에 '노무현 대통령 일대기'를 출판해야 한다는 이야기가 처음 나왔습니다. 여러 가지 문제를 검토한 끝에, 아직 고인의 삶과 죽음에 대한 평가를 하기에는 너무 이른 시점인 만큼 자전적 기록을 토대로 자서전을 쓰자는 결론을 내렸습니다. 그때가 2009년 9월이었습니다. 실로 많은 분들이 직간접으로 이 작업에 참여하면서 갖가지 도움을 주셨습니다.

영부인 권양숙 여사는 되살아나는 상처와 아픔을 힘겹게 견디며 취재에 응해 주셨습니다. 노무현 대통령의 누님 노영옥 님과 따님 내외분, 청와대 비서실장을 지낸 문재인 님, 동문수학한 원창희 님과 부산상고 여러 동문 친구분들, 진영농협 조합장 이

재우 님, (주)봉하마을 대표 김정호 님과 백원우, 조상훈, 천호선, 정윤재 님 등 옛 참모들을 비롯하여 취재에 협조해 주신 모든 분들께 감사드립니다. 그분들의 참여가 있었기에 이 책을 제때 낼 수 있게 되었습니다. 노무현재단을 이끄신 두 분의 전 국무총리 한명숙, 이해찬 님께 특별한 감사 인사를 드립니다. 두 분의 격려가 없었다면 이 자서전을 재집필할 용기를 내기 어려웠을 것입니다.

자료를 수집하고 정리하고 초고를 검토하여 오류를 바로잡고 기록을 보완하는 데도 여러 사람이 힘을 보탰습니다. 권양숙 여사와 문재인, 정재성 변호사께서 힘과 정성을 보태 주셨습니다. 윤태영, 김희숙, 김경수, 문용욱, 박은하, 이병구 님이 주신 좋은 제안과 지원에 진심으로 감사드립니다. 몇몇 분들은 공동정리자라고 해도 될 만큼 꼼꼼하게 원고를 검토하여 오류를 교정하고 좋은 대안을 제시해 주셨습니다. 끝으로 흔쾌히 자서전 출판을 맡아 준 돌베개 출판사 대표 한철희 님과 좋은 책을 만들기 위해 최선을 다하신 디자이너 민진기 님과 편집팀 김희진, 김태권 님, 사진 정리를 도와준 '봉하찍사' 김정현, 김영호, 김종구, 이종철 님에게도 자서전의 주인공을 대신하여 감사드립니다.

2010년 4월

유시민

차례

프롤로그

실패와 좌절의 회고록

1

봉하마을로 사람들이 몰려왔다. 손나팔을 만들어 나오라고 소리쳤다. 평생소원이라며 악수를 청했다. 사진을 찍자 하고 사인을 해 달라 했다. 몇 시간 자동차로 달려온 수고를 생각하면 너무 야박한 일이었지만 그 소원을 들어주지 못했다. 사람이 너무 많아서 감당하기 어려웠기 때문이다. 얼굴 보여 주고 싱거운 소리 잠깐 나누는 정도가 내가 할 수 있는 전부였다.

모두들 웃으며 폰카와 디카를 눌러댔다. 찡그리는 사람은 보지 못했다. 하필이면 내가 외출하는 날 와서 얼굴도 보지 못하고 돌아간 분들에게는 더욱 미안했다. 고향으로 올 때는 적적하지나 않을까 내심 걱정도 했는데, 이렇게 되고 보니 청와대에 살 때보다 몸이 더 고달팠다. 자꾸 나오라고 외치는 바람에 어떤 때는 회의를 하다 말고 나갔다. 밥을 먹다가 나간 때도 있었고, 열한 번 인사한 날도 있었다. 그럴 때는 밤에 몸살이 나서 끙끙 앓았다. 처음에는 가끔 따라 나오던 아내가 언제부터인지 슬그머니 빠지고 말았다. 결국은 나가는 시간을 미리 알리고 하루 서너 번 정도 나가는 것으로 방문객 인사를 줄일 수밖에 없었다. 도대체 무슨 일이 일어난 것인가? 농사짓고, 화포천 청소하고, 숲 가꾸고, 손녀 매달아 자전거 타면서 지내는데 왜 이리들 좋아할까? 나를 보면서 행복해하는 사람들을 보고 있으면 나도 덩달아 행복했다. 전염되는 것이 어디 감기뿐이랴. 행복도 전염된다.

나는 대통령으로서 성공하지 못했다. 국민들이 별로 좋아하지 않았다. 내가 지지했던 정당은 대통령 선거와 국회의원 선거에서 잇달아 참패했다. 나를 따랐던 정치인들은 몇몇을 빼고 대부분 선거에서 떨어졌다. 오래 나와 함께 일했던 참모들 태반이 실업자가 되었다. 그래도 아직은 기회가 있는 것 같았다. 시민으로서 성공할 기회가 남아 있다고 생각했다. 현직에서는 사랑받지 못했지만 전직 대통령으로서는 사랑받고 싶었다. 내게 남은 시간 동안, 훌륭한 시민으로 살고 싶었다. 그럴 자신이 있었다.

2

봉하 손님들한테 마을 안내를 했다. 정확한 역사 기록은 아니지만, 여기저기에서 이야기를 듣고 틈틈이 공부해서 제법 그럴듯한 이야기를 만들었다. 김해시 진영읍 인근에는 '용'龍 자가 들어간 지명이 제법 많다. 용전, 신용, 용성, 용성천 등이다. 내가 대통령이 되자 전국의 풍수와 지관 수천 명이 다녀갔다. 다들 제왕이 나올 지세라 했다고 하는데, 더러는 대통령이 하나 더 나올 것이라 했다고 한다. 마을 뒤 봉화산을 예로부터 학산(鶴山)이라고 했다. 들판 건너 봉화산을 마주 보는 산은 뱀산이다. 그런데 대통령이 나왔다는 이유를 들어 뱀산을 용산(龍山)으로 개명해야 한다고 누가 강력하게 주장하는 바람에 김해시에서 내 의견을 물었다. 개명하는 데 반대했다.

봉화산은 낮지만 높다. 해발 136m 높이밖에 되지 않는데도 올라가 보면 높은 봉우리처럼 느껴진다. 옛날부터 봉화를 올리는 봉수대(烽燧臺)가 있었다. 요즘 말로 하면 통신부대 주둔지였다. 봉하마을은 경남 김해시 진영읍 본산리에 있는, 겨우 40여 가구 120여 명이 사는 아주 작고 한적한 시골 마을이다. 봉우리 아래 있다고 해서 봉하(峰下)마을이 된 것이다.

마을에서 봉화산을 올려다보면 왼쪽에 부엉이 바위가 있고 말 잔등처럼 능선이 이어진다. 그 안에 절이 하나 있다. 봉수대 아래 사자 바위는 넓고 평퍼짐하다. 내가 어렸던 시절 초파일이나 백중 때 인근 10리 안 주민들이 여기까지 술통을 지고 와서 춤추고 놀았다. 옛날에 왜구가 쳐들어오면 가덕도에서 녹산으로, 녹산에서 김해로 봉화가 연결되었다. 김해에서 이곳 봉화산을 지나 밀양으로 이어진 봉화가 서울까지 가는 데 다섯 시간 정도 걸렸다고 한다. 비 올 때는 봉수꾼이 봉림 역참에서 말을 타고 밀양 삼랑진까지 달려서 나루터를 건넌 다음 들판을 가로질러 북으로 달렸다. 봉수대 앞에 눈을 감고 서면, 나라와 백성을 구하기 위해 죽을힘을 내서 달렸던 역참꾼들의 거친 숨소리를 들을 수 있고 그들의 땀 냄새를 맡을 수 있다.

진영은 가락국 영토였다. 김수로왕이 허 황후와 결혼해 아들을 일곱 두었는데 둘은 정치로, 다섯은 절로 보냈다. 다섯째 아들이 여기 와서 절을 짓고 아버지의 만수무강을 빌었는데, 그 절 이름이 자은암(子恩庵)이었다. 그 뒤로 절이 이어져 왔고 골짜기 이름도 '자은골'이 되었다. 세월이 흐르면서 '자왕골'이라고 불렸지만 원래는 '자은골'이었다. 마을에서 정토원 올라가는 능선 길 왼편에 신라 시대에 새긴 마애불이 있다. 원래는 앉아 있었는데, 언제인지 바위가 무너진 다음부터 허리가 아파 누워 계신다.

정토원은 1920년 인근 한림면 유지 이진일이 세운 자암사에 연원을 두고 있다. 선진규 법사가 1958년 동국대 재학 시절 백성욱 총장의 지원을 받아 사찰 터를 매입하고 봉화사로 개명해 농촌계몽운동을 전개했다. 정토원 입구 '호미 든 관음상'은 자유당 정권의 부정부패와 독재가 기승을 부리던 1959년 불교학도 31명이 농촌 발전에 대한 기원을 담아 봉안한 것이다. 봉화사는 1970년대에 불이 나서 다 타 버렸는데, 조계종 총무원 상임포교사로 일했던 선진규 법사가 1980년대에 새로 부처님을 모시고 절을 재건해 봉화산 정토원으로 이름을 바꾸었다. 선 법사는 큰 형님의 친구이기도 하다. 나는 부모님 위패를 정토원에 모셨다.

뱀산은 내가 40여 년 전 산자락에 토담집을 짓고 고시 공부를 했던 바로 그 산이다. 토담집 이름이 '마옥당'이었다. 갈 마(磨)에 구슬 옥(玉). 지금은 무너지고 없다. 아버지가 지어 주신 이름인데, 생각해 보면 조금 쑥스럽다. 내가 무슨 구슬이라고 그런 이름을 주셨을까. 하기야 세상 모든 아버지에게 아이들은 다 귀한 구슬 아니겠는가. 뱀산 앞에 화포천이 흐른다. 그 안에 '개구리독뫼'라는 작은 산이 있다. 뱀이 개구리를 잡아먹는 형상이다. 그런데 아직도 잡아먹지 못한 것은 학이 뱀 머리를 겨냥하고 있기 때문이다. 뱀산에서 바라보면 학산이 날개를 펴고 노려보는 것 같다.

뱀산을 용산으로 개명하는 것을 반대한 데는 나름 이유가 있었다. 용은 예로부터 제왕의 상징이다. 그런데 나는 용을 별로 좋아하지 않는다. 용이 용 될 때까지 춥고 배고픈 사람한테, 힘약한 사람한테 해 준 것이 없다. 어려운 사람 위해 용이 피 흘리고 땀 흘리고 노력해서, 그래서 옥황상제가 '너는 용이 돼라' 했으면 자랑스러운 일이리라. 하지만 용이 용 될 때까지 무엇을 했는지 전혀 알려진 바가 없다. 그저 여의주를 물었기 때문에 용이 되었다. 되기 전에 착한 일한 것이 없으면 되고 난 뒤에라도 해 준 게 있어야 할 텐데, 그마저도 그렇지가 않다. 천지조화를 부린다면서도 가뭄 때 비 뿌려 줬다는 얘기가 없다. 처녀를 제물로 바치지 않는다고 성이 나서 꼬리를 휘둘러 둑이 터지고 홍수가 난 이야기는 있다. 전설로 내려오는 용 이야기는 전부 백성 괴롭힌 것뿐이다. 잘해 준 것이 없다. 그보다는 학이 차라리 낫다. 개구리라도 지켜 주지 않는가.

손님이 많이 오지만 봉하마을에는 즐길 만한 것이 별로 없다. 대통령을 할 때 '살기 좋은 마을 만들기', '살기 좋은 섬 만들기' 프로젝트를 추진했는데, 너무 늦게 시작한 탓에 결실을 보지 못했다. 대통령으로서 하지 못한 일을 시민으로서 해 보고 싶었다. 봉하 들판에서 생태 농업을 시작했다. 야산의 늙고 병든 감나무를 뽑아내고 장군차나무를 심었다. 화포천을 종 다양성이 꽃피는 하천 습지로 복원하려 했다. 봉화산을 시민들이 삼림욕할 수 있는 다정한 숲으로 만들고, 인근 가야 유적지와 묶어 역사·문화 탐방 코스로 만들고 싶었다.

나를 가리켜 '걸어 다니는 관광 상품'이라고들 했다. 사람들이 먼 길을 와서 내 얼굴만 보고 갈 것이 아니라 김해의 역사와 자연까지 모두 즐기고 가도록 하면 얼마나 좋겠는가. 내가 귀향한다고 말한 뒤로 이곳 땅값이 더 올랐다. 뭘 좀 하려고 하면 땅 임자들과 의견이 달라서 어려움이 많았다. 내게는 그 땅을 살 돈이 없었다. 그래서 마을 사업이니 같이하자고 설득했는데, 되는 일은 되었지만 안 되는 일은 되지 않았다. 가치 있는 일치고 쉬운 게 없다는 이치를 새삼 깨달았다.

부엉이 바위에 서면 발아래 새로 지은 집이 보인다. 바로 그 앞, 옛 집터에 생가를 복원하고 있다. 생가 터는 부산상고 동기이고 총동창회장인 강태룡 회장이 거액을 주고 구입해 김해시에 기증했다. 경상남도와 김해시가 반씩 돈을 내서 그 땅에 생가를 복원한다. 민망하고 고마운 일이다. 내가 태어나 살던 집은 초라한 세 칸짜리 흙집이었다. 그 모습 그대로 똑같이 복원하는 것이 무슨 의미가 있겠는가. 봉하를 찾은 손님들이 쉬어 갈 수 있는 곳으로 만들었으면 좋겠다는 의견을 냈다. 그렇게 될 것이다. 나는 봉하마을 초라한 흙집에서 나서 판사, 변호사, 국회의원, 장관, 그리고 대통령이 되었다. 젊은 시절 초라한 집을 떠났다가 늙어서 번듯하게 잘 지은 집으로 돌아왔다.

남들은 성공한 인생이라 했을 것이다. 그러나 나는 그렇게 말할 자신이 없다. 인생에서 성공은 무엇이고 실패는 또 무엇인가? 눈에 보이는 기준이 있는 것인지 모르겠다. 굳이 성공과 실패를 따지고 싶지 않다. 돌아보면 나는 한 인간으로서 최선을 다해 살았다. 때로 제어하기 힘든 분노와 열정에 사로잡혀 피할 수도 있었던 상처를 받거나 입힌 일도 있었다. 하지만 나는 언제나 양심과 직관이 명하는 바에 따라, 스스로 당당한 사람으로 살고자 몸부림쳤다. 그것으로 충분하지 않을까? 어쨌든 나는 작은 흙집에서 났고, 거기에 새로 지은 큰 집으로 돌아왔다. 나는 이 집에서 살다가 죽을 것이다. 이것이 내 운명이다.

3

봉하로 돌아온 지 열 달도 채 지나지 않아 건평 형님이 구속되었다. 언론에서는 사과를 요구했다. 그것이 모두 사실이라면 당연히 그래야 할 일이었다. 그런데 형님은 구속된 후에도 혐의를 부인하면서 다투고 있었다. 나는 진실을 알지 못했지만 돈을 받지 않았다는 형님의 말을 믿고 싶었다. 바로 그다음 날 방문객들에게 인사를 했다. 전직 대통령의 도리도 있지만 동생의 도리도 있으니, 좀 있다가 때가 되면 사과를 하겠다고 말했다. 봄이 되어 날씨가 따뜻해지면 다시 나오겠다고 양해를 구했다. 2008년 12월 5일이었다. 그런데 다시는 사람들 앞에 나갈 수 없었다. 그것이 마지막 인사가 되었다. 나 자신이 피의자가 되었기 때문이다.

방문객 인사를 끊고 외출도 그만두었다. 겨울 내내 책 쓰는 일에 매달렸다. 내 이름으로 '진보주의'에 대한 책을, 민주주의 교과서가 될 만한 책을 내고 싶었다. 참여정부와 함께했던 학자들을 봉하 집으로 불러 모았다. 인터넷 비공개 카페를 열어 토론했다. 그런데 이 모든 것들이 의미를 잃었다. 지금 내가 써야 하는 것은 그런 것이 아니다. 회고록을 써야 한다. 영광이나 성공에 대한 회고가 아니라 시행착오와 좌절과 실패의 회고록이다.

내 인생에 성공한 일이 없었던 것은 아니다. 그러나 지금 나를 지배하는 것은 실패와 좌절의 기억들이다. 처음에는 다들 "성공한 대통령이 되라"고 했다. 조금 지나자 "역사가 알아줄 것"이라는 덕담으로 바뀌었다. 임기 내내 경제 파탄, 민생 파탄, '잃어버린 10년'을 외치는 사람들과 싸웠다. 나는 대통령을 했지만 정치적 소망을 하나도 성취하지 못했다. 정치를 함으로써 이루려 했던 목표에 비추어 보면 처절하게 실패한 사람이다. 정치인으로서는 실패했지만 시민으로 성공해 그 실패를 만회하고 싶었다. 그런데 대통령을 할 때보다 더 부끄러운 사람이 되고 말았다. 이제 다시는 어떤 기회도 찾아오지 않을 것이다.

세속적 성공과 실패를 넘어서는 그 무엇을 찾고 싶었다. 마음을 닦아 죽음과도 같은 이 고통을 극복하고 싶다. 하지만 그런 것은 배우지 못했다. 지금 내가 할 수 있는 유일하게 의미 있는 일은, 실패한 이야기를 쓰는 것이다. 내 인생의 실패는 노무현의 것일 뿐, 다른 누구의 실패도 아니다. 진보의 실패는 더더욱 아니다. 내 인생의 좌절도 노무현의 것이어야 마땅하다. 그것이 민주주의의 좌절이 되어서는 안 된다. 노무현이 진보의 모든 것을 망쳤다고 덮어씌우는 것은 옳지 않다. 그러나 노무현을 과감하게 버리지 못하는 것도 옳은 자세가 아니라고 생각한다.

이제 노무현은 정의나 진보와 같은 아름다운 이상과는 어울리지 않는 이름이 되어 버렸다. 나는 헤어날 수 없는 수렁에 빠졌다. 정의와 진보를 추구하는 분들은 노무현을 버려야 한다. 나의 실패가 모두의 실패가 되어서는 안 되기 때문이다. 실패는 뼈아픈 고통을 준다. 회복할 수 없는 실패는 죽음보다 더 고통스럽다. 나는 이 고통이 다른 누구에겐가 약이 되기를 바란다. 그래서 이 이야기를 쓴다.

1부

출세

1 유년의 기억

나는 광주 노씨 후예, 1946년생(개띠)이다. 봉화산 자은골을 등진 봉하마을에서 아버지 노판석(盧判石)과 어머니 이순례(李順禮)의 2녀 3남 중 막내로 9월 1일(음력 8월 6일)에 태어났다. 큰누님 노명자, 큰형님 노영현, 작은누님 노영옥, 작은형님 노건평, 그리고 나. 큰형님은 나보다 열네 살이 많았고 작은형님은 다섯 살 위였다.

우리 집안은 10대조 때부터 김해 일대에서 살아왔다. 특별히 남에게 자랑할 만한 선조가 계신지는 잘 모르겠다. 김해 지역 향토사와 독립운동사를 연구하는 분들이 구한말 의병장으로 일제와 싸우다가 옥사한 노응규(盧應奎) 선생 문집을 청와대로 보내 준 적이 있다. 연합뉴스에서 선생이 내 종증조부라고 하는 기사를 냈다. 노씨들은 본관이 여럿으로 나뉘어 있지만 모두 한집안이라 종친회를 같이한다. 그렇게 따지면 노응규 선생도 혈족이라고 할 수 있을 것이다. 하지만 노응규 선생이 종증조부이고, 내 증조부가 일제의 박해를 피해 창녕에서 김해로 주거를 옮겼다는 것은 사실이 아니라는 점을 밝혀 둔다. 외가는 진영읍 용성마을이다. 외할아버지가 한의원을 운영하셨는데, 한센병 환자들을 마다하지 않고 치료하는 등 선행을 많이 하셨다고 들었다.

광복 후의 혼란이 한국전쟁으로 이어졌던 그 시절에는 너나없이 가난했다. 우리 집도 무척 가난했다. 말 그대로 허리띠를 졸라매고 살아야 했다. 아버지는 물려받은 재산이 없었다. 일제강점기에 일본 도쿄와 오사카, 중국 상해 등을 오가며 타이어 매

매업을 해서 적지 않은 재산을 모았다. 일본어와 중국어에 능통하셨다. 중국 대륙 곳곳으로 전쟁의 포연이 확산되던 1942년, 가족들이 어머니가 돌아가셨다고 거짓 전보를 쳐서 아버지를 귀국하게 만들었다고 한다. 우리 가족은 그 전에도 진영읍 본산리 여러 곳에서 살았는데, 이 무렵 봉하마을에 정착했다. 아버지는 마흔여섯 나이에 막내인 나를 얻으셨다. 그런데 그때는 어머니 친척 되는 사람한테 사기를 당해 재산을 다 날려 버린 뒤였다. 어머니가 나를 낳을 때 난산이어서 남산병원 원장님이 직접 와서 집게로 끄집어냈고, 그 바람에 내 머리와 어깨에는 한동안 집게 자국이 남아 있었다고 한다. 당시 여덟 살이던 작은누님이, 엄마가 아기를 낳았는데 집에 먹을 것이 없다고 말해서 이웃 사람이 쌀을 가지고 왔다고 들었다.

아버지는 말이 별로 없는 사람이었다. 여간해서는 남에게 싫은 소리를 하거나 폐를 끼치는 일이 없으셨다. 그러나 정의감이 있고 어떤 점에서는 고집이 센 분이었다. 일본인 마름을 했던 동네 유지와 이웃 사람들 사이에 땅 소유권 분쟁이 일어났을 때 약자인 이웃을 도와주다가 여러 번 폭행을 당했다. 아버지는 일본에서 사업을 할 때 기독교 신앙을 얻어 교회에 열심히 다녔다고 한다. 그래서인지 어린 나를 읍내 교회에 나가게 하셨다. 교회에서 늦게 돌아오는 날에는, 지금은 공단이 들어서 있는 공동묘지 너머 먼 곳까지 나와 기다리다가 내 손을 잡고 함께 집으로 걸어오시곤 했다. 천자문도 가르쳐 주셨다. 여섯 살 때 내가 천자문을 뗐다고 너무나 좋아하셨던 것이 어렴풋이 기억난다.

어머니는 총명하고 기가 센 분이었다. 매사에 자기주장이 뚜렷하셨다. 가난에 한이 맺혀 있었고 돈이 없어 수모를 당하는 것을 몹시 분하게 여기셨다. 아들들이 출세해서 집안을 일으켜 주기를 바랐다. 누님들과도 그랬지만 특히 형님들과 기 싸움을 하는 경우가 자주 있었다. 하지만 마흔 넘어 얻은 막내한테는 아무것도 요구하지 않으셨다. 출세에 대한 기대는 주로 두 형님에게 걸었다. 어린 나한테는 오직 사랑만 주셨다. 그래서인지 나는 변호사가 된 후에도 집에 오면 어머니 무릎을 베고 눕곤 했다. 내가 어른이 된 후에는 막내인 나하고도 기 싸움을 하시긴 했다. 성격이 다 달랐던 우리 삼 형제는 저마다 반발했지만 누구도 어머니의 영향력을 벗어나지 못했다. 우리는 어머니를 중심으로 작지만 아주 끈끈한 운명 공동체를 만들었다.

돌이켜 보면 나는 무척 반항적이고 자의식이 강한 소년이었다. 무엇을 해도 지기 싫어하는 성격을 타고났다. 그런데 가난 때문에 겪는 일들은 지지 않을 도리가 없었다. 상처 받은 자존심을 반항으로 표출했던 것이 아닌가 싶다. 그때 우리 집은 요사이 유명해진 '봉하빵집' 바로 위에 있었다. 나중에 신혼살림을 차린 집은 바로 그 앞집이었다. 거기서 진영읍 대창초등학교를 걸어서 다녔다. 학교에 문이 둘 있었는데 나처럼 10리 길을 걸어온 시골 아이들은 주로 뒷문으로 드나들었다. 정문으로는 읍내 사는 아이들이 다녔다. 옷차림과 학용품이 달랐다. 읍내 아이들은 부모님이 자주 학교에 왔다. 그런 기억이 여태 남은 것을 보면, 어려서부터 가난에 대해 나름대로 여러 생각을 했던 것 같다.

어린 시절 놀이터는 자은골이었다. 여기서 친구들과 어울려 칡을 캐고 진달래를 따 먹었다. 소를 끌고 와 풀을 뜯겼다. 골짜기 맑은 물에서 벌거벗고 물놀이를 했다. 읍내 학교까지 10리 길을 걸으면서 밀 서리를 했고 버들피리와 보리피리를 불었다. 떠올리면 입가에 저절로 미소가 번지는 예쁜 추억이 많다. 그런데도 어린 시절에 대한 기억은 그리 밝지가 않다. 가난과 관계가 있는 부끄럽고 어두운 사건들이 먼저 떠오른다. 순진한 친구를 꾀어 헌 필통을 새 필통과 바꾸었다가 급우들한테 망신을 당했다. 크레용이 없어서 미술 시간마다 꿀밤을 맞고 꾸중을 들었다. 사친회비를 내지 못해 여러 번 교실에서 쫓겨났다. 이유도 없이 친구의 새 가방을 몰래 망가뜨리기도 했다. 나는 가난이 주는 고통을 일찍 알았으며 만만치 않은 열등감에 시달렸다.

초등학교 졸업반 담임 신종생 선생님을 잊지 못한다. 새내기 교사였던 그분은 내게 특별히 깊은 관심과 사랑을 주셨다. 휴일이나 방학 때 남몰래 따로 불러 공부를 하게 했다. 집이 멀다고 때로 자취방에 재우면서 밥을 차려 주셨다. 나는 4학년 때 반장을 하지 않겠다며 울고불고 난리를 친 적이 있었다. 졸업반이 되어서도 여전히 주눅이 들어 있었다. 신종생 선생님은 그런 나를 어르고 달래서 전교 회장 선거에 나가게 하셨다. 자의 반 타의 반 선거에 나갔는데 회장으로 뽑혔다. 연설을 잘했다고 다들 칭찬했는데, 큰형님이 특별히 지도해 준 덕분이 아니었나 싶다. 그 뒤로는 자신감을 가지고 남들 앞에 나설 수 있게 되었다. 선생님의 도움으로 열등감을 극복할 수 있었던 것이다.

나는 위경련을 앓았다. 갑자기 통증이 덮치면 너무 아파서 떼굴떼굴 굴렀다. 정신을 잃고 업혀서 병원에 간 적이 여러 번 있었다. 열흘 넘게 제대로 밥을 먹지 못하기도 했다. 그래서 그런지 발이 큰데도 키는 많이 자라지 않았다. 전교 회장 선거 연설을 할 때는 연단에 가려서 친구들이 내 얼굴을 볼 수 없었다고 한다. 위경련은 오랜 세월 나를 따라다녔다. 고시 공부를 할 때도, 판사 변호사 시절에도 가끔씩 나타나 존재를 과시했다. 다행히 정치를 시작한 이후에는 그 증세가 사라졌다.

병약한 소년이었던 내게 두 형님은 언제든지 기댈 수 있는 든든한 언덕이었다. 특히 인근 마을에서 유일한 대학생이었던 큰형님 노영현은 나의 자랑이요 우상이었다. 큰형님은 나와 다르게 외모도 훌륭했고 성품도 온화했다. 노래도 일품이었다. 당시 유행했던 최희준의 노래 〈하숙생〉을 너무나 멋들어지게 불렀다. 큰형님이 부산대 법대를 다니던 시절 친구들이 집에 놀러 와서 시국 토론을 하곤 했다. 무슨 이야기인지 알아듣지는 못했다. 그러나 훌륭한 사람들은 사회와 나라에 대해 관심을 가지고 무엇인가 한다는 막연한 느낌은 받았다. 부산 범어사에서 고시 공부를 했던 큰형님이 혼인을 하고 나서 얼마 지나지 않아 고시 공부를 중단했다. 한동안 방황하면서 술을 마셔 댔다. 여러 가지 개인적 가정적 어려움이 있었던 것으로 안다. 가족 모두가 큰 실망을 해서 집안이 온통 초상집 분위기였다.

2 은인 김지태 선생

진영중학교에 입학했는데 돈 때문에 애를 먹었다. 어머니가 학교에 찾아가 여름 복숭아 농사를 지어 입학금을 낼 테니 우선 입학시켜 달라고 애원했지만 거절당했다. 면담을 했던 교감 선생님은 농사나 배우라고 했다. 어머니를 향해 큰아들 대학 나와도 백수건달인데 뭐 하러 공부시키느냐는 말까지 했다. 자존심이 상해서 원서를 찢어 버리고 나왔다. 뒤에서 비수 같은 한마디가 날아왔다. "저런 놈 공부시켜 봐야 깡패밖에 안 된다." 다음 날 큰형님이 학교에 찾아가 비교육적 언사를 문제 삼겠다며 거세게 항의해서 겨우 입학 허가를 받았다. 부모님 연세도 많고 집도 가난한데 중학교를 가는 게 미안했고 왠지 마음이 떳떳지 않았다. 그래서 학교를 마치고 동네 입구에 들어설 때쯤이면 모자를 벗어서 겨드랑이에 숨기고 다녔다.

중학교에서 나는 나름대로 공부를 잘했다. 하지만 교모를 비뚜름하게 쓰고 다니면서 불량한 장난도 많이 쳤다. 친구들과 어울려서 자주 학교를 빼먹었다. 몸이 아파 결석한 날도 많았다. 큰형님 덕에 세상 돌아가는 일을 좀 아는 편이라 친구들 사이에 인기가 제법 있었다. 그러다가 큰 사고를 냈다. 4·19혁명이 일어난 1960년. 그해 2월에 이승만 대통령 생일을 앞두고 모든 학교가 대통령을 찬양하는 글짓기 행사를 열었다. 진영중학교도 예외가 아니었다. 나는 이것이 부당한 일이니 백지를 내자고 급우들을 선동했다. 그렇지 않아도 글을 쓰기 싫은 터에 잘됐다면서 모두들 백지를 냈다. 나는 택(턱)도 없다는 뜻으로 '우리 이승만 (택)통령'이라 쓰고 이름을 적어서 냈다. 감독하러 들어온 여선생님이 울음을 터뜨렸다.

괘씸죄에 걸려 교무실에서 종일 벌을 섰다. 그런데 그날 민주당의 대통령 후보였던 조병옥 박사가 미국에서 돌아가셨다는 뉴스가 신문에 났다. 선생님이 신문을 보면서 말했다. "역시 이승만 대통령은 운을 타고난 사람이고 하늘이 내신 분이야." 더 반감이 생겨서 반성문을 쓰지 않고 집으로 도망쳤다. 큰형님이 꾸지람을 했다. 잘못했다고 생각하면 반성문을 쓸 일이고 잘못이 없다고 생각하면 끝까지 버텨야지, 사내놈이 왜 도망을 치느냐는 것이다. 다시 학교에 갔다. 그러나 반성문은 끝내 쓰지 않고 경위서만 냈다. 다행히 사건은 유야무야되었다. 교감 선생님이 나를 보고 "조그만 놈이 우월감이 굉장하다"고 했는데, 그게 무슨 뜻인지 그땐 몰랐다.

그 무렵 대한민국은 4·19혁명과 5·16쿠데타라는 현대사의 큰 고비를 넘고 있었는데, 어린 시골 소년에게는 그 모든 것이 난해한 그림처럼 보였다. 4월 학교 가는 길에 사람을 가득 태운 트럭이 진영읍 근처 국도를 달리는 광경을 보았다. 어떤 이는 머리에 흰 천을 둘렀고 어떤 이들은 긴 몽둥이를 들고 있었다. 민주당으로 당선되었다가 자유당으로 간 국회의원 집 장독이 박살났다는 소문이 돌았고 친구들이 집에서 신문을 들고 왔다. 고등학생 형들이 '동맹휴교'를 한다며 학교에 오지 못하게 했다. 4·19혁명은 그런 모습으로 나를 스쳐 지나갔다.

3학년이 되어 부일장학생 선발 시험을 치려고 부산에 갔는데 시내 곳곳에 탱크가 서 있었고 총을 든 군인들이 보였다. 5·16쿠데타가 난 것이다. 진영과 같은 시골 마을도 시대 상황의 변화를 비껴가지 못했다. 봉하와 인근 마을에는 한국전쟁 당시 보도연맹 사건으로 억울하게 죽은 사람이 많이 있었다. 4·19혁명이 나자 사람들이 집단 학살당한 시신을 파냈다. 어느 유골이 누구의 것인지 확인할 방법이 없어서 결국 김해로 가는 국도 근처에 합장해 큰 봉분을 만들고 합동 위령제를 지냈다. 5·16이 난 뒤 누군가 그 묘를 파헤쳐 버렸다. 봉분만 파헤쳤는지 유골까지 다 흩어 버렸는지는 모르겠지만, 묘를 파헤친다는 것은 아주 끔찍한 느낌을 주는 엄청난 사건이었다. 5·16과 박정희 대통령에 대한 내 기억은 이런 것으로 남아 있었다.

시험을 잘 봐서 부일장학생으로 뽑혔다. 당시에는 장학회가 별로 없었다. 나는 부일장학회를 운영한 『부산일보』 사장 김지태 선생을 평생 존경했다. 그는 무려 25년 동안 부산상고 동창회장을 맡아 모교 발전과 인재 양성에 헌신했다. 나는 중학생 때 부일장학금을 받았고 부산상고에서도 동창회 장학금을 받았다. 둘 모두 김지태 선생이 만든 장학회였으니 그분이 내 인생에 디딤돌을 놓아 준 은인이었던 것이다. 그런데 5·16이 난 후 김지태 선생은 『부산일보』와 문화방송 등 재산을 거의 다 빼앗겼다. 부일장학재단 재산도 모두 5·16장학재단으로 넘어갔다. 그것이 나중 박정희 대통령과 육영수 여사의 이름을 딴 정수장학재단이 되었다. 거사 자금을 대 주지 않았다고 군사 쿠데타 세력이 보복을 한 것이다. 해외에서 돌아오는 사람을 반지 밀수 혐의를 씌워 구속한 다음 협박해서 재산을 다 빼앗았다.

나는 변호사가 된 후 언젠가는 이것을 바로잡아야 한다고 생각했다. 관련 자료를 모으고 소송 준비를 했다. 정수장학재단은 주인에게 돌려주거나 사회로 환원해야 한다. 비영리 공익 재단이지만 누가 운영하느냐가 매우 중요하다. 더욱이 정수장학재단은 지금도 부산 지역 최대 신문인 『부산일보』 주식을 100% 보

유하고 있다. 『부산일보』의 공정성과 신뢰를 위해서라도 반드시 바로잡아야 한다. 그 장학재단은 '범죄의 증거'이며 '장물'이다. 정의를 실현하고 뒤틀린 역사를 바로 세우려면 합당한 자격을 가진 유족이나 시민 대표들에게 운영권을 돌려주어야 한다.

대통령이 되고 나서 백방으로 방법을 찾아보았다. 합법적으로 할 수 있는 절차가 없었다. 국민 여론으로 풀어 보려 해도 정수장학재단의 실질적 주인인 박근혜 씨가 야당 대표로 있어서 쉽지 않았다. 야당 탄압이라는 오해와 비난이 일어날 위험이 있었다. 세상이 바뀌긴 했는데 좀 이상하게 바뀌었다. 군사정권은 남의 재산을 강탈할 권한을 마구 휘둘렀는데, 민주 정부는 그 장물을 되돌려 줄 권한이 없었다. 과거사 정리가 제대로 안 된 채 권력만 민주화되어 힘이 빠진 것이다. 부당한 기득권을 가진 사람들한테 더 좋은 세상이 되어 버렸다. 억울하지만 이것이 우리 역사의 한계일 것이다. 정수장학회 문제만 그런 게 아니다. 지난날 잘못된 역사 때문에 많은 사람들이 억울한 일을 당했다. 장물이 그대로 남아 있는데 그 소유자가 정권까지 잡겠다고 했다. 그런 상황까지 용납하고 받아들이자니 너무나 힘들었다.

3 내 인생의 부산상고

고등학교 진학을 포기했다. 돈이 없었기 때문이다. 아무에게도 말하지 않고 5급 공무원(지금의 9급) 시험을 보려고 책을 사 혼자 공부를 시작했다. 큰형님이 알고 펄펄 뛰면서 부산상고 시험을 치게 했다. 좋은 공립학교이고 장학금을 받을 수 있으며 졸업하면 은행에 쉽게 취직이 된다는 것이었다. 나는 장학금만 바라보고 1963년 부산상고에 들어갔다.

그렇게 인연을 맺은 부산상고는 내 삶의 '결정적 존재'가 되었다. 내가 무슨 일을 하든 언제나 그 이름이 함께 있었다. 고시에 합격했을 때, 국회의원이 되었을 때, 그리고 대통령이 되었을 때도, 언제나 '부산상고가 최종 학력'이라는 수식어가 따라다녔다. 그것은 또한 내 정치 인생의 가장 중요한 밑천이기도 했다. 부산상고는 역사가 깊은 학교이다. 구한말 '개성학교'라는 이름으로 문을 연 이래 일제강점기에는 항일 민족지사를 숱하게 배출했다. 해방 후에는 작곡가 금수현 선생, 성공회대 신영복 교수, 이성태 한국은행 총재, 이학수 삼성그룹 부회장, 윤광웅 국방부 장관 등 많은 인재를 길러 냈다. 동문들은 나를 사랑해 주었고 나도 모교를 사랑했으며 기회가 생기면 그 사랑을 표현하려고 했다. 대통령 퇴임 후 딱 세 번 인터뷰를 했는데 그중 하나가 모교 후배들의 인터뷰였던 것도 그런 이유에서였다. 2008년 11월 봉하 집 회의실에서, 지금은 이름이 개성고등학교로 바뀐 모교 학생 기자들과 했던 인터뷰는 교지 『백양』(白楊) 제62호에 실렸다.

친구들은 대부분 나처럼 가난한 시골 출신이었다. 대학에 진학하거나 한국은행에 취직하려고 모두들 열심히 공부했다. 그런데 나는 공부에 집중하지 못했다. 가난에 대한 불만, 공부를 계속할 수 없을지 모른다는 불안감, 이런 것 때문에 확신과 자신감을 잃었다. 나름대로 큰 포부가 없었던 것은 아니다. 사법 고시를 볼 생각을 하면서 틈틈이 『고시계』와 법률 관련 서적을 읽었다.

하지만 꿈과 현실의 격차가 너무 컸기에 주눅이 들었다. 생각의 좌표도 삶의 지향도 없이 한동안 방황했다. 친구들과 어울려 다니면서 술 담배를 했고 결석도 자주 했다. 2학년이 되자 성적이 중간 수준으로 떨어졌다. 아무 희망이 없었다.

두 형님은 여전히 실업자였다. 환갑이 벌써 지난 부모님이 산기슭에 고구마 농사를 지으면서 취로 사업에 나가 얻은 푼돈으로 생계를 이었다. 3학년 여름방학에 집에 가 보니 메밀죽으로 저녁을 때우고 있었다. 그 무렵 진영은 3년 연속 수해가 나서 농사가 다 망했다. 우리 가족에게는 제일 어려운 시기였다. 형님들을 원망하는 마음과 더불어 고등학교를 마치고 나면 내가 부모님을 모셔야 한다는 생각이 문득 들었다. 뒤늦게 제정신이 든 것이다. 신입 사원이 출신지에 근무하는 농협에 취직하는 게 최선이라 판단하고 뒤늦게 공부를 시작했다.

모든 것이 힘들었다. 3년 내내 한 푼이라도 싼 곳을 찾아 하숙, 자취, 가정교사, 빈 공장 숙직실을 전전했다. 부산 영주동 작은누님 집에서 비비고 산 날도 많았다. 젊어서 고생은 사서도 한다지만, 지나고 보면 예쁜 추억으로 채색되기도 한다지만, 그때는 너무 서럽고 괴로워 수없이 눈물을 쏟았다. 공부에 집중할 수가 없었다. 졸업을 앞두고 있던 초겨울 어느 날, 아무 데도 갈 곳이 없었다. 학교 교실에서 두 밤을 혼자 지냈다. 밤새껏 이를 악물고 떨면서 추위를 견뎠다. 다음 날 이가 아파 밥을 한 숟갈도 먹지 못했다. 농협 입사 시험에 떨어졌다.

1966년 2월 부산상고를 53회로 졸업했다. 졸업이 임박하자 학교에서 직장을 알선해 주었다. 나는 다른 졸업생 셋과 함께 '삼해공업'이라는 어망 회사에 들어갔다. 한 달 후 첫 월급을 받았는데 실습 기간이라면서 하숙비도 안 되는 2,700원을 주었다. 공장 청소며 사소한 심부름을 시키는 등 자존심 상하는 일도 많았다. 사장을 찾아가 모두 그만두겠다고 했더니 금세 4,000원으로 올려 주겠다고 했다. 이렇게는 살 수 없다는 생각이 들어 회사를 그만두었다. 한 달 반 급여 6,000원을 받아 기타와 헌 고시책 몇 권을 산 다음 나머지는 술 마시고 영화 보는 데 다 써 버렸다. 그리고 그렇게 철이 덜 든 상태로 집에 돌아왔다.

4 막노동판에서

작은형님이 실직해서 집에 와 있었다. 둘이서 마을 들판 건너 뱀산 자락에 토담집을 지었다. 소나무를 베어다 기둥을 세우고 돌을 주워 구들을 만들었다. 이집 저집 다니며 볏단을 얻어 지붕을 올렸다. 아버지가 마옥당(磨玉堂)이라는 이름을 주셨다. 여기서 고시 공부를 시작했다. 나처럼 대학을 다니지 않은 사람은 응시 자격을 얻기 위해 먼저 '사법 및 행정요원 예비시험'부터 통과해야 했다. 어머니는 실망하신 기색이 역력했다. 부산에서 고등학교를 졸업한 막내가 곧 은행에 취직할 것이라고 은근히 자랑하고 다녔던 터라 체면이 말이 아니게 된 것이다.

당장 먹고살기가 힘든 판이라 공부가 잘될 리 없었다. 수험서도 헌책 몇 권뿐이었다. 책값을 벌고 집에도 보탬이 되어야겠다고 생각해서 친구와 같이 '한국비료' 공장 건설공사가 한창이던 울산으로 갔다. 일꾼들 합숙소 시멘트 바닥에 가마니를 깔고 자면서 일당 180원의 막노동을 했다. 하지만 돈을 모을 수 없었다. 세끼 밥값 105원을 제하면 겨우 75원이 남았다. 일자리가 없어 공치는 날도 많았다. 밥을 굶는 때도 있었다. 그러던 중 하루는 공사장에서 큰 못을 밟는 바람에 일을 할 수도 없게 되었다. 밀린 밥값 2,000원을 갚지 못하고 몰래 집으로 도망쳐 왔다. 울산역 플랫폼에서 누가 뒤꼭지를 잡아당기는 것 같았다.

먹고살 궁리를 하다가 우리 산에다 과수원을 만들기로 했다. 묘목이 없었다. 작은형님과 김해 농업시험장에 가서 감나무 묘목을 훔쳐 왔다. 들켰으면 인생이 어디로 흘러갔을지 모른다. 그런데 묘목을 쌌던 신문지에 눈에 확 들어오는 것이 있었다. '사법 및 행정요원 예비시험' 공고였다. 부랴부랴 공부를 해서 1966년 11월 열 과목 시험을 쳤다. 한가하게 결과를 기다릴 수 없어서 밀린 밥값을 갚지 못하고 도망쳤던 울산의 바로 그 합숙소를 다시 찾아갔다. 밥집 주인은 고맙게도 나를 반겨 주었다. 야간작업까지 하면서 죽기 살기로 일했다. 하루 280원씩 벌어 밀린 밥값을 다 갚고 4,000원을 모았다. 그런데 어느 날 작업을 하다가 큰 목재에 맞아 이가 둘이나 부러지는 사고를 당했다. 병원에서 봉합 수술을 받고 겨우 정신을 차렸는데 친구가 신문을 들이밀었다. 내 이름이 있는 예비시험 합격자 명단이었다. 돌이켜 보면 별것도 아니었고 나중에 제도가 바뀌어 아무 쓸모도 없어졌지만, 그 순간 내가 얼마나 큰 감격에 사로잡혔는지는 아무도 모를 것이다. 나의 예비시험 합격은 형님들에게도 큰 자극이 되어 큰형님은 1967년에, 작은형님은 그다음 해에 각각 5급 공무원 시험에 합격했다.

모아 놓은 돈을 병원비로 날리게 되어서 걱정을 태산같이 했다. 산재보험 제도가 있다는 것을 몰랐다. 그런데 친구들이 와서 아무 걱정 말고 엄살을 부리라고 했다. 구리 가루를 바르고 엑스레이를 찍으면 허리뼈에 금이 간 것처럼 보인다고, 산재 보상도 더 많이 나온다며 꼬드겼다. 하지만 내게는 꾀를 부릴 여유가 없었다. 고시 준비를 하면서도 산재보험의 존재조차 몰랐던 내가 훗날 산업재해 전문 변호사가 되었으니, 생각해 보면 조금은 우습기도 하다. 내가 사고를 당했다는 소식을 듣고 가장 먼저 달려와 병원 입원비 보증을 선 친구가 부산상고 동기생인 원창희였다. 그는 평생 동안 나를 보살펴 주었다. 사법 고시를 준비할 때, 변호사를 할 때, 국회의원에 출마했을 때, 국회의원직 사표를 던지고 잠적했을 때, 대통령에 출마했을 때, 검찰에 소환되던 때, 그리고 내 집 안마당에조차 나가지 못하던 때도 나를 잊지 않았다. 그렇지만 그에게 내가 해 준 것이 없다. 그래서 더 고맙고 미안한 친구였다.

사람은 환경의 지배를 받는다. 지배 받지 않는 경우에도 환경의 영향을 벗어나지 못한다. 당시 내가 본 울산 막노동판 합숙소 분위기는 교도소 감방과 비슷했다. 고참과 신참의 구분이 있었다. 사납고 힘센 자들의 횡포도 여간 아니었다. 모였다 하면 술이요 화투였고, 입만 열었다 하면 온통 욕설뿐이었다. 누구를 패고 여자를 겁탈한 이야기를 무용담처럼 늘어놓았다. 공사장 모터나 철근을 빼돌려 팔아먹을 궁리에 여념이 없었다. 지나가는 여자들을 음담패설로 희롱했다. 요즘 같으면 성추행으로 형사처

벌을 받고도 남을 짓을 버젓이 저질렀다.

국회의원이 된 후 전국건설일용노동조합 간부들을 여러 번 만났는데, 내 기억 속의 노동자들과는 전혀 다르게 의젓하고 당당했다. 노동조합도 아주 건강하게 잘 운영하고 있었다. 환경과 교육이 얼마나 중요한지 다시 느꼈다. 그들은 노동조합을 통해 직업적 자부심을 체득하면서, 사회에 대해서도 나름의 건전한 생각을 키우고 있었다. 버림받은 사람은 도덕적 성숙을 이루기 어렵다. 자기의 존재와 역할에 대한 분명한 의식과 자부심이 있어야 모범적인 행동을 할 수 있다. 모든 사람을 책임 있는 주체로 참여시켜야 사회가 건전하게 발전할 수 있다. 기회, 참여, 책임…… 대통령을 하면서도 늘 이런 것들을 어떻게 실현할지 고민했다.

5 권양숙을 만나다

1968년 3월 육군에 입대했다. 1971년 초 인제 12사단 '을지부대'에서 육군 상병으로 만기 제대했다. 군대에서도 공부를 하려고 했지만 영어 단어 하나 암기하지 못하고 3년을 보냈다. 제대를 하고 돌아와 보니 집안 사정이 많이 좋아져 있었다. 형님들이 세무 공무원으로 취직해서 돈을 번 덕분이었다. 군에서 3년을 보내고 원래 있었던 그 자리에 똑같은 모습으로 돌아온 것이다. 다시 고시 공부를 시작했다. 그리고 그 무렵부터 아내 권양숙과 사귀기 시작했다.

아내는 한 살 아래였지만 학년은 둘 차이가 났는데, 태어나고 자란 마산시 진전면에서 초등학교 5학년 때 봉하마을로 이사를 왔다. 그때 나는 이미 중학교에 다니고 있었다. 아내는 아버지 일로 고통스러운 유년을 보냈다. 장인은 사고로 시력을 잃은 장애인이었는데도, 한국전쟁 때 인민군에 협력한 혐의로 전쟁이 끝난 뒤 구속되었다. 석방과 재수감을 거듭하다가 결국 세 딸과 막내아들 하나를 남겨 두고 감옥에서 돌아가셨다. 아내는 둘째 딸이었다. 아내는 청와대에 있을 때나 퇴임한 후에나 친정어머니를 오랜 세월 함께 모시고 살았다. 장모님은 연세에 비하면 지금도 비교적 건강하시다. 그 모든 것이 아주 어린 시절 일이었기 때문에, 어린 아내는 영문도 모른 채 아들을 잃은 비통함에 젖어 고향을 등진 할아버지를 따라 봉하마을로 이사를 왔다. 우리는 이때부터 한마을에서 같이 자랐다.

아내는 부산에서 혜화여중과 계성여상을 다녔고 부산에서 직장 생활을 했는데, 마침 할아버지 병구완을 하러 집에 와 있었다. 어릴 적부터 잘 아는 사이였지만 워낙 콧대가 높아 말도 제대로 한번 붙여 보지 못했다. 그렇지만 아내가 내게 나쁜 감정을 지니고 있었던 것은 아니었다. 우리 아버지와 친구로 지내셨던 아내의 할아버지께서 좋은 말씀을 많이 하셨다고 한다. 내가 또래 아이들을 '꽉 잡고' 노는 것을 보고 그러신 것이다. 아내는 부산 친구들과 편지 주고받는 것 말고는 아무 낙이 없었다. 그래서인지 우리는 쉽게 가까워졌다. 서로 책을 빌려주고 돌려받는 것을 구실 삼아 자주 만났고, 만나면 읽은 책에 대해 이야기를 나누었다. 아내는 주로 소설과 시집을 읽었다. 나는 고시에 관심이 팔려 있어서 소설책은 건성으로 읽었다. 얼마 지나지 않아 내가 다짜고짜 프러포즈를 했다. 아내는 대답을 하지 않고 딴청만 부렸다.

2년 동안 커피 한 잔 값 들이는 일 없이 맨입으로 연애를 했다. 밤이 이슥하도록 화포천 둑길을 함께 걸었다. 밤하늘에 쏟아질 듯 은하수가 흐르는 여름날, 벼 이삭에 매달린 이슬에 달빛이 떨어지면 들판 가득 은구슬을 뿌린 것 같았다. 우리는 그 사이 논길을 따라 걷곤 했다. 아내는 그때 톨스토이와 도스토옙스키에 푹 빠져 있었다. 『안나 카레니나』, 『카라마조프가의 형제들』 같은 두꺼운 소설을 끼고 살았다. 동네에 둘이 사귄다고 소문이 났다. 우리 둘 말고는 처녀 총각이 별로 없었기 때문에 소문이 나지 않을 도리도 없었다. 돌아보면 내 인생에서 가장 순수하게 행복한 시간이 아니었던가 싶다.

서로 사랑했지만 혼인은 순탄치 않았다. 무엇보다 나는 좋은 신랑감이 아니었다. 상고밖에 나오지 못한 시골뜨기가 고시공부를 한답시고 책을 붙들고 있었으니 누가 보더라도 가당치 않은 일이었다. 당시에는 60명만 뽑았기 때문에 서울대 법대를 나오고도 실패하는 경우가 허다했다. 장모님 보시기에 나는, 귀한 딸 밥 굶기기에 딱 좋은 남자였다. 그런데도 재주 있는 막내가 고시에 붙을 것이라고 믿은 형님들은 나중에 학벌 좋고 집안 좋은 부잣집 처녀한테 장가들 수 있을 것이라고 미리 김칫국을 마셨다. 어머니는 아내의 친정아버지 전력 때문에 고시에 합격해도 판검사 임용이 안 된다고 걱정하셨다.

이렇게 되자 우리는 티격태격 싸움을 했다. 스스로 크게 출세할 거라고 믿었던 나는 무슨 큰 선심이나 쓰는 것처럼 행세했다. 아내는 아내대로 희생을 무릅쓰고 백수건달이 될지도 모를 남자를 받아들였는데 그걸 알아주지 않는다고 서운해했다. 매일 만났고 매일 다투었다. 그래도 우리는 물불 가리지 않고 서로 좋아했다. 결국 가족들도 우리를 인정해 주었다. 나와 권양숙은 1973년 1월 결혼식을 올렸다. 아들 건호와 딸 정연을 낳아 기르면서 36년 긴 세월을 함께 살았다. 처음 알게 된 때부터 계산하면 50년을 함께한 셈이다.

6 사법 고시 합격

1975년 제17회 사법 고시에 합격했다. 고졸 합격자는 나 하나뿐이었다. 군 복무 마치고 본격적으로 공부를 시작한 지 4년 만에 합격한 것이다. 나는 좋게 보면 야심만만한 청년이었지만, 나쁘게 보면 주제넘고 교만한 고시 지망생이었다. 1971년 5월, 경험을 쌓을 목적으로 지금의 행정 고시인 3급 공무원 1차 시험을 봐서 바로 합격했다. 사법 고시도 그해 10월 시험을 쳤는데 너무나 쉽게 1차를 통과했다. 만용이 발동해서 최단기 고시 합격이라는 터무니없는 목표를 세웠다. 하지만 그때부터는 무엇 하나 쉬운 게 없었다. 아내의 마음을 얻어 결혼을 하느라 적지 않은 시간을 써 버렸다. 겨우 혼인을 하고 막 공부에 몰두하려던 1973년 5월 14일, 내가 아버지처럼 우러러보았고 나를 끔찍이도 아껴 주었던 큰형님이 교통사고로 세상을 떠났다. 세상이 무너지는 것 같았다.

장례를 치르고 돌아온 다음부터 공부가 되지 않았다. 아내는 젖먹이 건호를 돌보느라 정신이 없었고, 부모님은 장남을 잃은 슬픔에 몸과 마음을 제대로 가누지 못하셨다. 나는 또 나대로 삶과 죽음에 대한 밑도 끝도 없는 상념에 빠졌다. 고시와 출세에 대한 알 수 없는 회의와 번민에 잠을 이루지 못했다. 시도 때도 없이 가슴이 울렁거리고 답답해지는 병이 생겼다. 책을 펴기만 하면 온몸에서 식은땀이 배어 나왔다. 시험 치는 날은 아무것도 먹을 수 없었다. 연속 두 번 시험에 실패하고 나서야 겨우 마음의 안정을 찾았다. 그때부터 잠은 집에서 자고 공부는 마옥당에서 했다. 아내가 들판을 건너 점심을 가져다주었다. 건강도 좋아졌고 시험도 잘 보았다. 이번에는 합격할 수 있을 것 같았다.

이 시기 공부 뒷바라지는 작은형님이 해 주었다. 아버님은 뇌출혈이 와서 건강이 좋지 않으셨다. 귀도 어둡고 눈도 어둡고, 걸음도 바르지 못하셨다. 연로하신 부모님을 모시는 것부터 내 책값과 용돈, 건호 우윳값까지 어느 것 하나 빼놓지 않고 모두 다 작은형님이 보살펴 주었다. 큰형님이 돌아가신 후에는 달리 기댈 언덕이 없었다. 작은형님은 한마디 불평도 없이 그 모든 일을 했고, 머리 좋은 막내가 반드시 고시에 합격할 것이라고 믿었다. 그때는 그가 아버지나 다름없었다.

합격자 발표가 나던 날, 무슨 일인지 아침부터 한바탕 부부싸움을 했다. 나는 낮잠을 잤고 아내도 토라져 누워 있었다. 꿈결에 누가 나를 부르는 소리를 들었다. 고향 친구 이재우였다. 이 친구는 몹시 가난한 집의 장남이었는데, 여러 동생들을 공부시키느라고 정작 자신은 초등학교밖에 다니지 못했다. 동생들 학비를 벌려고 베트남전쟁에 참전하기도 했다. 스물여덟 살에 이장을 맡아 마을의 온갖 궂은일을 도맡아 했던 건실한 청년이었다. 당시에는 소위 '계도지'라는 이름으로 정부가 이장들에게 『서울신문』을 보내 주었는데, 그는 아침부터 마을 입구를 서성이면서 집배원을 기다리다가 『서울신문』 합격자 명단에서 내 이름을 발견하고 숨이 넘어가게 달려온 것이었다. 그 친구는 평범한 조합원으로 시작해서 나중에 진영농협 조합장이 되었다. 내가 봉하로 돌아올 준비를 할 때, 그리고 돌아와서 생태 농업과 마을 가꾸기 사업을 할 때 가장 든든한 후원자이자 동지가 되어 주었다.

아내가 내 무릎에 얼굴을 묻고 눈물범벅이 되어 엉엉 울었다. 내가 사법 고시에 합격한 것은 벌레가 사람이 된 것만큼이나 큰 사건이었다. 돼지를 잡고 풍물을 치면서, 일주일 넘도록 마을 잔치를 벌였다. 하지만 그것만으로는 기쁨을 다 표현할 수 없었다. 마음 같아서는 진영 읍내 큰길에 가서 지나가는 사람 아무나 붙잡고 자랑하고 싶었다. 수십 년 동안 수많은 사람들이 내게 물었다. 어떻게 혼자 공부해 고시에 합격할 수 있었느냐고. 나도 모르겠다. 그러나 어쨌든 해냈다. 그때를 생각하면 지금도 가슴이 뛴다. 나도 아내도, 그 순간만큼 큰 성취감과 행복을 느낀 적은 없었던 것 같다. 대통령이 되었을 때도 그때만은 못했다.

친구 이재우는 『서울신문』을 들고 뛰어오다가 집 앞 골목에서 아버지와 마주쳤다. 그런데 아버지는 막내가 고시에 합격했다는 말을 잘 알아듣지 못하셨다. 그토록 믿고 의지했던 맏아들을 먼저 보낸 아버지는 내가 사법연수원을 다니고 있던 1976년에 세상을 떠나셨다. 시류에 밝지도 않았고 술수를 부릴 줄도 몰

사법연수원

이 증을 습득하신 분은 가까운 우체함에 넣어주시기 바랍니다.

랐던 내 아버지는 해방된 나라의 가난한 백성으로 정직하게 살다 가셨다. 마지막 가시는 길에 자랑과 기쁨을 드린 것 같아서 마음이 조금은 가벼웠다.

7기 연수생으로 들어간 사법연수원은 완전히 새로운 세계였다. 서울의 쟁쟁한 대학을 나온 엘리트들을 그곳에서 처음 보았다. 그들과 어울리는 그 자체가 날카로운 자극이었다. 그런데 나는 외톨이 신세였다. 다들 삼삼오오 어울려 나가는데 나는 아는 사람이 하나도 없었다. 혼자 밥을 먹어야 했기에 점심시간이 괴로울 정도였다. 엘리트들의 주류 네트워크에 포섭되지 못한 국외자의 삶을 맛본 것이다. 이런 처지를 안 동료들 몇몇이 나를 불러 함께 밥을 먹었다. 연수원 시절 내내 그들과 가깝게 지냈다. 정치를 하고 대통령을 지내는 동안에도 이따금 만났다. 항간에서 '8인회'로 불리는 그 친목 모임이다. 대부분 나보다 몇 살 젊은 사람들이었다. 그들 중에서 검찰총장, 헌법재판관, 국가청렴위원장 등이 나왔다.

내가 대통령이 되어서 그렇게 된 것이 결코 아니다. 그들은 그럴 만한 능력과 마음과 경륜을 갖추었기에 책임 있는 자리에 간 것이다. 사법연수원 동료들은 나의 교만을 깨뜨려 주었다. 나는 마음먹고 공부하기만 하면 어디서든 1등을 할 수 있다는 근거 없는 자부심을 어려서부터 지니고 있었다. 그런데 그렇지 않다는 사실을 깨달았다. 최선을 다했지만 선두 그룹에 낄 수 없었다. 좌절감이 컸다. 대충대충 공부를 했다. 그래서 졸업 성적이 중간에도 미치지 못했다. 세상에는 나보다 머리 좋은 사람이 너무나 많았다.

변호사가 되고 싶었다. 융통성 없고 단조로워 보이는 판사보다는 전문 변호사로 새로운 일을 해 보고 싶었다. 의기투합한 동기생들도 있었다. 부산에서 사법서사 사무원을 하던 친구와도 변호사 개업 약속을 했다. 그런데 어머니와 형님이 펄쩍 뛰면서 반대했다. 모두들 판사를 높은 벼슬로 여기던 시절이라, 먼저 판사를 하고 나중에 변호사 개업을 하라고 했다. 한동안 실랑이를 하다가 내 뜻을 접었다. 장인어른 때문에 연좌제에 걸려 판사 발령을 받지 못하기에 그러는 것이 아닌지 어머니가 의심하셨기 때문이다. 사실이 아니었지만 내 고집대로 했다가는 두고두고 아내가 죄도 없이 원망을 들을 것 같아서 더 고집을 부리지 못했다.

대전지방법원에서 판사 생활을 시작했다. 나는 모범적인 법관도 아니었고 우수한 판사도 아니었다. 판사 업무는 매우 단조로웠다. 아침마다 서기가 책상 왼쪽 모서리에 기록을 올려 두면 나는 그것을 검토하고 메모해 오른쪽 모서리로 옮겨 놓곤 했다. 언제나 그렇게 똑같은 하루가 흘렀다. 선배 판사들을 따라다니면서 변호사들한테 밥 대접 술대접을 받았다. 선배들이 접대를 잘하지 않는 변호사를 두고 짠돌이라고 욕하는 것을 듣고 그런 변호사들을 골탕 먹일 못된 궁리를 하기도 했다.

나는 이른바 생계형 범죄에 대해서는 무척 관대한 판사였다. 닭서리를 하다 잡혀 온 젊은이나 소액의 '촌지'를 받았다가 기소된 하급 공무원들에게는 무죄나 집행유예를 주려고 애썼다. 사연을 꼼꼼히 들여다보면 도무지 남의 일 같지가 않았기 때문이다. 그러나 선입견에 사로잡혀 구속영장 청구 서류를 충분히 검토하지 않고 대충 영장을 발부한 일도 있었다. 판결을 내릴 때

법원 직원의 청탁 때문에 영향을 받은 적도 없었다고는 할 수 없다. 결국 1년도 다 채우지 못하고 판사직을 그만두었다. 더 계속했더라도 훌륭한 판사가 되지는 못했으리라 생각한다.

7 세속의 변호사

1978년 5월 변호사 개업을 했다. 여러 변호사들이 모여 종합적인 법률 서비스를 하는 곳에서 전문 변호사로 일하고 싶었지만 쉽지 않았다. 혼자 개업을 하고 보니 하루하루 사건에 쫓겨 공부할 시간이 없었다. 시간을 벌기 위해 직원 몇을 데리고 당시 사법서사들이 하던 부동산등기 업무에 손을 대기도 했다. 첫 사무장은 배동화 씨였다. 문재인 변호사와 손을 잡고 조세 사건을 주로 처리하기 시작한 후 최도술 씨가 사무장을 맡았다. 그는 부산상고 1년 후배였지만 친구나 다름없는 사람이었다. 변호사 사무실에서 청와대 총무비서관실까지 25년이 넘는 긴 세월을 나와 함께했다. 나를 만나지 않았더라면, 내가 대통령이 되지 않았더라면, 돈 문제로 구속되는 일은 없었을 사람이다. 미안하다.

변호사 일을 하면서 법조계의 나쁜 관행을 보게 되었다. '교제'라는 이름으로 판사와 검사들에게 술을 사야 했다. 법정에서는 검사와 판사에게 무조건 슬슬 기어야 했다. 법원과 검찰 직원, 경찰관, 교도관들이 구속된 피의자를 변호사에게 알선해 주고 커미션을 챙겼다. 전문 브로커들은 커미션 액수를 가지고 여러 변호사를 만나 흥정을 하기도 했다. 기업의 고문 변호사를 맡을 때도 법무팀 직원에게 리베이트를 주어야 했다. 나는 이 모든 것들이 불합리하다고 생각했고, 법률가로서 자존심도 크게 상했다. 하지만 지나치지 않다고 생각하는 선에서 적당히 타협했다. 시간이 지나면서 나는 '교제'를 그만두었다. 법정에서 피고인을 윽박지르는 검사와 맞고함을 지르며 싸우기도 했다. 판사가 소송절차를 어기면 곧바로 반박하고 싸웠다. 조금씩 별난 변호사가 되어 간 것이다.

그러나 큰 틀에서 보면 나는 적당히 돈을 밝히고 인생을 즐기는, 그저 그런 변호사였다. 개업한 지 얼마 되지 않았을 때 일이다. 사기 혐의로 남편이 구속된 아주머니에게 사건을 수임했다. 합의만 되면 변론도 필요 없는 사건이었다. 마침 사무실에 돈이 딱 떨어진 때라 합의를 종용하지도 않고 수임료 60만 원에 덜컥 사건을 맡고 얼른 접견을 다녀왔다. 다음 날 합의를 본 의뢰인이 찾아와 수임 계약을 해지하겠다고 했다. 나는 변호사 수임 약정서를 보여 주면서 이미 접견을 했기 때문에 수임료 반환을 청구할 수 없다고 말했다. 실랑이 끝에 발길을 돌리면서 그 아주머니가 말했다. "변호사는 본래 그렇게 해서 먹고삽니까?" 화살이 되어 가슴에 꽂힌 이 한마디는 수십 년 동안 내게 고통을 주었다. 지금도 귀에 들리는 것 같다. 나는 용서를 구하고 싶었지만, 그럴 기회를 얻지 못했다.

어린 시절 어머니는 수도 없이 당부하셨다. "모난 돌이 정 맞는다." "법 앞에 장사 없다." "계란으로 바위 치기다." 어머니는 "갈대처럼 살라" 하셨다. 갈대는 바람이 동쪽에서 불면 서쪽으로 눕는다. 서쪽에서 불면 동쪽으로 눕는다. 이승만 대통령에 관한 작문을 거부해 소동이 벌어졌을 때도 들었던 이 말이 나는 지독히도 싫었다. 그러나 그러면서도 출세를 하겠다는 강한 욕망을 품었다. 지긋지긋한 가난과 설움을 벗어나고 싶었다. 힘이 생기면 나처럼 고생하며 사는 사람을 도와주겠다고 마음속으로 다짐하곤 했다. 하지만 막상 판사가 되고 변호사가 되어 보니 세상이 다르게 보였다. 돈 걱정을 크게 하지 않아도 되었으며, 알아보고 굽실거리는 사람도 많았다. 살맛이 났다. 출세해서 가난하고 힘없는 사람들을 도와주겠다던 어린 시절의 꿈은 어느새 슬며시 녹아 없어지고 말았다.

가난하고 못 배운 사람들에게 변호사는 있으나 마나 한 존재였다. 오히려 해로운 존재였는지도 모른다. 돈이 없으면 변호사를 선임할 수 없다. 그래서 변호사는 대체로 돈 있는 사람 편이 되어 없는 사람 괴롭히는 일을 한다. 양심의 갈등이 없지는 않았다. 하지만 부모 형제를 돌보고, 노후 대책으로 부동산도 좀 사두고, 시골에 농장이나 별장 하나쯤 장만해 보고 싶은 생각이 양심을 앞섰다. 우선 나부터 살고 보자는 심사였던 것이다. 해마다 입시에 무슨 수석 합격자가 미디어에 나와, 장차 법관이 되어 가난하고 힘없는 사람들 위해 일하겠다거나, 의사가 되어 헐벗고 고통 받는 사람들을 위해 헌신하겠다고 포부를 말하는 것을 들으면 혼자 쓴웃음을 짓곤 했다. 판사, 검사, 변호사, 의사들 가운데 누군들 그런 포부를 말해 본 경험이 없겠는가. 이렇게 비웃으면서 자꾸 고개를 내미는 양심의 거리낌을 덮어 보려고 했다. 자기 직업에 충실하기만 하면 그것이 바로 우리 사회에 올바르게 이바지하는 것 아니겠느냐는 논리를 방패 삼아, 오로지 나 자신을 위한 삶을 즐겼다.

그러니 사회에 관심이 있을 리 없었다. 1979년 10월 부산 마산 일대에서는 박정희 대통령의 유신 독재에 항의하는 대규모 시위가 일어났다(부마항쟁). YH무역 여성 노동자들이 임금을 떼어먹고 외국으로 도주한 사용자를 규탄하며 신민당 당사를 점거하고 도움을 호소했는데, 경찰이 당사에 난입해 당직자들을 폭행하고 여성 노동자들을 체포했다. 김경숙이라는 노동자가 경찰에 밀려 창밖으로 떨어져 사망하는 안타까운 참극이 빚어졌다. 얻어맞아 얼굴이 찐빵처럼 부풀어 오른 신민당 대변인 사진이 신문에 났다. 김영삼 총재가 유신 독재를 비판하는 외신 인터뷰를 하자 여당인 공화당과 유신정우회(유정회) 의원들이 김 총재의 의원직 제명을 의결했다. 이런 사태를 보고 격분한 부산 마산 시민들이 들고일어난 것이다. 박정희 대통령은 계엄령을 선포하고 무장 병력을 투입하여 시위를 진압했다. 그리고 그 뒤끝에 김재규 중앙정보부장이 박정희 대통령을 시해한 10·26정변이 터졌다.

부마항쟁 때 수많은 학생과 재야인사들이 영장도 없이 체포되어 혹독한 고문을 당하고 감옥으로 끌려갔다. 병원들이 겁에 질려 시위 중에 다친 학생들을 받아 주지 않는다고 사무장이 분통을 터뜨리는 소리를 들으면서도, 나는 그저 그런가 보다 했을 뿐이다. 김광일, 이흥록 등 부산에서 활동하던 동료 변호사들이 험한 고초를 겪었다는 소문이 들려도 크게 관심을 갖지 않았다. 내 문제라고 생각하지 않았던 것이다. 내 운명을 바꾸었던 '그 사건'을 만나고 나서야, 나는 판사로 변호사로 사는 동안 애써 억눌러 왔던 내면의 소리를 진지하게 듣게 되었다. 내 삶이 부끄럽게 느껴졌다. 최선을 다해 살았다고 자부했지만 꼭 그런 것은 아니라는 생각이 들었다. 당당한 삶이라고는 더더욱 말할 수 없었다. 출세해서 좋은 일하겠다고 혼자 다짐했던 기억이 되살아났다. 그래서 삶에 대해서, 인간에 대해서, 사회와 역사에 대해서 좀 더 진지하게 공부하고 생각하기 시작했다. 나는 갓 세상에 발을 내디딘 청년처럼 설레는 마음으로 나에게 다가온 새로운 삶을 받아들였다.

꿈

2부

1 부림사건

1981년 9월 전두환 정권이 소위 '부림(釜林)사건'이라는 것을 발표했다. 이것이 내 삶을 바꾸었던 바로 '그 사건'이다. 공안 당국은 반국가단체를 만들어 정부 전복을 획책했다는 혐의로 이호철, 장상훈, 송병곤, 김재규, 노재열, 이상록, 고호석, 송세경, 설동일 등 부산 지역 지식인과 교사, 대학생 22명을 구속했다. 그런데 이들이 실제로 한 일은 사회과학 책을 읽는 독서 모임을 하면서 자기들끼리 정부를 비판한 것이 전부였다. 구속자는 대부분 1979년 이흥록 변호사가 만들었던 부산양서조합 회원들이었다. 개업식 축하 모임, 돌잔치, 송년회를 한 것이 범죄 사실로 둔갑했고, 계엄법과 국가보안법, 집시법 위반 혐의가 적용되었다. 나는 어쩌다 보니 이 사건에 손대게 되었다. 당시 부산에서 지속적으로 인권 운동을 한 변호사는 이흥록, 김광일 두 분밖에 없었다. 그런데 검사가 김광일 변호사까지도 사건에 엮어 넣겠다고 협박하는 바람에 변호를 맡을 수가 없었다. 손이 모자란다는 하소연을 듣고만 있을 수 없어서, 아무것도 모르는 내가 변호를 맡게 된 것이다.

크게 고민하지 않고 일단 구치소로 피고인 접견을 갔다. 그런데 여기에서 상상치도 못한 엄청난 충격을 받았다. 얼마나 고문을 받았는지 초췌한 몰골을 한 청년들은, 변호사인 내가 정보기관의 끄나풀이 아닌지 의심하는 기색이었다. 그들은 모두 영장 없이 체포되었고 짧게는 20일, 길게는 두 달 넘게 불법 구금되어 있으면서 몽둥이찜질과 물고문을 당했다. 그들이 그렇게 학대 받는 동안 가족들은 딸 아들이 어디에 있는지도 몰랐다. 얼마나 맞았는지 온몸이 시퍼렇게 멍이 들고 발톱이 새까맣게 죽어 있었다. 한 젊은이는 62일 동안 불법 구금되어 있었다. 그 어머니는 3·15부정선거를 규탄하는 시위에 참가하였다가 최루탄이 얼굴에 박힌 시신으로 마산 앞바다에 떠올랐던 김주열을 생각하면서 아들의 시신이라도 찾겠다고 영도다리 아래부터 동래산성 풀밭까지, 마치 실성한 사람처럼 헤매고 다녔다. 변사체가 발견되었다는 이야기를 들으면 혹시 아들이 아닌지 가슴을 졸이며 뛰어갔다. 그 청년의 이름은 송병곤이었다.

머릿속이 마구 헝클어졌다. 사실과 법리를 따지기도 전에 걷잡을 수 없이 분노가 치밀어 올랐고 피가 거꾸로 솟는 것 같았다. 법정에서 냉정한 자세를 유지하면서 변론을 하기가 어려웠다. 불법 구금과 고문으로 당사자와 가족들이 겪어야 했던 처참한 고통을 거론하면서 공안 기관의 불법행위를 폭로하고 비판했다. 방청석은 울음바다가 되었고, 검사뿐만 아니라 판사도 표정이 일그러졌다. 법정 분위기가 험악했다. 다음 날 보자고 해서 검사를 만났더니, 세상이 어떻게 돌아가는지 모르느냐고 나를 힐난하면서 협박했다. "부산에서 변호사 한두 명 죽었다고 그게 뭐 대단한 일이 될 줄 아시오?" 나는 오기가 나서 법정에서 검사와 삿대질을 해 가며 싸웠다. 그 사건 수사를 지휘했던 부장검사는 후일 국회의원이 되었다.

내가 변론했던 청년들은 그 모진 고통을 받고서도 형형한 눈빛을 잃지 않았다. 어느 누구라 할 것 없이 학교 성적이 우수하고 부모님에게 효성이 지극한 청년들이었다. 변호사인 내게 무엇보다도 중요한 것은 그들이 범죄를 저지르지 않았다는 사실이었다. 그런데도 재판장은 피고인 전원에게 징역 3년, 5년, 7년씩 마구잡이 유죄 선고를 내렸다. "그놈들 말하는 거 좀 보시오. 완전히 빨갱이들 아닙디까." 판사실에서 내게 이렇게 말했던 사람이었으니, 애초에 공정한 재판은 바랄 수도 없는 일이었다. 같은 사건으로 따로 재판을 받았던 한 사람은 무죄 선고를 받았지만 항소심에서는 유죄로 둔갑해 버렸다. 부산 노동상담소 활동에서 시작해 청와대 국정상황실장까지 20년 동안 한결같이 나를 도우며 함께 일했던 이호철 씨였다. 그에게 1심 무죄를 선고했던 사람은 서석구 판사였다. 그는 이 일로 인해 진주로 좌천되었다가, 결국 사표를 내고 대구에서 변호사 개업을 했다.

2　운동 전문 변호사

변론을 하면서 청년들을 자주 만났다. 좋은 대학에 들어가 성적도 우수하여 남보다 나은 자리가 보장되어 있는데, 왜 부모님의 간절한 소망마저 내팽개치고 자기 앞날을 망치는 어리석은 일을 고집하는지 처음에는 잘 이해하지 못했다. 그런데 여러 차례 대화를 나누면서 나는 젊은 그들을 존경하게 되었다. 자신과 가족, 부모 형제를 먼저 챙기면서 정직하게 열심히 일하기만 하면 사회와 국가에 기여할 수 있다는 논리가 늘 옳은 것은 아니라는 생각이 들었다. 이웃의 고통과 권력의 부정부패, 사회적 불의를 내 문제가 아니라고 모른 체하면 내 삶이 부끄러워질 수도 있을 것 같았다. 무엇인가 더 해야 한다는 생각 때문에 대학생과 노동자들이 관련된 사건의 무료 변론을 더 많이 하게 되었다. 멀었던 눈이 한번 떠지자, 비로소 힘없고 가난한 사람이 당하는 핍박과 설움이 또렷이 보였다. 그들의 아픔이 내 가슴에도 전해져 왔다. 어린 시절 가난 때문에 겪어야 했던 고통과 그에 대한 울분이 되살아났다. 무엇인가 더 해야 한다는 생각이 들었다.

그러나 말처럼 쉽지는 않았다. 무료 변론은 돈 좀 덜 벌면 그만이었지만 독재 정권에 맞서 싸우는 것은 차원이 달랐다. 언제 어디로 끌려가 무슨 죄목을 뒤집어쓰고 쇠고랑을 찰지 모르는 위험한 일이었다. 조그만 농장이나 별장 하나 정도는 가지고, 자식을 외국 유학이라도 보내서, 공부를 다 못한 우리 부부의 한을 풀어 보자고 했던 꿈을 접어야 했다. 이렇게 양심과 욕망 사이를 오락가락하면서 나는 차근차근 주변을 정리했다. 요정과 룸살롱 같은 고급 술집에는 발길을 끊었다. 일본까지 가서 교육을 받을 정도로 열성이었던 요트 타기도 그만두었다.

내가 한동안 빠져 있던 2인승 요트는, 사람들이 흔히 생각하는 것과 달리 크게 돈이 드는 스포츠가 아니었다. 집이 광안리 해수욕장 근처여서 부대 비용도 별로 들지 않았다. 돈이 있다고 해서 아무나 할 수 있는 운동인 것도 아니었다. 거센 파도와 바닷바람을 맞으면서, 모래알 씹히는 불어 터진 라면을 먹어 가면서 하는, 거친 남자들의 운동이었다. 그러나 시간이 많이 드는 것은 곧 돈이 많이 드는 것이나 한가지여서 그만둘 수밖에 없었다. 승용차를 두고 버스로 출퇴근하면서 고급 일식집 대신 시장통 국밥을 먹었다. 돈을 아끼기 위해서이기도 했지만, 민주화 운동을 하는 사람으로서 민중의 고통에 동참하는 삶의 방식을 따라야 한다고 믿었기 때문이다. 그때 우리 사무실 사람들과 부산의 동지들은 다들 그렇게 살았다.

인권 변론을 하는 과정에서 많은 일을 겪었고 또 많은 사람을 새로 알게 되었다. 1982년 5월 부산 미국문화원 방화사건 변호인단에 들어갔다. 부산의 몇몇 대학생들이 1980년 광주학살을 용인한 미국의 책임 문제를 제기할 목적으로 문화원에 불을 질렀는데, 뜻하지 않게 도서관에서 공부하던 학생이 무고하게 희생된 사건이었다. 문부식, 김현장 씨에 이어 가톨릭 원주교구 최기식 신부가 그들을 도와준 혐의로 구속되었다. 이돈명, 유현석, 홍성우, 황인철 등 서울의 유명한 인권 변호사들이 모두 부산으로 왔다. 신부와 수녀, 가톨릭 신도들이 법원 마당을 빽빽이 채우고 찬송과 기도를 했다. 나는 아주 작은 역할밖에 하지 않았지만, 여기에서 서울과 다른 지역의 인권 변호사들을 알게 되었다. 안타깝게도 너무나 일찍 세상을 떠나 버린 조영래 변호사와도 교류하게 되었다. 이것이 인연이 되어 '정법회'(正法會)를 만드는 일에 참여했다. 정법회는 '민주화를 위한 변호사 모임'(민변)의 모태가 되었다. 미국문화원 방화사건 변론을 맡았다는 이유 때문에 1년 반 동안 『부산일보』에 연재했던 생활 법률 상담을 그만두어야 했다.

부산에 같이 살면서도 모르고 지냈던 송기인 신부님 또한 여기서 만났다. 그는 김광일 변호사, 최성묵 목사님과 함께 1970년대 부산 지역 민주화 운동을 이끌었던 분이다. 송 신부님은 나를 너무 좋아해서 여러 가지 도움을 주셨는데, 기어코 성당으로 데려가 아내와 함께 세례를 받게 하면서 같은 동네에 살던 아주 훌륭한 분들을 대부와 대모로 소개해 주셨다. 나는 유스토, 아내는 아델라가 되었다. 하지만 나는 교리 공부도 게을리한 데다 성당에 잘 나가지도 않는 엉터리 신자가 되고 말았다. 오랫동안 고민해 보았지만 내게는 종교적 심성이 별로 없는 것 같았다. 송 신부님과 최성묵 목사님, 손덕만 신부님, 박광선 목사님 등 종교계의 여러 어른들이 나를 특별히 사랑하셨다. 옳은 길로 이끌기 위해 많은 정성을 쏟으셨다. 나중에는 김영수 목사님을 비롯한 젊은 종교인들에게도 좋은 가르침을 받았다. 안타깝게도 김영수 목사님을 비롯하여 많은 분들이 이미 고인이 되셨다.

1983년 말 전두환 대통령이 '대화합조치'라는 것을 발표해 일부 양심수를 석방하고 제적 학생의 복학을 허용했다. 부림사건으로 감옥에 갔던 청년들이 출소해 돌아오면서 주변에 자꾸 사람이 모였다. 그들은 반독재 민주화 운동을 함께 하자고 했다. 망설임이 없지는 않았지만 거절할 수가 없었다. 1984년에 청년들이 부산공해문제연구소를 만들겠다고 했다. 칸막이를 쳐 사무실 절반을 내주고 형편 되는 대로 돈도 마련해 주었다. 그다음에는 노동 상담실을 차렸다. 부산시경 대공과 형사들이 사무실 앞에 차를 세워 놓고 주야 교대로 감시했다. 몰래 사무실을 뒤졌고 전화를 도청하는 것 같았다.

일손이 모자라서 부림사건 때 제일 오래 불법 구금을 당했던 송병곤 씨를 직원으로 채용했다. 그는 이 인연으로 지금까지도 문재인 변호사가 몸담은 법무법인에서 일하고 있다. 그는 정말 마음이 곱고 부지런한 사람이었고 모든 일을 책임감 있게 처리했다. 고문 후유증으로 고통을 받으면서도 월급 받으며 편하게 사는 것 자체를 몹시 괴로워했다. 그를 지켜보면서 당시 초등학교에 다니던 아들 건호를 생각했다. 건호도 몇 년 지나면 대학에 갈 것이다. 그 아이를 어떻게 가르쳐야 할까? 이 청년과 같은 길을 가라고 할 수 있을까? 모든 걸 못 본 체하면서 어떻게든 출세하고 돈 많이 벌어 편하게 살라고 할 것인가? 양심이니 정의니 말은 쉬웠지만, 내 아들한테 고난의 삶을 권할 수는 없을 것 같았다. 고민해 본 끝에 내린 결론은 세상을 바로잡아야 한다는 것이었다. 그것이 아이들이 받을지 모르는 고통을 예방하는 길이었다. 아들한테 권하기보다는 아버지인 내가 하는 게 나을 것 같았다.

문재인 변호사와 손을 잡았다. 원래 모르는 사이였지만 1982년 만나자마자 바로 의기투합했다. 그는 유신 반대 시위로 구속되어 경찰서 유치장에서 사법 고시 합격 소식을 들은 사람이다. 그래서 사법연수원을 우수한 성적으로 졸업하고서도 판사 임용이 되지 않았다. 정직하고 유능하며 훌륭한 사람이다. 나는 그 당시 세속적 기준으로 잘나가는 변호사였다. 사건도 많았고 승소율도 높았으며 돈도 꽤 잘 벌었다. 법조계의 나쁜 관행과도 적당하게 타협하고 있었다. 그런데 문재인 변호사와 동업을 시작하면서 그런 것들을 다 정리하기로 약속했다. 그에게 부끄러운 모습을 보이기 싫었다. 인권 변호사로서 독재 정권에 약점을 잡히지 않으려면 나부터 깨끗해야 한다는 생각도 했다.

사무실 경영에 곧바로 타격이 왔다. 법원과 검찰 직원, 교도관, 경찰관, 법무사 등에게 리베이트 주고 사건을 수임하는 관행과 결별하는 것은 비교적 수월했다. 어려운 것은 은행과 기업의 고문 변호사 관계였다. 기업의 법무팀도 10%, 20%의 리베이트를 요구했다. 그것을 받아 공동 경비로 쓰기도 하고 나누어 가지기도 했다. 리베이트를 주지 않자 결국 은행과 기업의 고문 일도 거의 다 끊겨 버렸다. 나는 원래 조세 사건을 많이 했다. 김지태 선생 가족의 상속세 관련 수십억 원짜리 소송을 맡아 승소했다. 나중에는 그분이 이끌었던 삼화그룹 계열사의 법인세와 관련한 거액의 소송에서도 승소했다. 승소율이 높다고 소문이 나서 세무 사건이 많이 들어왔다. 리베이트를 끊은 데다 인권 변론에 시간을 많이 쓰려고 하다 보니, 결국 힘은 덜 들고 보수가 좋은 조세 사건만 남게 되었다. 그래서 부산에서 조세 전문 변호사라는 말을 들었던 것이다.

내 인생에서 가장 뜨거웠던 열정의 시기를 맞았다. 나는 막 학생운동에 뛰어든 청년처럼 민주화 투쟁에 몰입했다. 인권 변호사들이 일반적으로 지켜 왔던 행동반경을 간단히 무시해 버렸다. 시민 단체에 참여하고, 재정적으로 돕고, 사건이 터지면 변론해 주는 것만으로는 만족할 수 없었다. 실제 행동을 하고 싶었다. 나중에는 부산민주시민협의회 상임위원이 되어 직접 행동에 나섰다. 경찰이 집회를 원천 봉쇄하면 몸으로 부딪치면서 항의했고 길바닥에 드러누운 적도 있었다. 그런 와중에도 변론할 사건이 엄청나게 밀려들었고, 나는 어느 것도 거절하지 않았다.

1985년에는 시국 사건이 더 많아졌고 학생운동이 사상적으로 복잡해졌다. '삼민투'(민족통일·민주쟁취·민중해방을 위한 투쟁위원회)에서 시작해시 민중민주주의(PD) 노선이니 민족해방혁명(NL) 노선이니 하는 난해한 이념 논쟁이 벌어졌다. 김광일

변호사와 이흥록 변호사 등 오래 인권 변론을 해 온 부산의 1세대 인권 변호사들은 새로 시작한 나에게 일을 많이 맡기고 뒤로 조금 물러났다. 그러다 보니 그분들은 이념적으로 날카로워진 학생운동과 노동운동 사건을 변론하는 데 점점 어려움을 느끼게 되었고, 나는 그만큼 일이 더 많아졌다. 부산 말고도 울산, 마산, 창원 쪽에서 노동 사건이 자주 일어났다. 그곳에는 인권 변호사가 없었다. 모두 내 일이 되었다. 심지어는 거제도와 경북 구미공단까지 출장을 가야 했다.

문재인 변호사는 이 모든 일을 함께했다. 나는 돈 버는 일을 전폐했지만 그는 사무실 운영을 도맡아 하면서 매월 내게 생활비를 주었다. 부산에서 선거를 치를 때마다 있는 힘을 다했고, 대통령 선거 때는 부산 선대본부장을 맡아 주었다. 민정수석과 비서실장으로서 대통령 임기 내내 나를 도와주었다. 헌법재판소 탄핵 심리와 퇴임 후 검찰 수사 때도 내 곁에 있었다. "노무현의 친구 문재인이 아니고 문재인의 친구 노무현"이라고 한 것은 그저 해 본 소리가 아니다. 나이는 나보다 젊지만 나는 언제나 그를 친구로 생각했다. 그와 함께한 모든 일들이 나에게는 큰 기쁨이며 영광이었다. 이 말은 문재인 개인에 대한 것만이 아닌지도 모른다. 부족했던 나를 민주화 운동으로 이끌어 주고 내가 정치권으로 떠난 뒤에도 굳건하게 부산을 지켰던, 부산 지역 시민사회의 지도자들, 그리고 그 뜨거웠던 6월의 밤 아스팔트 위에서 독재 타도를 함께 외쳤던 부산의 이름 모를 수많은 시민들 모두에게 바치는 헌사이기도 하다. 여러 번 낙선하면서도 부산을 아주 떠나지 못한 것도 그분들과 함께 이루었던 모든 것, 그분들의 아름다운 삶에 대한 존경과 사랑을 버릴 수 없었기 때문이다.

그 당시에는 시국 사건뿐만 아니라 산업재해 관련 소송도 많았다. 기업과 노동자 모두 산업 안전에 대한 인식이 부족한 데다 열악한 작업 환경에서 장시간 일하는 노동자가 많았기 때문이다. 프레스에 손이 잘려 나가 일자리를 잃고 재취업도 하지 못해 벼랑 끝에 몰린 노동자들은 법원에 호소했다. 판사들은 본인과 회사의 과실을 따져 배상액을 결정했다. 냉혹하지만 어쩔 도리가 없었다. 어제의 동료들이 회사 눈치를 보느라 제대로 증언을 해 주지 않으면 재판이 끝난 뒤 말다툼과 멱살잡이가 벌어지곤 했다. 산재 사건 증인으로 법정에 나온 노동자가 말을 잘 알아듣지 못하는 일이 있었다. 너무 시끄러운 작업장에서 일한 탓에 난청이 된 것이다. 자기 자신도 산업재해 피해자이면서 그것을 인식하지도 못한 채 다른 사람의 산재 사건 증인으로 나온 노동자, 산재 사건 재판을 하면서 산재로 난청이 된 증인이 말귀를 알아듣지 못한다고 짜증을 내는 판사와 변호사, 모두가 부조리극에 나온 배우 같았다. 나도 가해자의 한 사람인 것 같아서 참담한 기분이었다. 지금까지 대수롭지 않게 여겼던 일들이 자꾸 마음에 걸렸다. 변호사로서 쉽게 돈을 버는 것이 죄 짓는 일처럼 느껴졌다.

거제도에서 어떤 노동자가 찾아왔다. 노동조합을 만들어 조합장이 되었는데, 보안대 거제 파견대장이 사무실로 불러 다짜고짜 정강이를 수도 없이 걷어찼다는 것이다. 바지를 올려 보니 다리가 온통 시퍼렇게 멍들어 있었다. 그는 겁이 나서 회사에 사표를 냈다고 했다. 관할 마산지방노동청에 부당노동행위 구제

신청을 냈다. 그런데 또 맞을까 겁이 나 자기가 맞은 사실을 빼달라고 사정했다. 나는 그를 설득해 그 부분을 기어코 집어넣었다. 그러자 마산 보안대 간부가 찾아와 거제 파견대장이 옷을 벗게 생겼으니 구제 신청을 취하해 달라고 사정했다. 그 가족이 불쌍하지 않으냐는 것이었다. 그에게는 실직한 노동자의 가족이 겪는 고통은 보이지 않는 것 같았다. 어떻게 협박하고 회유했는지 당사자까지 구제 신청을 철회하겠다고 했다. 분통 터질 일이었다. 나는 끝까지 그 노동자를 붙들어 결국 복직을 시키고 조합장 자리도 되찾도록 했다.

이런 일들이 끝없이 벌어지는 근본적인 원인을 알고 싶었다. 청년들은 사회주의 이론서와 사회과학 서적을 소개해 주었다. 그 책들을 읽고 숱한 밤을 지새우며 토론했다. 그때 읽었던 책들 가운데 베트남전쟁에 대한 리영희 선생의 책 『전환시대의 논리』가 특히 깊은 인상을 주었다. 에드가 스노가 쓴 『중국의 붉은 별』도 심취해서 읽었는데, 항일 전쟁과 국공 내전의 와중에 주더(朱德) 홍군사령관이 연안의 방직공장 여성 노동자들과 배구하는 장면을 묘사한 대목이 오래 기억에 남았다. 그렇지만 사회주의에 끌리지는 않았다. 마음이 좀 가다가도 '프롤레타리아 독재'라는 이름으로 일당독재를 합리화하는 문제에 부딪치면 아니라는 생각이 들었다. 자본주의에 많은 문제가 있지만 사회주의가 대안이 될 수는 없다고 보았다. 그것은 아마도 내가 법률을 먼저 공부했기 때문일 것이다. 헌법에서 일반 법률까지, 내가 공부한 법률 체계는 모두 상대주의 철학에 기초를 두고 있었다. 상대주의 철학은 전체주의를 용납하지 않는다. 나는 이 기초를 버릴 수 없었다.

3 사람 사는 세상

내가 노동 사건과 시국 사건 변론에 몰두했던 1980년대 중반, 한국 현대사는 숨 가쁜 고갯길을 넘는 중이었다. 1984년 봄 김영삼 총재가 목숨을 건 단식투쟁을 벌이면서 미국에 망명 중이던 김대중 선생과 손을 잡고 '민주화추진협의회'를 결성했다. 부산민주시민협의회 상임위원을 맡으면서 나도 눈코 뜰 새 없이 바빠졌다. 1985년 2월 미국에 망명해 있던 김대중 선생이 생명의 위협을 무릅쓰고 귀국했다. 경찰의 삼엄한 봉쇄를 뚫고 김포공항 주변에 수만 명의 환영 인파가 운집했다. 김대중 선생은 동교동 자택에 불법 연금을 당했지만, 그가 김영삼 총재와 손잡고 이민우 씨를 총재로 내세워 만든 신한민주당은 2·12총선에서 '민정당 2중대' 의혹을 받던 민한당을 제압하고 제1야당이 되었다. 1974년 민청학련 사건 주동자로 군법회의에서 사형선고를 받았던 이철 씨가 '돌아온 정치사형수'라는 구호를 들고나와 서울 성북구에서 국회의원에 당선되었다. 민주화 세력은 여세를 몰아 전두환 정권이 학생운동을 목조르기 위해 추진했던 학원안정법 제정 시도를 좌절시켰다.

신민당과 재야 민주화 세력은 대통령 직선제 개헌 운동에 나섰다. 정부는 어떤 옥외 집회도 허용하지 않았다. 그러자 신민당은 전국 주요 도시에서 순차적으로 직선제개헌추진운동본부

'현판식'을 열었다. 야당이 실내에서 현판식 행사를 하는 동안 밖에는 시민들이 모여 반정부 시위를 벌였다. 이런 투쟁은 1986년 5월 3일 인천에서 절정을 이루었다. 나는 개헌 현판식 운동, 부천경찰서 성고문 사건 규탄 투쟁, 1987년 초 박종철 군 고문치사 사건 규탄 시위, 4·13호헌 반대 투쟁 등 싸움이 벌어질 때마다 현장으로 달려갔다. 오랫동안 꿈꾸었던 '전문 변호사'가 되었는데, 그것이 '운동 전문 변호사'일 줄은 미처 몰랐다. 강연, 시위, 상담, 변론 등 할 수 있는 모든 일을 가리지 않고 다 했다. 1986년 9월에는 사건 수임을 모두 중단하고 민주화 운동에만 전념했다. 돈이 생기면 부산 지역의 여러 시민 단체를 돕는 데 썼다.

1987년 2월 7일 부산에서 열린 고 박종철 군 추모 대회에서 경찰에 연행되어 문재인, 김광일 변호사와 함께 범일동 대공분실에 구금되었다. 형사소송법이 정한 48시간이 다 지나갔다. 우리가 격렬하게 항의하자 문재인 변호사와 김광일 변호사를 풀어주었지만 나는 그대로 잡아 두었다. 문 변호사가 부산지법에 달려가 보니 한기춘 판사가 검찰이 집시법 위반 혐의로 청구한 구속영장을 이미 기각한 뒤였다. 그런데도 검찰이 당직부장판사에게 영장을 재청구하고 나를 그대로 묶어 두었던 것이다. 서울에서 대한변호사협회(변협) 인권위원장 류택형 변호사가 하경철 변호사와 함께 달려와 이런 영장을 받아들여서는 안 된다는 변협의 입장을 전달했다. 검찰은 수석부장판사와 법원장에게까지 찾아갔지만 영장을 받지 못했다. 나는 사흘 만에 풀려났다. 세 번씩이나 영장을 청구했던 부산지검 공안부장은 주선회 검사였다. 검찰이 영장 기각에 반발해 세 번이나 더 구속영장을 청구한

이 희귀한 사건을 언론이 크게 보도했다. 부산에서 '노변'으로 통했던 내 이름이 처음으로 부산 지역 밖으로 알려졌다. 그런 상황에서 전국 조직인 '민주헌법쟁취국민운동본부'가 출범했다. 나는 부산본부 상임집행위원장을 맡아 부산의 6·10대회를 주도하다가 다시 경찰에 끌려갔다. 그렇게 잡혀가고 풀려나는 데도 점차 이골이 났다.

1987년 6월 18일, 부산 지역 시위가 절정을 이루었던 그날을 영원히 잊지 못한다. 연세대생 이한열 군의 죽음에 항의하기 위해 국민운동본부가 '최루탄 추방의 날'로 정했던 이날, 성난 부산 시민들이 서면로터리 경찰 저지선을 무너뜨리고 범내골까지 진출했다. 드넓은 도로를 꽉 메운 수십만 시민들의 행진은 해운대의 거센 파도 같았다. 운동 노선을 두고 다투었던 모든 정파들이 그 물결에 녹아들었다. 나도 거기 있었다. 이날 밤 부산 시위는 그 규모와 격렬함에서 서울 시위를 능가했다. 최루탄이 다 떨어져 경찰이 더는 시위를 진압할 수 없는 지경에 이르렀다. 전두환 정권은 계엄령 선포를 검토했다. AFKN에서 주한 미군과 군속(軍屬)의 외출을 금지한다는 뉴스가 나왔다. 밤에 군 병력이 투입된다는 소문이 나돌았다. 그러나 아무도 두려워하지 않았다. 누군가 노래를 시작했다. 〈어머니〉라는 노래였다. 노래를 부르면서 걸어가는 청년들의 뒷모습을 보면서 함께 걸었다. 왈칵 눈물이 쏟아졌다. 그들이 자랑스러웠다. 그들과 함께 이 거대한 민심의 폭발을 불러일으켰다는 자부심에 내 자신이 자랑스러웠다. 부산에는 지금도 이날의 시위에 대해 긍지를 느끼는 시민이 많다.

1980년대의 수많은 민중가요 중에서도 〈어머니〉라는 노래가 특히 좋았다. '사람 사는 세상'이라는 말이 마음에 와 닿았다. 그래서 정치에 입문하면서부터 이 노래 첫 구절 '사람 사는 세상'을 꿈으로 삼았으며 1988년 13대 총선 선거 구호로 썼다. 2002년 민주당 대통령 후보 국민경선 때도 종종 이 노래를 불렀다.

사람 사는 세상이 돌아와
너와 나의 어깨동무 자유로울 때
우리의 다리 저절로 덩실
해방의 거리로 달려가누나
아아 우리의 승리
죽어 간 동지의 뜨거운 눈물
아아 이글거리는 눈빛으로
두려움 없이 싸워 나가리
어머니 해맑은 웃음의 그날 위해

4 분열과 좌절

노태우 민정당 대표가 대통령 직선제 개헌 수용과 양심수 석방 등을 담은 '6·29' 선언을 발표했다. 야당이 장외투쟁을 중단하자 시민들의 시위 참여도 수그러들었다. 그렇지만 나는 더 바빠졌다. 민주화 분위기를 타고 그동안 억눌렸던 노동자들의 요구가 본격적으로 터져 나왔기 때문이다. 1987년 7월과 8월 전국을 휩쓸었던 '노동자대투쟁'이었다. 노동법률상담소에 노조 설립 방법을 문의하는 전화가 쇄도했다. 그런 상황에서 거제도 대우조선 노동자들이 거리 시위를 하던 중 이석규 씨가 최루탄에 맞아 숨지는 비극적인 사건이 일어났다. 온 나라의 시선이 거제도로 쏠렸다. 나는 노조 결성 방법과 회사 측의 방해에 대한 대응 방법, 효과적인 조합 운영법을 자문해 주는 데 힘썼다. 그런데 대우조선 노동자들이 사체 부검 입회를 간절히 요청해 왔다. 차마 거절할 수 없어서 현장에 가게 되었다.

서울에서 이상수 변호사가 와 있었다. 그는 오랫동안 노동사건 변론을 했던 순박하고 뚝심 있는 변호사였다. 연민과 동정심이 많아서 고생하는 노동운동가들을 외면하지 못했다. 이것이 인연이 되어 나중에 국회 노동위원회 활동과 야권 통합 운동을 함께했다. 그는 참여정부 때는 노동부 장관직을 맡아서 국가의 고용 지원과 직업교육 사업을 대폭 강화하는 성과를 냈다. 우리는 먼저 임금 협상을 원만하게 타결해야 유족 보상과 장례 절차를 원만하게 치를 수 있다고 보면서 중재를 했다. 그런데 검찰이 우리가 노동자를 선동한다면서 '제3자 개입'과 '장례식 방해' 혐의를 걸었다. 거제에서 붙잡혀 구속된 이상수 변호사는 통영에서 두 달이나 고생을 했다. 나는 일이 있어서 부산으로 돌아왔다가 붙잡혔는데, 부산 변호사들이 대거 참여해 힘을 쓴 덕분인지 구속적부심을 통해 23일 만에 풀려났다.

오래 감옥살이를 한 분이 숱하게 많았고 목숨을 잃은 분들도 적지 않았던 그 시대에 23일 구속은 아무것도 아니었다. 하지만 1987년 11월 변호사 업무 정지 명령을 받은 것은 만만치 않은 타격이었다. 이미 사건 수임을 중단하고 있었기에 업무 정지를 당해도 먹고사는 문제와는 별 관계가 없었다. 문제는 노동 사건 변론을 할 수 없게 된 것이었다. 이제 상담이나 서면 작성밖에 해 줄 것이 없었다. '운동 전문 변호사'가 현장이나 법정에 가지 못하고 사무실에서 문서만 만지고 있자니 견디기가 쉽지 않았다. 물론 상담과 서면 작성도 무척 보람 있는 일이었다. 노동자들에게 노조 설립 신고 절차를 교육하고 설립 신고서와 규약, 의사록 등 서류 작성을 도와주었다. 6·10민주항쟁 직후 부산과 경남 일대에서 결성된 노동조합 대부분이 우리 노동 상담소의 지원을 받았다. 수백 개의 새로운 노동조합 탄생을 도운 산파 역할을 한 것이다.

1987년 12월 제13대 대통령 선거가 민주 세력의 분열과 참혹한 패배로 끝났다. 직선제 개헌을 쟁취했던 민주 진영은 김영삼 총재의 통일민주당과 김대중 총재의 평화민주당(평민당), 그리고 백기완 선생을 대통령 후보로 내세운 진보 정치 세력으로 분열되었다. 김종필 총재가 신민주공화당을 창당해 대통령 선거에 출전함으로써 보수 세력도 분열되었다. 국민의 최대 관심사는 단연 '양김'의 단일화였으며, 이것이 대선 승패를 좌우하는 열쇠라는 것은 삼척동자도 다 아는 사실이었다. 그러나 두 지도자는 끝내 분열했다. 어디서나 마찬가지였지만 청년, 학생, 노동, 종교 등 여러 세력으로 구성되어 있던 부산의 재야 세력도 분열되었다. 부산 재야에는 김대중 후보에게 더 큰 정서적 정책적 연대감을 가진 사림이 적지 않았다. 그렇지만 당선 가능성만 두고 볼 때 김영삼 후보로 단일화하는 게 낫다고 생각하는 사람이 많았다.

부산에서 우리끼리 토론했지만 소용이 없었다. 정치의 중심은 서울이었다. 바닥 모를 무력감을 느꼈다. 모두들 분열과 갈등을 두려워했다. 그래서인지 서로 조심해서 크게 다투지는 않았다. 그러나 끝까지 분열을 피할 수는 없었다. 김대중 후보를 지지하는 '비판적 지지파', 내심 김영삼 후보로 단일화하기를 원한 '단일화파', 그리고 백기완 선생 지지파로 나뉘었다. 대통령 선거는 모든 것을 빨아들이는 블랙홀과 같았다. 선거가 임박하자 6월항쟁을 한마음으로 치러 냈던 사람들 사이에도 분열과 대립이 점차 심각해졌다. 양극단에 있는 일부 사람들이 서로 모략하는 일도 있었다. 공개적인 논의를 하지 않고 어디엔가 가담해 선거운동을 하는 사람도 생겨났다. 그래도 부산 재야의 본류는 중립을 지켰다. 엄밀하게 말하면 할 수 있는 일이 없어서 손을 놓고 있었다고 하는 게 더 정확한 표현일지도 모른다.

선거 전망은 어두웠다. 그렇다고 해서 팔짱 끼고 구경만 할 수는 없는 노릇이었다. 할 수 있는 일은 공정 선거 감시 운동밖에 없었기에 부산본부장을 맡았다. 사실 부산은 김영삼 후보의 독무대여서 선거운동을 할 필요도 없었다. 공정 선거 감시 운동 활동비를 모으려고 동분서주했지만 별 성과가 없어서 할 수 없이 개인 돈을 털었다. 선거 당일 감시단 청년들이 깡패들한테 각목으로 맞아 다쳤는데 치료비를 구해 주지 못했다. 극심한 우울감과 패배감에 젖은 채 맞은 1987년 대선은, 결국 좌절감과 환멸의 깊은 상처를 남긴 채 민정당 노태우 후보의 승리로 끝났다. 나뿐만 아니라 민주주의를 갈망했던 많은 시민들이 큰 상처를 받았고, 이 상처는 끔찍한 악몽으로 남아 오랫동안 나를 괴롭혔다.

5 국회의원이 되다

1988년 초 통일민주당 김영삼 총재한테서 영입 제안이 왔다. 대선에서 패배한 '양김'이 재야 민주화 운동 출신 인사를 다투어 영입하던 때였다. 아내가 머리를 싸매고 반대했다. 돌이켜 보면 아내가 나보다 현명했다. 아내는 정치를 몰랐지만, 남편이 정치를 하면 가족과 주변 사람들에게 무슨 일이 벌어질 것인지 직관으로 알았다. 제일 문제가 되는 것은 돈이었다. 생활비를 제대로 가져다주지 못한 것이 벌써 여러 해가 되었다. 형제자매와 친지들에게 출세한 변호사의 아내로서 해야 할 도리가 많았지만, 나는 아내가 그 도리를 할 수 있는 여건을 만들어 주지 못했다.

아내는 정치를 싫어하지 않았지만 남편이 정치하는 것은 반기지 않았다. 그러면서도 막상 선거전이 벌어지면 열심히 도왔다. 유권자를 만나기 위해서라면 비닐하우스와 밭두렁 길도 마다하지 않았다. 유권자가 원하면 노래도 불렀다. 하지만 무척 힘들어했다. 원래 남 앞에 나서는 것을 좋아하지 않았다. 선거에서 이기면 기뻐했지만 나와는 달리 환호에 도취하지는 않았다. 냉정하게 심리적 거리를 유지하면서 남편을 도왔다. 정치인의 아내는 남편과 비슷하게 미치지 않고서는 그 생활을 견디어 내기 어렵다. 동화되지 않으면 더 힘들다. 살림을 살고 아이들을 제대로 챙기고 옷도 잘 차려입어야 한다. 모든 것이 사람들 눈에 들어야 한다. 재미있는 삶은 결코 아니다.

아내는 다른 평범한 변호사나 사업가의 아내들처럼 살고 싶어 했다. 특히 경제생활에 관한 한 나를 크게 신뢰하지 않았다. 돈이 없어도 아주 극단적인 상황에 몰리지 않으면 말을 하지 않았다. 아내가 말을 하면 상황이 매우 심각하다는 뜻이기 때문에 무슨 수를 쓰든 돈을 구해다 주어야만 했다. 오래전 어느 기자가 인터뷰를 하면서 "아내와 정치 가운데 하나를 택하라면 어느 쪽이냐"고 물은 적이 있었다. 그때 아내를 선택하겠다고 대답했지만 결국 그 말을 지키지 못했다. 아내는 보통 사람들이 누리는 가족의 행복을 원했는데, 그런 것을 뻔히 알면서도 그렇게 해 주지 못했다. 변호사 개업 초기 몇 년을 제외하면 제대로 생활비를 준 적이 없다. 국회의원 할 때는 보좌진이 많아서 세비를 인건비로 썼다. 해양수산부 장관을 할 때 매월 봉급이 통장으로 꼬박꼬박 들어온다면서 아내가 함박웃음을 짓던 일이 떠오른다. 대통령이 된 후에도 아내는 경제 문제에 관해서만큼은 나를 별로 신뢰하지 않았던 것 같다. 모두가 내 책임이다.

나는 좋은 남편도 아니었지만 좋은 아버지였던 것도 아니다. 인권 운동과 민주화 운동에 뛰어든 후로는 아이들에게 시간을 쓰지 못했다. 공부도 중요하지만 아이들이 바르게 자라는 것이 더 중요하다고 생각해서 자유로운 분위기에서 아이들을 키웠는데, 정치를 하는 동안 집에서 아침 먹을 때 말고는 아이들과 함께 보낸 시간이 거의 없었다. 네 식구 모두 모이는 기회는 그때뿐이었다. 아내는 이 시간을 가장 귀하게 여겼다. 건호가 군에 갈 때 몇 번이나 약속을 하고서도 가족사진 찍을 시간을 내지 못해서 결국은 옛날 찍었던 사진을 가지고 갔다. 면회도 한 번밖에 가지 않았다. 보통 국민들이 돈 걱정 취직 걱정 덜하고 억울한 일 당하지 않으면서 알콩달콩 행복하게 살 수 있는 환경을 만드는 것이 정치의 목적인데, 정작 정치를 하는 사람은 그 모든 것을 포기해야 한다. 정치에 무엇을 바쳤는지는 헤아릴 수가 없다. 바치지 않은 것이 무엇인지 말하기가 어렵다. 그런 것이 정치인의 삶이다. 아내가 정치 입문을 그토록 강력하게 반대했던 것은 이 모든 것들을 본능적으로 예측했기 때문일 것이다. 나는 결국 정치를 함으로써 아내와 아이들이 행복하게 사는 길을 막아 버렸다.

그러나 어쨌든 나는 김영삼 총재의 영입 제안을 받아들였다. 개인적으로는 복잡하게 생각하지 않고 소박하게 판단했다. "국회의원이 되면 노동자들을 돕는 데 유리할 것이다." 민주화 운동을 한 동지들과 이 문제를 놓고 진지하고 치열하게 토론했다. 처음에는 반대하는 사람이 많았는데 나중에는 대선 패배로 인한 6월항쟁의 좌절을 적극적인 정치 참여를 통해 극복해야 한다는 공감대를 이루었다. 더 진보적인 김대중 총재의 정책 노선에 관심이 있다고 해도 부산에서 국회의원이 되려면 통일민주당을 선택할 수밖에 없었다. 당선되기에 수월한 지역구를 고르라는 김영삼 총재의 호의를 사양했다. 아무 연고도 없는 부산 동구를 선택했다. 상대가 모두들 기피하던 전두환 정권의 실세 허삼수 씨였기에 거기에는 지원자가 없었다. 이왕이면 센 상대와 대결하고 싶기도 했고, 그가 전두환 대통령의 왼팔로 통한 5공화국 독재의 상징적 인물이기 때문에 민주화 운동 세력을 대표해서 이기고 싶었다. 허삼수 선거 캠프에는 주먹들이 많다는 소문이

5
이 상 철
李相轍
기호 4
한기승
신민주공화당
청렴 지조의 동구사람
3이후근
통일민주당
기호 2 노무현
주 의

돌았다. 선거운동원들이 심리적으로 위축된 것 같았다. 그래서 혼자 허삼수 후보 선거사무소를 찾아갔다. 가서 인사를 하고 정정당당하게 겨루어 보자고 말한 다음 아무 일 없이 돌아왔다. 아무것도 두려워할 필요가 없다는 것을 보여 주고 싶어서 그렇게 했다.

1988년 4월 총선에서 압승을 거두었다. 그러나 쉬운 선거는 결코 아니었다. 김영삼 총재도 지역구 출마를 했는데, 양김 분열로 인한 대선 패배의 책임이 있어서 지역구 여론이 아주 좋은 편은 아니었다. 동구에는 한 번도 지원 유세를 오지 않았다. 막판에 인접 몇 개 선거구를 묶어 대규모 정당 연설회를 한 번 한 것이 전부였다. "허삼수 후보는 반란을 일으킨 정치군인입니다. 국회가 아니라 감옥에 보내야 합니다." 김 총재의 이 말이 보도되면서 큰 도움이 된 것은 사실이지만 선거 판세는 끝까지 낙관할 수 없었다. 자금 지원도 넉넉하지는 않았다. 선거 막바지에 중앙당의 지원금이 왔으나 워낙 돈 안 쓰는 선거운동을 했기 때문에 막판에 쓸 일도 없어서 돈이 남았다. 어려운 형편에도 적지 않은 돈을 모아 주었던 부산상고 동문들이 알았다면 화를 냈겠지만, 울산과 마산 등지에서 재벌 후보와 맞붙은 노동자 후보들이 돈이 없어서 만들어 놓은 홍보물을 찾지 못하고 있다고 하기에 돈을 나누어 주었다. 선거 뒷정리가 끝난 뒤에 남은 돈은 부산 청년 단체기 사무실 얻는다고 해서 다 줬다.

국민의 정부 시절 김대중 대통령 인척인 이영작 박사가 나를 가리켜 '82학번 운동권'이라고 한 적이 있다. 내가 1982년부터 청년들의 도움을 받아 역사와 사회를 공부하기 시작했으니 아주 틀린 말은 아니다. 나는 실제로 매우 급진적인 성향을 가진 젊은 정치인이었다. 그래서인지 부산의 재야인사와 청년들은 모두 나한테로 왔다. 어쩔 수 없이 문재인 변호사를 비롯해 연배가 좀 있는 분들을 김광일 후보 선거 캠프로 보냈다. 그런데 정치를 하겠다고 하자 냉소적인 반응을 보이는 사람들이 더러 있었다. 나는 출세하려고 출마한 것이 아니었지만, 남들은 달리 볼 수 있겠다는 생각이 들었다. 그래서 며칠 동안 집에 들어앉아 내 인생과 미래의 포부를 글로 정리했다. 많은 시간이 흐른 뒤에 다시 살펴보니, 과격해도 보통 과격한 게 아니었다. "사회정의와 민족정기 수립", "재벌 해체와 민주노조 육성", "재벌과 부정 축재자들의 토지 징발", "불로소득 억제", "군사 작전권 환수와 미군 핵무기 철수", 이런 것들이 당시 나를 사로잡은 이슈였다.

1988년 6월 국회의원 임기가 시작되자마자 원래 하려던 일을 시작했다. 보좌팀도 그 일에 적합한 사람들을 모았다. 부산에서 노동운동을 했던 이광재 씨를 중심으로 이명호, 이정하, 최영 씨 등이 최초의 참모가 되었고, 나중에 조상훈, 성연찬 씨 등이 합류했다. 5공청문회가 끝난 뒤 라디오 방송 〈김삿갓 북한방문기〉 작가로 유명했던 이기명 선생이 회장을 맡아 후원회를 결성하면서 자금 사정이 조금 나아지기는 했지만, 그들은 그야말로 최저생계비 수준의 급여를 받으면서도 사명감을 가지고 열심히 일해 주었다. 그들은 취직을 하려고 국회에 온 것이 아니라 사회운동을 하기 위해 국회의원 비서관이 된 사람들이었다. 나는 그들을 직원이 아니라 동지로 대했다.

전국의 노사분규 현장을 찾아다니면서 몸으로 부딪쳤다. 오라는 데는 어디든 마다 않고 갔다. 작은 성과라도 얻을 때는 국회의원 된 보람을 느꼈다. 노동자들에게 호랑이처럼 군림하던 경찰서장이나 노동부 고위 관리들이 굽실거리는 것을 보면서 유치한 우월감을 느끼기도 했다. 하지만 국회의원 개인이 할 수 있는 일이 사실 별로 없다는 것을 깨닫는 데는 그리 긴 시간이 필요하지 않았다. 경찰은 내 눈앞에서 노동자들을 끌어가고 노점상 포장마차를 뒤집어엎었지만 도울 방법이 없었다. 예전에 같이 얻어맞고 끌려갔을 때는 고통을 함께 겪는 떳떳함이라도 있었는데 이젠 그마저 없었다. 삶이 왠지 불편해졌다. 박해 받는 사람들 가운데서 박해 받지 않고 산다는 것, 그런 상황이 안겨 주는 불편한 느낌, 인권 변호사로 활동할 때도 끊임없이 나를 괴롭혔던 그 낯익은 고통과 죄의식이 다시 찾아왔다.

특히 잊을 수 없는 사건이 있다. 문송면 군의 죽음과 '원진레이온 사건'이다. 1988년 여름 서울 양평동 온도계 제조 공장에서 일하던 문송면 군이 일을 시작한 지 불과 두 달 만에 수은중독에 걸렸다. 중독 판정을 받고 석 달도 되지 않아 사망했다. 그의 나이는 겨우 열다섯이었다. 같은 시기에 원진레이온 사건이 일어났다. 원진레이온은 지금의 경기도 남양주시에 있던 회사로, 일본에서 중고 기계를 들여와 비스코스 인견사를 생산했다. 그런데 제조 공정에서 나오는 이황화탄소가 문제였다. 환기 시설이 없는 작업장에서 안전 장비도 없이 장시간 노동에 시달린 노동자들이 신체가 마비되는 병에 걸렸다. 피해자 가족들이 협의회를 만들어 피해 배상을 요구하는 투쟁을 시작했다. 인도주의실천의사협의회 등 시민 단체들이 그들을 도왔다. 88서울올림픽을 코앞에 둔 시기였지만, 우리 노동자들은 최소한의 산업 안전조차 보장 받지 못하고 있었던 것이다. 분노가 치밀어 올랐다.

그런데 통일민주당에서는 아무도 관심을 보이지 않았다. 그래서 단아한 언행으로 국민의 신망을 받았던 평민당 박영숙 부총재와 함께 현장 조사를 나갔다. 우리는 회사를 추궁해 직업병임을 인정하고 모든 책임을 지겠다는 합의서를 받아 냈다. 그러나 회사 측은 그 약속을 이행하지 않았다. 다시 회사를 찾아갔다. 거기서 휠체어에 앉은 사지 마비 환자를 만났다. 어린 딸이 곁에서 있었다. 그 사람은 안면 근육이 전부 마비되어 어떤 표정도 지을 수 없었다. 마치 가면을 쓴 것 같았다. 나는 그를 똑바로 보지 못했다. 견딜 수가 없어서 도망치듯 자리를 떠나려 했다. 열서넛 먹어 보이는 딸이 내 차 유리창에 매달려 울부짖었다. "우리 아빠 좀 살려 주세요!" 무심코 시선을 돌렸다. 그 아버지의 일그러지고 굳어 버린 뺨 위로 굵은 눈물이 주르륵 흘러내리는 것이 보였다.

내가 저 사람을 위해 무엇을 할 수 있을까? 자괴감을 주체할 수가 없었다. 1988년 7월 임시국회 본회의 대정부 질문을 하면서 참담한 노동 현실에 대한 분노를 있는 그대로 터뜨려 버렸다. "국무위원 여러분, 아직도 경제 발전을 위해서, 케이크를 더 크게 하기 위해서, 노동자의 희생이 계속되어야 한다고 생각하십니까? 저는 그런 발상을 가진 사람들에게 이렇게 말하겠습니다. 니네들 자식 데려다가 죽이란 말야! 춥고 배고프고 힘없는 노동자들 말고, 바로 당신들 자식 데려다가 현장에서 죽이면서 이 나라 경제를 발전시키란 말야!" 국회의원회관 사무실로 수없이 많은 격려 전화가 왔다. 그러나 당장 현실을 바꿀 수는 없었다.

6 청문회 스타

1988년 가을은 국회 청문회의 계절이었다. 5공비리특위(제5공화국비리조사특별위원회) 청문회와 광주특위(5·18광주민주화운동진상조사특별위원회) 청문회가 있었다. 나는 돈 문제에 밝은 조세 전문 변호사 출신이라고 해서 5공비리특위 위원이 되었다. 여야 간에 의미 없는 입씨름이나 할 것 같아서, 준비는 하면서도 큰 기대는 하지 않았다. 그런데 청문회를 며칠 앞두고 부산 연합철강 노동자들이 서울로 올라와 농성 투쟁을 시작했다. 그들은 5공 시절 연합철강이 동국제강을 합병할 때 전두환 정권이 불법 개입했으니 그것을 무효로 해야 한다고 주장했다. 노동자들이 연합철강 사옥으로 와 달라고 해서 갔더니 농성 투쟁을 함께하자고 부탁했다. 나는 청문회 대신 농성에 참가하기로 결심하고 옷가지를 챙겼다. 그러자 웬만하면 내 말을 따라 주었던 보좌진이 모두 펄쩍 뛰면서 반대했다. 내 마음대로만 할 수는 없는 일이라 적당히 타협을 했다. 첫날 청문회를 일단 해 보자. 신통치 않으면 농성장에 간다. 그리고 이틀 밤을 새면서 질의 준비를 했다.

텔레비전 방송이 생중계하는 가운데 청문회를 했다. 그런데 다음 날 눈을 떠 보니 세상이 달라져 있었다. 청문회 질의를 너무 잘해서 하루아침에 전국적 유명 인사가 되어 버린 것이다. 가장 기억에 남는 사람은 현대그룹 정주영 회장이었다. 그는 보통 사람이 아니었다. 국회의원들의 질문 초점은 모금의 '강제성' 여부였다. 전두환 대통령이 '강제로' 돈을 거두었다는 것을 재벌 회장의 입을 통해 확인하면 청문 조사의 취지를 이룰 수 있기 때문이었다. 그런데 정주영 회장이 첫 질의 답변에서 "안 주면 재미없을 것 같아서 줬다"고 '강제성'을 시인해 버렸다. 질의 자료를 산더미처럼 준비했던 국회의원들은 닭 쫓던 개 지붕 쳐다보는 격이 되고 말았다.

당에서 정주영 회장이 고령인 데다 업적이 많은 기업인이니 함부로 다루지 말라는 지시가 내려왔다. 다른 증인들한테는 고함을 치고 욕설까지 했던 의원들이 정주영 회장에게는 회장님 소리를 해 가며 예우를 했다. 문을 열어 주며 과잉 친절을 베푸는 의원도 있었다. 대한민국은 확실히 돈이 말하는 세상이었다. 하지만 국민들의 생각은 달랐다. 국민들은 일해재단 문제를 '강제 모금'이 아닌 '정경 유착'으로 판단했다. 모금의 강제성만 따지면 재벌 회장들은 피해자가 된다. 그러나 뇌물을 바치고 사업의 특혜를 받는 정경 유착이라면 전두환 정권과 재벌 회장들은 가해자 공범이 되고 국민이 피해자가 된다. 국민들은 법률과 상식을 짓밟으면서 권력을 휘두른 전두환 정권과, 그 권력에 야합하여 이권을 챙겨 먹은 기업인 모두에 대해 분노하고 있었으며, 국민 대표인 국회의원들이 이 분노를 대변해 주기를 기대했다. 나는 '정경 유착'의 실상을 파헤치고 비판하는 데 초점을 맞추어 증인 심문을 했다. 정주영 회장이라고 해서 특별히 봐주지 않았다. 온 국민이 보는 가운데 당당하게 "나는 시류에 따라 산다"고 말했던 정주영 회장이 마침내 말문이 막혔다. 결국 바른말을 하는 용기를 가지지 못했던 것을 죄송하게 생각한다고 말했다. 내가 청문회에서 돋보이게 되었던 것은 국민들과 눈높이가 맞았기 때문이었을 뿐, 특별한 기술이 있었던 것은 아니다.

인터뷰 요청이 쇄도했다. 집과 의원회관 전화는 아예 불통이 되었다. 내 기사가 실리지 않은 신문과 잡지가 하나도 없을 정도였다. 정치인으로서 감사하고 행복한 일이었다. 그런데 보도가 하나같이 입지전적 성공담으로 흘렀다. 집이 가난해 대학도 못 간 사람이 사법 고시에 붙었고 국회의원이 되었고 '청문회 스타'로 떠올랐다는 식이었다. 불우한 사람을 만들어 내는 사회구조를 변혁하고 노동자들의 기본권을 보장하는 것이 정치 활동의 목표라고, 내가 주로 하는 일이 그것이라고 누누이 강조를 했지만 기사에는 모조리 잘려 나가고 없었다.

청문회에서 영광과 명예만 얻은 것은 아니었다. 불명예와 악명도 함께 얻었다. 소위 '명패 투척 사건' 때문이었다. '5공 청문회'는 1989년 들어 민정당의 거부로 중단되었다. 그러다 연말이 다가온 시점에서 마지막 절차로 광주특위와 5공비리특위 합동 회의를 열어 전두환 씨를 증인으로 부르기로 여야 지도부가 합의했다. 그런데 합의의 핵심이 모든 질문을 서면으로 내고 전두환 씨가 일괄 답변하는데, 추가 질의를 일절 허용하지 않는다는 것이었다.

1988년 12월 31일 합동 청문회에 나온 전두환 씨는 증언이 아니라 일장 연설을 했다. 광주학살 대목에서 그가 "정당한 자위권 발동"이라고 하자 평민당 정상용 의원이 분을 참지 못하고 소리를 지르며 앞으로 뛰어나갔다. 평민당 이철용 의원은 증언대

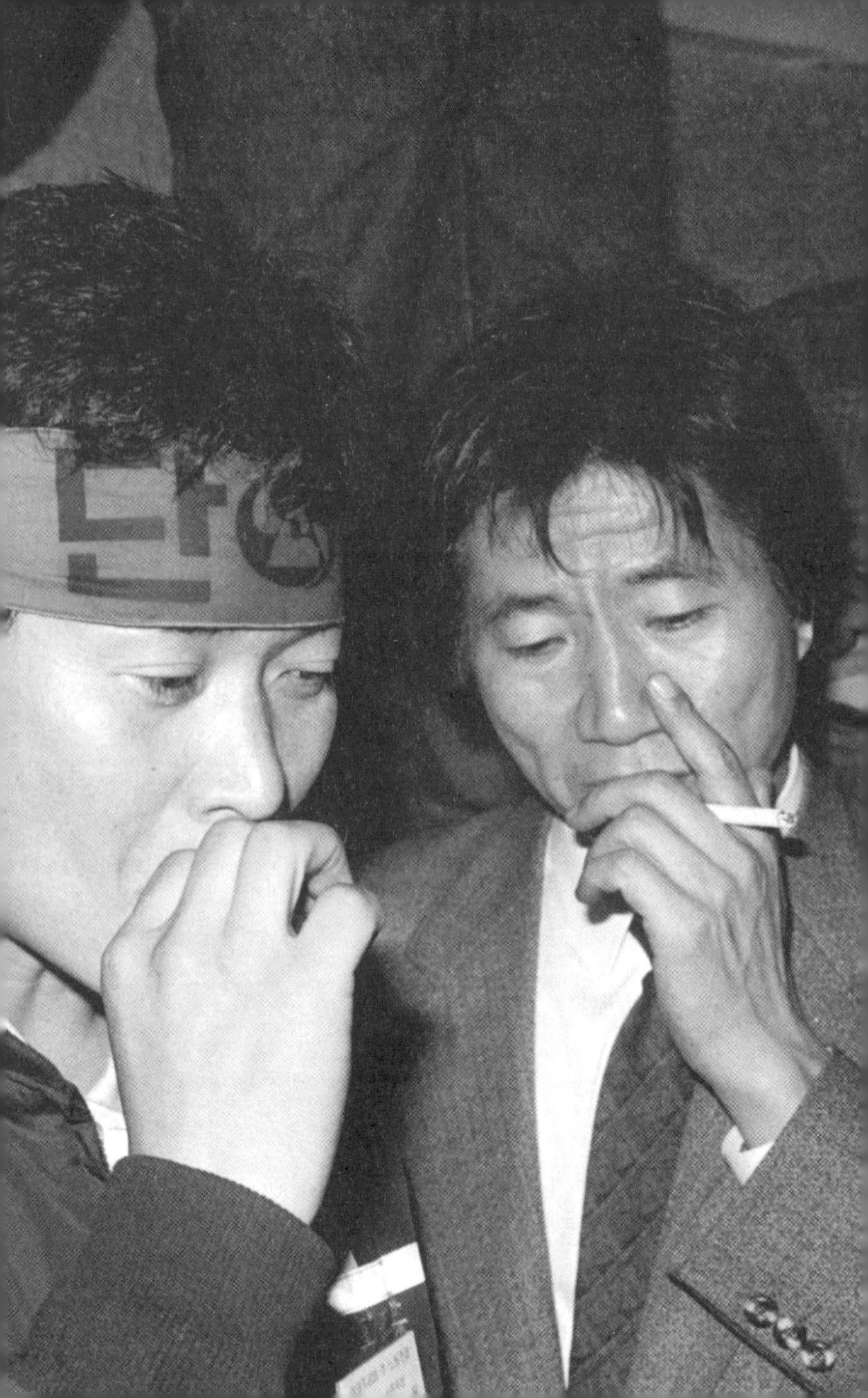

로 뛰어가 “살인마 전두환!”이라고 고함을 질렀다. 민정당 의원들이 삿대질을 하고 맞고함을 지르면서 청문회장은 아수라장이 되었다. 그런데 통일민주당 지도부에서 “평민당이 과격 이미지를 다 뒤집어쓰게 생겼으니 얌전히 구경만 하라”는 지시가 내려왔다. 나는 참을 수가 없어서 벌떡 일어나 민정당 의원들을 향해 고함을 질렀다. “전두환이 아직도 너희들 상전이야!” 소란한 가운데 전두환 씨가 퇴장했다. 나는 통일민주당 지도부를 향해 욕을 퍼부으면서 내 명패를 바닥에 팽개쳤다.

다음 날 언론은 ‘국회의원 자질’을 거론하면서 내가 무식하고 경우도 모르는 깡패인 것처럼 보도했다. 전두환 씨를 향해 명패를 던졌다고 보도한 언론이 많았다. 그래서인지 기왕이면 제대로 던져 머리통을 맞출 것이지 그게 뭐냐고 하는 사람도 있었다. 명패를 어디로 던졌든 상관없이, 그것은 분노를 표현하는 적절한 방법이 아니었다. 이때 만들어진 부정적 이미지는 오랜 세월 정치인 노무현을 옥죄었다. 나는 미숙한 정치인이었다. 잘못된 세상에 대한 크고 강한 분노를 어떻게 다스리고 표현해야 할지 아직 터득하지 못하고 있었다.

언론의 왜곡 보도로 인해 부정적 이미지를 덮어쓴 사건은 1년 전에도 있었다. 1988년 12월 26일 울산 현대중공업 파업 현장에서 연설을 했는데 갑자기 중앙당의 호출이 왔다. “나 같은 사람 20명만 있으면 국회도 흔들 수 있다. 나는 대한민국 어디에서 출마해도 당선된다.” 내가 이렇게 연설했다는 기사가 나서 중앙당과 김영삼 총재 자택에 항의 전화가 빗발친다는 것이다. 급히 서울로 돌아왔다. 의원회관과 집에도 “청문회로 스타 되더니 교만하기 짝이 없다"는 비난 전화가 쏟아져 들어왔다. 그런데 내가 실제 한 말은 그와 달랐다. "노동자 대표 20명만 국회에 보내주면 화끈하게 하겠는데." 그리고 "울산 동구에서 노동자 대표 한번 뽑아 주이소. 저는 딴 데 어디 가면 또 안 되겠습니까."

여기에는 그럴 만한 곡절이 있었다. 파업 노동자들 앞에서 연설하는 것을 마땅치 않게 여긴 회사 측에서 노무현이 다음에 울산 동구에서 출마하려고 한다는 헛소문을 퍼뜨렸다. 나는 그것이 악의적인 헛소문이라고 반박하느라고 우스개를 섞어 그렇게 말한 것이다. 더 큰 문제는 해명을 하면서 저지른 실수였다. 내 발언을 왜곡해 퍼뜨린 보도 자료는 현대중공업 홍보실에서 나왔다. 나는 그 사실을 근거로 삼아 언론을 공격했다. "기자들이 재벌과 결탁하여 허위 보도를 했다." 이 무모한 짓 때문에 나는 모든 언론의 비난을 한 몸에 받아야 했다. 다행히 『기자협회보』가 정확한 사실 보도를 해 주었다. 그 기사를 최초 작성한 기자가 현장에 있지 않았으며 다이아몬드 호텔에서 현대 측이 제공한 보도 자료만 보고 사실과 전혀 다른 보도를 했다는 사실을 밝힌 것이다. 『한겨레신문』이 많은 지면을 할애하여 왜곡 보도의 진상을 소상히 밝히는 후속 보도를 내보냈다. 그 고마움을 나는 오래 잊지 못했다. 어쨌든 이 사건으로 나는 '경솔하고 교만한 사람'이 되어 버렸다.

7 의원직 사퇴

1989년 3월의 어느 봄날이었다. 가로수들이 화창한 봄볕 아래서 싱그럽게 어린잎을 피워 올렸고 하늘빛도 무척이나 고왔다. 오전 본회의를 마치고 국회 정문을 빠져나오다가 버스 정류장에 행색이 초라한 사람들이 우두커니 줄지어 서 있는 광경을 보았다. 수행 비서가 상계동 철거민들인데 국회 앞에서 시위를 하다가 경찰에 밀려났다고 했다. 플래카드를 둘둘 말아 들고 맥 빠진 표정으로 서 있는 그 사람들 앞으로 국회의원들의 검은색 승용차가 줄지어 지나가고 있었다. 시트 깊숙이 몸을 묻고 고개를 숙였다. 그들과 눈이 마주칠까 두려웠다. 슬픔이 어깨를 짓눌렀다. 내가 이 사람들을 위해 할 수 있는 일이 무엇일까? 이런 사람들이 발도 들여놓지 못하게 막는 국회에 몸담고 있는 것이 부끄러웠다. 내가 하는 일이 혹시 정의롭지 못한 권력을 위한 구색 맞추기에 불과한 것은 아닐까? 대답할 말이 없었다. 돌아오는 것은 양심의 쓰라림뿐이었다. 문득 떠나야 할 때라는 생각이 들었다.

며칠 후 집권 민정당이 5공 비리 청문회 거부를 선언했다. 야당 단독 청문회는 아무 의미가 없었다. 5공 독재의 피해자들이 증인석에 나와 절규하는 것을 기운 빠진 야당 의원들이 멍하니 지켜보고 있었다. 웃을 수도 울 수도 없는 광경이었다. 나는 청문회장 내 자리에 앉아 의원직 사퇴서를 썼다. "이제 노태우와 그 일파의 눈에는 국회 같은 것은 보이지도 않는 모양입니다." 사퇴서는 이렇게 시작해서 "지금 이 시간에도 온갖 박해를 무릅쓰고 싸우는 대중투쟁이야말로 의정 활동 못지않게 민주주의 발전에 기여하는 것입니다"는 말로 끝났다. 국회 우체국에서 국회의장 앞으로 사퇴서를 발송한 다음 무작정 길을 떠났다. 1989년 3월 17일의 일이었다.

충주호로, 예산 수덕사로, 강릉으로 발길 가는 대로 혼자 떠돌아다녔다. 언론이 대서특필한 탓에 마치 도망자가 된 것 같았다. 따뜻한 보도도 있었지만 소영웅주의라고 비판하는 언론도 있었다. 하지만 결론은 모두 국회로 돌아오라는 것이었다. 시민단체들도 줄줄이 성명을 내고 복귀를 촉구했다. 상황은 내 생각과 다르게 흘러갔다. 여당의 청문회 거부를 비롯해서 우리 정치의 근본 문제를 조명하고 해결책을 찾으려는 논의는 거의 없었다. 노무현 개인의 행동이 옳으냐 그르냐에 논란이 집중되었다. 정치를 너무 순진하게 보았다는 자책감에 마음이 괴로웠다. 수안보로 가는 국도 휴게소에서 우연히 낚시꾼들을 만났다. 그만두길 잘했다고 하면서 같이 낚시나 가자고 권하기에 충주호에 따라가 낚시를 했다. 수덕사 젊은 스님도 용기 있는 결정이라고 칭찬해 주었다.

사람들이 당과 언론사에 자꾸 신고를 했다. 택시 기사, 목욕탕에서 만난 사람도 신고를 했다. 더 돌아다닐 수가 없어서 서울로 돌아와 장안동 작은 여관에 투숙했다. 심부름하는 청년이 몹시 부당한 일을 당한 것처럼 말했다. "의원님 같은 분이 사표를 내면 우리 같은 사람은 어떻게 해요?" 다음 날 아침 주인아주머니가 정성껏 끓인 잣죽을 들고 왔는데, 아무 말도 할 수가 없었다. 한번 낸 사표를 거둘 수는 없다는 초라한 자존심, 그것밖에 남지 않은 내 자신이 몹시 비참하게 느껴졌다.

열흘 만에 집에 전화를 했다. 정치하는 것을 반대했던 아내가 이번에는 화를 냈다. 사표는 왜 썼느냐, 썼으면 당당하게 다녀야지 비겁하게 도망은 왜 다니느냐, 그렇게 한참을 퍼부었다. 집으로 돌아와 될 대로 되라는 심정으로 다음 날 아침까지 늦잠을 잤다. 일어나 보니 아내가 전화를 했는지 문재인 변호사와 부산상고 동기회 원창희 회장이 첫 비행기를 타고 와 있었다. 당에서는 최형우 의원이 찾아왔는데 내 손목을 잡고 다짜고짜 사퇴 번의서 서명을 강요했다. 문재인 변호사를 돌아보니 말없이 고개를 끄덕였다. 친구는 장모님과 어머니를 들먹이면서 사퇴 철회를 강권했다. 쥐구멍에라도 들어가고 싶었다. 철회서에 사인을 했더니 최형우 의원이 세 번 큰절을 했다. 그러더니 기왕 서명을 했으니 정식 사퇴 철회서를 다시 쓰라고 했다. 오후에는 집으로 몰려온 기자들 앞에서 죄인처럼 고개를 숙였다. "변명할 말이 없습니다. 부끄러울 따름입니다." 잔인한 봄이었다. 이 사건은 정치적 행위가 아니었다. 국회의원으로 살아가는 것에 대한 인간적 고뇌와 절망감에서 비롯된 행동이었다. 정치인의 역할과 책임이 무엇인지에 대한 고민과 성찰이 부족해서 저지른 사고였던 것이다.

8 김영삼과 결별하다

1989년 여름 야권 통합 운동을 시작하면서 비로소 '정치'에 발을 들여놓았다. 그해 4월 강원도 동해 국회의원 재선거를 치렀는데 야당들이 갈라져 서로 싸웠다. 동해는 통일민주당이 우세했기 때문에 선거운동을 하는 데 특별한 지장이 없었다. 그런데도 소위 후보 매수 사건으로 통일민주당 서석재 사무총장이 구속당하는 부끄러운 상황이 벌어졌다. 8월에는 영등포구 을(乙) 국회의원 재선거가 있었다. 평화민주당과 통일민주당이 통합하면 이기고 갈라서면 질 수밖에 없는 선거였다. 여기에다 진보 정치 세력과 시민사회가 고영구 변호사를 또 따로 출마시켰다. 나는 야당 분열에 대한 항의 표시로 선거에 관심을 껐다. 영등포에는 가지도 않고 다른 일만 하고 다녔다. 그 선거가 야당의 패배로 끝난 뒤부터 야권 통합 운동을 시작했다. 아마도 이것이 '노무현 정치'의 시작이었을 것이다.

그런데 이 두 차례 재선거에서 이회창 대법관이 큰 인기를 얻었다. 중앙선거관리위원장이었던 그는 동해시 재선거 때 민정당 총재 노태우 대통령과 야 3당의 김대중, 김영삼, 김종필 총재에게 불법 선거운동 자제 요청 서한을 보냈다. 영등포구 을 재선거 때는 후보 전원을 불법 선거운동 혐의로 검찰에 고발했다. 불법 타락 선거에 진저리가 난 국민들이 이렇게 단호한 조처를 한 그에게 박수갈채를 보냈다. 이회창 씨가 국무총리를 거쳐 민정당—민자당—신한국당—한나라당으로 이어진 보수정당의 대통령 후보가 되고, 이른바 '차떼기 불법 선거 자금' 문제로 곤욕을 치르는 일이 생길 것이라고는 당시에는 상상도 하지 못했다.

이해찬, 이상수, 김정길, 이철 의원과 함께 마포에 비밀 사무실을 얻었다. 모임 이름을 '정치발전연구회'로 지었다. 우리는 각자 소속 정당 안에서 야권 통합 운동을 벌였다. 하지만 결과적으로 아무 성과도 얻지 못한 채 3당합당이라는 충격적 사건을 맞았다. 김영삼, 노태우, 김종필 세 사람이 상식을 뛰어넘어 세 정당의 합당을 전격 선언한 것이다. 1990년 1월 국회 개헌선을 확보한 거대 여당 민자당이 출범했다. 모든 것이 일사천리였다. 통일민주당의 합당 결의 대회장에서 주먹을 쥐고 외쳤다. "이견 있습니다. 반대 토론을 합시다." 아무 소용이 없었다. 정당 내부에 민주적 절차라는 것이 존재하지 않았으며, 보스가 결정하면 무엇이든 모두 우르르 따라갔다.

3당합당은 두 가지 충격을 주었다. 첫째, 호남이 정치적으로 고립되었고 영남은 보수 정치 세력의 손아귀에 완전히 들어가고 말았다. 이것은 우리 정치사에 심각한 후유증을 남겼다. 지역 구도가 돌이킬 수 없을 정도로 고착화되었다. 둘째, 우리 정치를 통째로 기회주의 문화에 빠뜨렸다. 철새 정치의 수준이 달라진 것이다. 정치적 야심을 가진 사람이 국회의원이 되려고 당을 옮겨 다니는 일은 그 전에도 있었다. 그렇지만 정권을 놓고 자웅을 겨루던 정치 지도자가 그런 일을 한 적은 없었다. 3당합당으로 인해 한국 정치는 적나라한 기회주의 문화에 휩쓸려 들어갔다. 소신도 원칙도 없이 국회의원 당선이나 정치적 이익을 위해 떼를 지어 보따리를 싸들고 이 당 저 당 돌아다니는 것이 별로 부끄러운 일이 아니게 된 것이다.

이때부터 20년 동안 나는 쉼 없이 싸웠다. 지역 분열주의에 맞섰고 기회주의에 대항했다. 내가 대통령에 출마하면서 내세웠던 구호 '원칙과 통합'은 이 기나긴 싸움의 핵심을 표현한 것이었다. 3당합당은 국가적 분열이자 민주 세력의 분열이었기에, 분

열에 가담할 수 없어서 통일민주당을 탈당했다. 그러자 모든 것이 달라졌다. 우선 노동 현장에 다니는 일이 거의 없어졌다. 영남과 서울에서 옛 통일민주당 세력을 되살리기 위해 사람을 만나고 다니는 것이 전부였다. 청문회에서 얻은 명성이 큰 도움이 되었다. 국회 활동도 뒤로 미루어 버렸다. 민자당이 국회만 열면 날치기를 하니 국회에서는 할 일도 없었다. 전국을 다니면서 지구당을 창당했다. 사람들을 모아 단합 대회를 열었다. 본격적으로 정치에 뛰어든 것이다.

통일민주당에 있다가 3당합당 합류를 거부한 사람들이 중심이 되어 민주당을 창당했다. 당세가 너무 약했다. 사람들은 옛 통일민주당과 구별하려고 이 정당을 '꼬마 민주당'이라고 했다. 나는 그것을 '작은 민주당'이라고 불렀다. 민자당에서는 평민당으로 갈 사람들이라며 '꼬마 민주당'을 공격했다. 평민당 사람들은 '유일야당론'을 내세우며 '작은 민주당'을 무시했다. '작은 민주당' 안에도 갈등이 있었다. 야권 통합을 하자는 쪽은 먼저 비호남 야당 세력을 복원한 다음 평민당과 합치자고 했다. 평민당 현역 의원이 있는 지역구는 지구당을 만들지 않기로 원칙을 정했다. 어차피 합칠 것이라면 두 개의 지구당이 있어서 좋을 것이 없었다. 그런데 어떤 사람들은 그 원칙을 무너뜨리고 평민당 현역 의원이 있는 곳에도 지구당을 창당하려 했다. 김정길, 이철, 장기욱 씨 등과 손잡고 모질게 싸운 끝에 겨우 막아 냈다.

평민당과 통합 교섭을 했지만 원만하지 않았다. 그쪽은 국회의원이 70명인데 '작은 민주당'은 겨우 8명이었다. 내용은 흡수 통합일 수밖에 없었다. 그러나 영남에서 명분 있게 선거를 하려면 외견상 대등한 통합이어야 했다. 김대중 총재가 뛰어난 정치력으로 문제를 차근차근 풀어 나갔다. 1990년 7월 민자당이 병역법과 방송법을 날치기 통과시켰다. 나를 비롯해 '정치발전연구회'를 함께 운영했던 이해찬, 김정길, 이철 네 사람이 여당의 횡포를 규탄하면서 의원직 사퇴서를 냈다. 모든 신문이 대서특필했다. 국회에서는 돌출 행동이라고 욕을 들었지만 결국 야당 의원 전원의 동반 사퇴로 이어졌다.

야당의 단결을 요구하는 국민 여론이 높아지면서 통합 협상이 재개되었다. 김대중 총재는 의원직을 총사퇴한 가운데 협상을 이끌었는데, 보라매공원에서 야권 통합을 선언하는 대회를 열도록 하고 지방자치제 부활을 요구하는 단식투쟁에 들어갔다. 정부 여당이 이 요구를 받아들여 지방의회 선거를 하게 되자 통합의 기운이 고조되었다. 보라매공원에서 통합선언대회가 열렸다. 그런데 발언이 시원치 않다면서 누군가 돌을 던져 이기택 민주당 총재 일행이 맞았다. 그 바람에 통합은 물 건너가고 말았다. 어디서나 통합은 이렇게 힘든 일이었다.

'작은 민주당'의 대등한 통합 요구가 지나치다는 비판 여론이 많았다. 그러나 이기택 총재와 영남 정치인들은 그렇게 해야 입지가 생긴다고 주장했다. 김정길 의원과 나는 부산 국회의원이면서도 통합에 적극적이었다. 그러나 통합을 하지 못한 가운데 1991년 기초와 광역을 분리하여 두 차례 지방의회 선거를 치렀다. 영남 지역에서 후보를 발굴하기가 매우 어려웠다. 사람들은 김영삼 총재와의 개인적 인연을 이유로 들어 출마 요청을 거절했다. 어떤 분들은 김영삼 총재가 변절했다고 비난하면서도 움직이지 않았다. '작은 민주당'은 선거에서 참패했다. 평민당은 재야인사를 영입하고 신민당으로 이름을 바꾸어 외연 확대를 시도했지만 역시 수도권에서는 만족할 만한 성과를 거두지 못했다.

결국 김대중 총재가 엄청난 양보를 했다. 조직강화특위 지분도 5:5, 대표도 이기택 김대중 공동 대표였다. 논리적으로는 말이 되지 않았지만 통합을 위해 '작은 민주당'의 요구를 김대중 총재가 전격 수용함으로써 1991년 9월 야권 통합이 이루어졌다. 처음으로 김대중 총재와 함께 정치를 하게 된 것이다. 1995년에 그가 새정치국민회의를 창당했을 때 1년 반 정도 떨어져 있었던 기간을 제외하면, 10년 정도 한솥밥을 먹은 셈이다.

통합 과정에서 잊을 수 없는 사건이 있다. 이해찬 의원이 1991년 광역의회 선거 때 동교동계가 돈 공천을 한다고 강력하게 비판하면서 평민당을 탈당한 일이 있었다. 그런데 야권이 통합되자 그는 통합 야당에 들어오려고 했다. 그런데 신민당의 당헌당규에 탈당한 사람은 1년 동안 복당할 수 없게 되어 있었다. 나는 당헌당규기초위원회에 들어가 그 조항을 없애려고 엄청나게 싸웠다. 통합이 다시 깨질 위기까지 가자 이것도 김대중 총재가 받아들였다. 그런데 그게 끝이 아니었다. 1992년 4월 제14대 국회의원 총선을 앞두고 또 문제가 불거졌다. 당에서 이해찬 의원을 공천 탈락시킨 것이다. 나는 이 사실을 알고 격분했다. 이해찬과 같은 사람을 공천하지 않는 정당이라면 나도 탈당하겠다고 했다. 내가 탈당할 경우 통합 야당이 받을 정치적 타격을 걱정한 김대중 총재가 그에게 공천을 주었고 그러자 이해찬 의원은 앞으로 '노무현 계보'를 하겠다고 우스개를 했다. 그는 사심이 없고 믿을 만한 사람이다. 매사에 실용적인 태도로 유능하게 일을 처리한다. 국무총리도 그렇게 잘해냈다.

김대중 총재의 대통령 당선을 위해 열심히 뛰었다. 김 총재는 가끔 불러서 귀한 충고를 주었고, 대통령이 되자 해양수산부 장관 발령을 냈다. 그러나 나는 공손한 부하가 아니었다. 야권 통합을 할 때 조직강화특위 회의장을 여러 번 박차고 나왔으며 공천심사위원회 결정을 당 지도부가 뒤집었을 때는 발언권도 없는 대변인이면서도 "당 대표가 그럴 권한이 있느냐"고 들이받았다. 김대중 대통령은 나에 대해 불안하다는 인상을 가지고 있었을 것이다. 나도 그것을 극복하려고 나름대로 많이 노력했다. 김대중 대통령과의 관계 문제 이전에, 정치인으로서 안정감을 주는 사람이 되는 게 중요하다고 생각했기 때문이었다.

9 『조선일보』와 싸우다

1991년 9월 17일 통합민주당 대변인 발령을 받았다. 주요 당직을 반씩 나누기로 한 합의에 따라 대변인은 '작은 민주당' 몫으로 왔지만 당 대변인을 내가 맡은 데는 김대중 총재의 배려도 있었던 것으로 들었다. 『조선일보』에 인물 프로필이 났다. "고졸 변호사. 의원직 사퇴서 제출 촌극을 빚는 등 지나치게 인기를 의식한다는 지적도. 한때 부산요트클럽 회장으로 개인 요트를 소유하는 등 상당한 재산가." 참으로 야박한 인물평이었다. 다른 내용은 차치하고 "요트를 소유하는"에 대해, 그것이 사실이 아니라는 해명 자료를 만들어 언론사에 팩스로 전송했다. 얼마 후 『주간조선』에 눈앞이 캄캄해지는 기사가 났다. “노무현 의원은 과연 상당한 재산가인가?” 이런 제목 아래 “시국 사건은 재미도 없고 끝나도 고맙다는 인사가 없다고 불평하면서 다시는 맡지 않겠다고 했고”, “노사분규에 개입해 노사 쌍방에게 돈을 받기도 했으며”, “13대 총선 때 YS가 2억 원을 지원했는데 남은 돈 6,000만 원으로 아파트를 계약”했다는 등 당치도 않은 허위 보도를 한 것이다. 내가 『조선일보』와 벌였던 그 기나긴 ‘전쟁’의 서막이 열렸다. 그것은 내가 죽을 때까지 끝날 수 없는 싸움이었고, 정치인이 결코 이길 수 없는 싸움이었다. 그러나 비굴하지 않게, 떳떳하게 살고자 하는 사람이라면 또한 피할 수 없는 전쟁이었다. 내가 싸움을 건 것은 아니다. 다만 피하지 않았을 뿐이다.

이 악연이 어디서 시작된 것인지는 분명하지 않다. 『조선일보』 지국 신문 배달 소년들과의 인연에서 비롯된 것인지도 모른다. 통합민주당 대변인 발령 1년쯤 전 어떤 청년이 『조선일보』 배달 소년들을 데리고 무작정 의원회관 사무실로 찾아온 적이 있었다. 노조 비슷한 조직을 만들어 근무 조건 개선을 요구했더니 지국장이 본사 직원으로 교체되고 배달원이 모두 잘렸다는 것이었다. 합숙소를 방문해 소년들을 격려하고 지국장에게 “앞으로 이 아이들을 도울 테니 법에 어긋나는 일이 없도록 하라”고 말했다. 그런데 당을 출입하던 『조선일보』 기자가 전화를 걸어 위협적인 말투로 손을 떼라고 했다. 나는 기자면 기자답게 하라고, 이런 일로 은근히 협박하지 말고 기사나 똑바로 쓰라고 쏘아붙였다. 큰 신문사가 얼마나 무서운 곳인지도 모르고 기분 내키는 대로 한 것이다. 『조선일보』가 이제 와서 그 일을 가지고 보복을 하는 게 아닌가 싶었다.

명예훼손 소송을 내겠다고 했더니 모두가 말렸다. 통합민주당 대변인이 신문사를 상대로 소송을 하는 것은 말이 되지 않는다고 했다. 그러면 대변인을 사퇴하고 소송하겠노라고 하자, 억울해도 참아야지 정치인이 신문사와 싸우면 손해 볼 일밖에 없다는 반응이 돌아왔다. 『조선일보』는 출입 기자를 통해 통합민주당을 비방하는 기획 시리즈를 내보내겠다고 당 지도부를 협박했다. 내심 두려웠지만 부당한 인권침해에 대해서는 단호하게 투쟁하는 것이 시민의 의무라고 생각해서 소송을 냈다. 『조선일보』는 같은 분량의 해명 기사를 실어 주겠다고 했지만, 나는 해명 기사가 아니라 오보에 대한 사과 기사를 써야 한다고 맞섰다.

민사소송에서 이겼다. 법원은 기사 전체가 사실무근으로 노무현의 명예를 훼손했다는 것을 인정하고 2,000만 원 손해배상 판결을 내렸다. 너무나 기뻤지만 그것도 잠시였다. 어느 언론사도 이 판결을 제대로 보도해 주지 않았기 때문이다. 언론인들의 놀라운 '동업자 의식'에 커다란 절망감을 느꼈다. 결국 『조선일보』 사장과 기사를 쓴 기자의 사과를 받고 항소심이 진행되던 중에 아무 조건 없이 소송을 취하했다. 돈을 받는 게 아니라 명예를 찾는 것이 소송을 한 목적이었다. 비록 혼자만의 위안이라 하더라도 일단 애초의 목적은 달성했다고 생각했다. 또 무슨 보복을 더 당할지 겁이 났던 것도 사실이다. 그러나 『조선일보』와의 싸움은 끝나지 않았다. 이 사건은 단지 서막일 뿐이었다.

10 첫 번째 낙선

1992년 3월, 제14대 국회의원 총선에서 낙선했다. 처음부터 이기기 어려운 선거였다. 나를 아끼는 분들은 모두들 서울에서 출마하라고 했다. 하지만 김정길 의원과 나는 부산을 버릴 수 없었다. 우리는 영남의 야당을 복원하고 싶었다. 그런데 부산 동구에 돌아와 보니 눈앞이 깜깜했다. 노동 현장과 중앙 정치 무대를 뛰어다니느라고 지역구를 돌보지 않아 조직이 다 무너진 상태였다. 게다가 부산 사람들은 12월 대통령 선거를 앞두고 마치 자식 입학시험 응원하듯 김영삼 민자당 총재를 밀고 있었다. 그 한복판에 라이벌 김대중 대표가 이끄는 민주당 대변인이 뛰어들었으니 선거가 잘될 리 없었다.

4년 전 김영삼 총재를 '대통령병 환자'라고 비난했던 허삼수 후보가 "위대한 민족의 지도자 김영삼 총재님을 모시고 부산 발전을 위해 이 몸을 바치겠다"고 했다. 4년 전 그를 '반란군 총잡이'로 규정하고 "국회가 아니라 감옥으로 보내야 한다"고 말했던 민자당 김영삼 총재는 지원 유세에서 이렇게 말했다. "허삼수 씨는 충직한 군인입니다. 뽑아 주시면 중히 쓰겠습니다. 저를 대통령으로 만들어 주시려면 허삼수 씨를 국회의원으로 뽑아 주십시오." 뽕밭이 변해서 바다가 되었다. 나에게는 김영삼 총재를 이길 만한 힘이 없었다. 그래서 국회의원 자리를 잃었다.

내 선거 구호는 무척 거창했다. "큰 새는 바람을 거슬러 날고, 살아 있는 물고기는 물살을 거슬러 헤엄친다." 유권자들보다는 지지자와 운동원을 격려하는 구호였지만 나름 매력이 있었다. 1986년 학원안정법 반대 투쟁을 할 때 투쟁 기금을 모으려고 백범 김구 선생의 글씨 복사본을 팔러 다닌 적이 있었다. "대붕역풍비 생어역수영."(大鵬逆風飛 生魚逆水泳) 별 가치가 없는 복사본인데도 많은 분들이 적지 않은 돈을 주었다. 나도 그렇게 살아 보려고 했지만 부산의 '김영삼 바람'을 거슬러 날아오를 만큼 큰 새가 아니었다. 허삼수 후보의 절반밖에 표를 얻지 못했다. 예상대로 낙선하고 나자 기분이 오히려 홀가분했다. 나를 둘러쌌던 화려한 장막이 사라졌고, 큰 짐을 벗은 것 같았다. 앞으로도 정치에서 삶의 의미를 찾아야 하나? 노력하면 찾을 수 있을까? 근본적인 고민을 하게 되기도 했다.

하늘 아래 영원한 것은 없다지만 김영삼 총재가 감행한 3당 합당은 상상할 수도 없었던 일을 현실로 만들어 놓았다. 그는 내 또래 부산 친구들 사이에서 특별한 존재였다. 민주화 투쟁의 영웅이었으며 정치적 신화의 주인공이었다. 3당합당 이전까지 이룩한 업적만 보면 김대중 대통령과 우열을 가리기 어렵다. 그가 독재 정권의 핍박을 덜 받은 것은 공산주의자나 용공 분자라고 뒤집어씌울 수 없을 만큼 보수적이었기 때문이다.

나는 통일민주당에서 1년 반 동안 김영삼 총재를 모시고 정치를 했다. 그는 나를 총애했다. 상도동 측근들이 시샘할 정도로 자주 독대했으며 매번 두툼한 돈 봉투를 받았다. 5공 비리 청문회를 한 뒤에는 더 자주 받았다. 독대는 아무나 할 수 있는 것이 아니었던 만큼, 내가 김 총재의 사랑을 받는다는 사실이 알려지자 모두들 잘 대해 주었다. 그런데 1989년 영등포구 을 국회의원 보궐선거를 계기로 나는 그의 뜻을 거스르기 시작했다. "총재님

1139

뜻을 어기면서 야권 통합 운동을 하는 제가 어찌 또 신세를 지겠습니까." 이렇게 말하면서 봉투를 사양했다. 한참을 옥신각신한 끝에, 이번이 마지막이라고 하면서 봉투를 받았다. 나는 조직의 보스가 종종 돈 봉투를 쥐어 주는 풍토에서 정치에 입문했던 것이다.

김영삼 대통령을 '훌륭한 정치 지도자'라고 하기는 어렵다. 그러나 '조직의 탁월한 보스'였던 것은 틀림없는 사실이다. 의원직 사퇴서를 내고 도망갔을 때, 어쩌다 보니 전화 통화를 하게 되었다. 긴말할 것 없이 일단 만나자고 했다. 상도동으로 갔더니 김영삼 총재가 손님들을 다 내보냈다. 그가 뭐라고 하든 단호한 사퇴 의사를 밝히려고 마음먹었지만 바늘방석에 앉은 심정이었다. 그는 한참 동안 말이 없었다. 그러더니 뜻밖에도 당신 마음을 다 이해한다며 나를 위로했다. 노 의원 같은 사람이 견디기에 정치판이 너무 험하다고 했다. 어디 가서 낚시라도 하라며 200만 원이 든 봉투를 쥐어 주었다. 사퇴 철회 문제는 말도 꺼내지 않았다. 진심으로 미안하고 고마웠다. 그는 다른 사람의 마음을 얻어 부하로 만드는 데 천재적인 능력을 가진 사람이었다.

그런 김영삼 총재가 3당합당 때는 김정길 의원과 나를 아예 부르지 않았다. 설득할 수 없다고 판단했거나 쓸모가 없어졌다고 여겼을 것이다. 어쨌든 나는 그와 갈라섰다. 민주당 대통령 후보가 되어 상도동 자택을 찾아갔던 날까지, 13년 동안 단 한 번도 만나지 않았다. 1987년 대통령 선거 때 두 지도자가 민주 세력을 분열시킨 이후, 그 분열을 치유하고 민주 세력을 통합하는 것이 모두의 과제가 되었다. 그런데 김영삼 대통령이 그 반쪽을 들고 민정당과 합쳐 버리는 바람에 통합은 영원히 불가능하게 되었다. 한때 나의 영웅이었던 김영삼 대통령은 '일그러진 영웅'이 되고 말았다. 나는 20년 동안 그가 만든 지역 분열의 정치 구도와 싸워야 했다. 그가 만든 기회주의 정치 문화와 대결해야만 했다.

11 야권 통합

김대중 대통령을 처음 대면한 것은 1988년 가을이었다. 5공 청문회가 한창이던 어느 날 국회 본청 의원식당에서 우연히 마주쳤다. 김대중 총재는 악수를 청하면서 이렇게 말을 건넸다. "잘했어요. 정말 잘했어요." 내가 속한 통일민주당과 사사건건 신경전을 벌이던 평민당 총재의 칭찬을 들으니 의구심이 생겼다. '저 말이 진심일까?' 어쨌든 나는 어른의 칭찬을 받고 어깨가 으쓱해졌다. 나중에 들은 말이지만, 내가 본회의 대정부 질문에서 참혹한 노동 현실에 대한 분노를 거침없이 터뜨린 날도 그랬다고 한다. 평민당 의원들에게 "야당 국회의원은 저렇게 해야 한다"고 나를 칭찬했다는 것이다.

1992년 12월 제14대 대통령 선거가 다가오자, 원외 지구당 위원장으로서 사실상 야인이나 다름없었던 나는 중앙당 청년특위 위원장에 임명되었다. 중앙당 선거대책위원회(선대위) 산하에 '물결유세단'이라는 조직을 만들어 주로 부산에서 선거운동을 했다. 현대그룹 정주영 회장이 국민당을 만들어 출마해 보수 진영의 표를 일부 분산시켰지만 김대중 후보는 또다시 김영삼 후보에게 패배했다. 다음 날 아침 그는 "국민의 하해와 같은 은혜를 하나도 갚지 못하고……"라는 말을 남긴 채 홀연히 정계를 떠났다. 박정희 대통령의 독재에 맞서 한국 현대사를 만들어 왔던 거인이 전격 퇴장한 것이다. 우리는 이제 지도자가 없는 야당을 꾸려 나가야 했다. 자연은 진공을 허용하지 않는다. 야당 내부에서 당권을 둘러싼 치열한 권력투쟁이 시작되었다.

1993년 3월 민주당 전당대회가 열렸다. 김대중 총재가 없는 첫 전당대회였다. 이기택 씨가 당 대표에 출마했다. 나는 최고위원 선거에 출마했다. 대의원 한 명이 네 사람씩 찍는 선거였는데 나는 정치적 입지가 없었다. 통합 협상과 국회의원 공천 과정에서 유별나고 거칠게 싸웠기 때문에 당 주류인 동교동계의 지원은 기대할 수 없었다. 이기택 대표 쪽에도 내가 낄 자리는 없었다. 독자적으로 해 보려 했지만 돈과 조직이 없어 어려웠다. 할 수 없이 곁불을 쬐며 선거운동을 했다.

이기택 대표가 사람들을 모아 밥을 먹는 자리에 끼어 밥을 얻어먹었다. 이기택 대표와 김정길 의원의 연설이 끝나고 나면 슬그머니 일어서서 나도 연설을 했다. 그때마다 김정길 의원이 나를 소개해 주었다. "품 안의 자식만 귀한 게 아닙니다. 새어머니 등쌀에 구박을 받고 나가서 얻어먹고 다녀도, 나중에 효도하는 수가 있습니다." 나는 동정표를 많이 얻어서 5등으로 당선되었다. 동교동계와 이기택계가 손잡고 최고위원 후보 세 명을 밀었다. 김정길 의원이 1등을 한다는 소문이 났다. 영남 쪽에 한 표를 줘야 하지 않을까 고민하던 호남 대의원들이 노무현 불쌍하다고 표를 너무 많이 주었던 모양이다. 그 바람에 김정길 의원이 떨어져 버렸다. 미안하기 짝이 없는 노릇이었다. 김정길 의원은 그래도 나를 원망하지 않고 진심으로 축하해 주었다. 그는 고마운 평생 동지였다.

김대중 총재 없는 통합민주당은 새 출발을 해야 했지만 쉽지 않았다. 내가 최고위원을 하는 동안 몇 차례 국회의원 재보궐 선거를 치렀다. 먼저 경기도 광명시 보궐선거가 있었다. 김영삼 대통령은 진보 성향의 서강대 정치학과 손학규 교수를 민자당 후보로 영입했다. 민주당 예비 후보 누구도 상대가 되지 않았다. 당 여론조사에서 내가 나가면 확실히 이긴다는 결과가 나오자 광명시 당원들이 찾아와 출마를 요청했다. 최고위원회 표결에서 4 대 4가 나왔다. 나는 이해 당사자여서 회의에 참석하지 않았는데, 이기택 대표가 나를 버리고 자기와 특별한 연고가 있던 사람을 낙점했다. 현명치 않다고 생각했지만 당의 결정에 승복하고 선거운동을 했다. 예상대로 결과는 참패였다. 화려하게 정치에 입문한 손학규 의원은 민자당과 신한국당 대변인을 거쳐 보건복지부 장관, 경기도지사를 했다.

여당의 아성인 대구 동구 보궐선거 때도 비슷한 일이 벌어졌다. 이기택 대표는 후보의 경쟁력보다 개인적 인연을, 명분보다 계보를 중시하는 공천을 했고 선거에 참패했다. 나는 그에 대한 정치적 신뢰를 접었고, 오래 지나지 않아 갈라섰다. 계보원에게 충성을 요구하려면 이익을 챙겨 줘야 한다. 그렇게 하다 보면 공정성을 잃는다. 한두 사람을 챙기는 대가로 많은 사람을 적으로 만드는 것이다. 계보를 챙기고 개인적 이해관계로 사람을 묶어 둔다고 해서 정치를 잘할 수 있는 게 아니다. 지도자는 공정해야 한다. 신뢰, 헌신, 책임, 절제와 같은 덕목을 갖추려고 노력해야 한다. 이기택 대표와 일하면서 이런 것을 배웠다. 이런 경우를 두고 '반면교사'(反面敎師)라고 한다.

12 지방자치실무연구소

1993년 9월, 연구소를 설립했다. 원외 최고위원으로서 정치 활동을 하려다 보니 사무실이 필요했다. 최고위원 선거를 하면서 지방의원들뿐만 아니라 일반 당원들과도 교류해야 한다는 것을 알았다. 정당 민주화를 하려면 당헌을 연구하고 대의원들을 조직해야 했다. 중진 정치인들은 대의원들을 계보로 관리했지만, 나는 돈도 없고 실세도 아니어서 하고 싶어도 할 수 없었다. 그래서 정치발전과 개혁이라는 과제를 중심으로 사람들을 엮어 보기로 했다. 마침 지방자치와 분권이 중요한 과제로 부각되고 있어서 이것을 중심으로 지방의원들을 조직하면 좋겠다고 생각했다. 상향식 공천 시대를 대비해서도 필요한 일이었다. '참여시대를 여는 지방자치실무연구소'라고 이름을 지었다. 연구할 역량이 신통치 않은데 그냥 '연구소'라고 하려니 남을 속이는 것 같았다. 그래서 굳이 '실무'라는 두 글자를 넣었다.

현역 의원들을 찾아다니면서 회원 가입서와 회비를 받았다. 명색이 최고위원이고 또 부산에서 떨어진 것을 안타깝게 여겼는지 모두들 너그럽게 대해 주었다. 보통은 한 달에 2만~3만 원,

또는 5만 원을 세비에서 공제하도록 해 주었다. 그런데 한화갑 의원은 10만 원을 뚝 떼어 주었다. 제정구 의원은 매월 100만 원을 지원해 주었다. 조세형 의원이 이사장을 맡았고 국민대 김병준 교수가 소장을 맡아 든든한 울타리가 되어 주었다. 김병준 교수는 내가 정치를 하는 동안 꾸준히 정책 자문을 해 준 유일한 대학교수였다. 지방선거 출마 의사를 가진 분들과 중앙당의 간부들도 회원으로 참여했다. 이때 새로운 참모들을 얻었다. 안희정, 서갑원, 문용욱, 황이수 씨 등이 연구소에 참여한 것이다. 1994년 출판한 에세이집 『여보, 나 좀 도와줘』를 만드는 과정에서 문사(文士) 윤태영 씨와 인연을 맺었다. 이렇게 해서 상근 실무자가 열 명 정도로 불어났다. 열심히 활동한 결과 연구소는 제법 널리 알려졌다.

그때는 세계화, 정보화, 지방화, 민주화, 분권화 등이 중요한 의제였다. 경제정책과 관련해서는 경영 혁신, 리엔지니어링, 다운사이징 같은 단어가 자주 등장했다. 세계 질서는 '탈냉전'이었다. 나는 박태견 기자가 쓴 『초국가 시대로의 초대』, 최병권 기자의 『세계시민입문』 등 세계화 시대 국가의 역할을 다룬 책에 관심이 있었다. 민주주의와 관련해서는 '참여'가 중요한 이슈였다. 우리나라는 시민 참여가 민주주의 선진국에 크게 뒤진다는 지적이 많았다. 지방자치는 시민의 참여를 열어 주는 제도적 기초였다. 나는 지방자치실무연구소를 통해 분권화와 참여 민주주의 문화의 조류를 받아들이고 싶었다.

정보화도 중요한 관심사였다. 컴퓨터에 재미를 붙였다. 연구소에 많은 자료가 쌓이고 있었다. 열 명의 연구원들이 한 달에

한 차례 이상 세미나를 했다. 발표와 토론 자료뿐만 아니라 회원들의 개인 정보와 전문가들이 만든 참고 자료, 수입과 지출 관련 정보들이 축적되었다. 그런데 이 정보들을 제대로 활용하지 못했다. 인명 자료는 주소와 전화번호 변경을 제대로 반영하지 못했다. 각자 하는 일에 대한 보고가 체계적으로 이루어지지 않아 내부 소통도 원활하지 않았다. 유용한 정보를 일상적으로 업데이트하고 누구나 손쉽게 활용할 수 있도록 하는 시스템이 필요하다고 생각했다. 그래서 온라인으로 그런 시스템을 돌리는 소프트웨어를 만들기로 했다.

처음에는 간단한 일이라고 생각해 150만 원 예산으로 시작했다. 그런데 이것이 굴러가면서 눈덩이처럼 커졌다. 비용이 700만 원으로 늘어나더니 급기야 6,000만 원짜리 프로젝트가 되었다. 나중에는 그것도 다 걷어치우고 2억 원을 개발비로 투입해서 '노하우'라는 업무 표준화 프로그램을 완성했다. 이 프로그램을 대통령 후보 때 사용했으며, 대통령이 된 후에는 'e-지원'이라는 청와대 업무관리 시스템으로 발전시켰다. 특허도 받았고 임기 말에는 중앙정부 행정 부처에도 확산시켰다.

'노하우'를 개발하면서 데이터베이스를 공부했고 컴퓨터 프로그램의 종류와 원리를 익혔다. 정치 활동과 연구소의 업무 전반에 대해 직접 직무 분석을 했다. 정보 축적과 재활용 시스템을 만드는 프로그램 기획안도 내 손으로 직접 썼다. 내가 원하는 시스템 전체의 구조와 요구 사항들을 종이에 일일이 적었다. 두툼한 바인더로 열 권이나 되는 주문서를 만들었다. A4지로 300쪽 정도 분량이었다. 그다음에는 서류도 없이 받아 적게 하면서 다섯 시간에 걸쳐 설명했더니 프로그래머들이 고개를 절레절레 흔들었다. 프로그램을 다시 만들어 오면 하나도 빠뜨리지 않고 다 확인했더니, 이 사람들이 나를 만나는 것 자체에 겁을 먹었다. 어쨌든 이렇게 해서 일정, 인명 정보, 자료와 회계를 전부 통합했다. 인명 데이터베이스를 기초로 수천, 수만 개의 명부를 생산하고 축적하는 틀을 만들었다. 하지만 상품화해서 투자비를 회수하는 데는 실패했다. 업무분석과 표준화가 지나치게 세밀해서 상품화 가능성이 없다는 것이었다. 어쨌든 나는 이 일을 하면서 지식 공유 시스템의 기본 개념을 알게 되었다.

지방자치실무연구소는 1995년 6·27 전국동시 지방자치선거 때 큰 활약을 했다. 당시 민주당은 심각한 내분으로 완전 마비 상태에 빠져 후보들에게 지방자치 이론이나 선거 실무 교육 등 필수 서비스를 전혀 제공하지 못했다. 우리 연구소가 나서서 선거 준비, 선거 전략과 선거운동에 관한 교육을 대신 맡았다. 중앙당 교육연수위원회 수준의 기여를 했다는 호평을 받았다. 이제 최고위원 경선을 하면 나도 조직력을 행사할 수 있다는 자신감을 얻었다. 계보 정치가 아니라 정책 활동을 통해 조직을 만들었다는 자부심도 느꼈다. 지방자치실무연구소는 이렇게 축적한 역량을 바탕으로 2002년 민주당 대통령 후보 국민경선 선거 캠프 역할을 제대로 했다.

13 두 번째 낙선

1995년 2월 임시 전당대회에서 부총재로 선출되었다. 6월에는 민주당 후보로 부산시장 선거에 출마했다. 정치적 기반을 마련하기 위해 부산지역정책연구소를 만들기는 했지만 부산시장 선거에 나설 생각은 아니었다. 당선 가능성도 전혀 없었다. 그런데 어떻게 하다 보니 당원으로서 하지 않을 수 없게 되어 버렸다.

정치 상황이 아주 불리했다. 정계를 떠나 영국으로 갔던 김대중 총재가 돌아와 아시아태평양평화재단(아태재단) 이사장을 맡자 정계 복귀설이 떠돌았다. 1994년 정기국회 때 이기택 대표가 등원 거부 투쟁을 했는데 김대중 이사장이 "적절한 판단이 아니다"라고 반대하면서 소문은 더 증폭되었다. 그렇지 않아도 가능성이 없는 판국에 김대중 이사장이 사실상 정계로 복귀한 터라 부산시장 출마는 엄두도 낼 수 없었다. 여론조사에서는 내가 1위로 나왔지만 박관용, 서석재, 문정수 씨 등 김영삼 대통령이 신한국당으로 개명한 여당의 예비 주자들 지지율을 합치면 내 지지율보다 높았다. 지지 후보를 밝히지 않는 부동층이 너무 많은 것도 문제였다. 영남 지역 부동층은 선거 막판이 되면 신한국당으로 쏠리곤 했다.

이기택 대표가 관선 부산시장이던 안상영 씨를 영입하려고 했지만 잘되지 않았다. 내가 부산공해문제연구소 이사를 했던 1980년대 중반, 안상영 시장은 인공섬 추진 등 아주 위험한 개발주의 정책을 내놓았다. 나는 그런 사람을 민주당 후보로 할 수는 없다고 강력하게 반대했다. 그러자 사람들이 대안이 있느냐면서 당신이라도 나가라고 했지만 내키지 않았다. 게다가 나는 경기도지사 선거 여론조사에서 몇 차례 1등을 했다. 상대방은 신한국당 이인제 씨였는데 여론조사에서 이기는 사람은 노무현뿐이었다. 하지만 아무도 경기도지사 출마를 권해 주지 않았다. 그렇지 않아도 경기도지사 후보 공천 문제로 당이 시끄러운데 그런 판국에 내가 나설 수도 없는 일이었다.

이런 상황에서 솔깃한 제안이 나왔다. 민주당 서울시장 후보가 조순 씨였는데 무소속 박찬종 후보에게 많이 밀리고 있었다. 이해찬 의원이 젊은이들에게 인기 있는 노무현을 정무부시장 러닝메이트로 지명하자는 아이디어를 냈다. 정무부시장이 되어 차기 서울시장을 겨냥해 볼 수도 있겠구나, 침이 꿀꺽 넘어갔다. 그런데 신속하게 결심하지 못하고 우왕좌왕하는 사이에 민주당 지방선거 경선 후보 등록일이 닥쳤다. 그래서 부산시장 후보 경선에 등록했다. 부산에도 김영삼 대통령 이후를 겨냥하여 야당을 건설해야 했고 민주당을 전국 정당으로 만들어야 했고 정치의 동서 분할 구도를 극복해야 했기 때문이다. 그 대의명분을 외면할 수가 없어서 경선 후보로 등록을 한 것이다.

그런데 부산의 지구당 위원장 한 사람이 부산시장 후보 경선에 뛰어들었다. 본선 경쟁력의 우열은 따질 필요조차 없는 사람이었다. 그런데 상황이 이상하게 흘러갔다. 대의원들 사이에 안상영 씨 영입에 반대하는 등 이기택 대표를 거슬렀다는 이유로 "노무현을 물 먹이자"는 말이 돌았다. 이기택 대표의 측근이었던 부산시당 손태인 위원장이 나섰다. 손 위원장은 그러면 당이 망신을 당한다면서 대의원들을 적극 설득했다. 손 위원장이 나서 주지 않았으면 내가 경선에서 졌을지도 모른다. 상향식 공천 제도는 때로 위험하다. 당의 정체성과 정치적 지향을 잘 이해하는 당원들이 충분히 많지 않으면 문제가 생길 수 있다. 이해관계나 감정적 선동에 휘둘려 명백히 불합리한 선택을 할 수도 있다. 상향식 공천을 제대로 하려면 정당을 민주적으로 운영하고 당내 민주주의 경험을 착실하게 쌓아 나가야 한다.

후보가 되자 여론조사가 더 좋게 나왔다. 그러나 여론은 하루아침에 바뀔 수도 있다. 부동층이 신한국당으로 몰리자 격차가 좁혀져 역전패 조짐이 나타나기 시작했다. 그런 상황에서 김대중 이사장이 지역등권론을 내세워 전라북도에서부터 지원 유세를 시작했다. 지역등권론이란 "어느 한 지역이 권력을 독점하거나 어느 한 지역만을 소외시켜서는 안 된다"는 주장이다. 격렬한 논쟁이 벌어졌다. 호남이 역사적으로 부당한 차별을 받고 소외당한 사실을 생각하면 이해할 수 있는 이론이었지만 부산 시민들은 이것을 지역주의로 이해했다. 부산에서는 이 논리로 유권자를 설득하기 어려운 것이 현실이었다. 아홉 시 뉴스를 켜면 곧바로 김대중 이사장 유세 장면이 나왔다. 그의 정계 복귀는 기정사실이 되었다. 민주당은 다시 '김대중당'으로, 노무현은 '김대중당 후보'로 인식되었다. 여론조사 지지도가 확실하게 역전되었고 격차가 날이 갈수록 커졌다. 선거에서 졌다. 1992년 14대 총선에 이어 두 번째 낙선이었다. 문정수 후보가 51%, 내가 37%였다.

이유 여하를 막론하고 나는 지역등권론을 반대했다. 선거전을 치르는 중이라 자세한 내용을 몰랐지만 아무튼 지역 이야기를 꺼내는 것 자체를 반대했다. 일단 선거에 불리하기 때문이었다. 선거에 지고 서울에 올라오니 당에서 내가 지역등권론에 반대한 것을 비판하는 사람들이 있었다. 당시 『한겨레신문』의 박재동 화백이 그렸던 만평이 기억난다. 서울에서 김대중 이사장이 지원사격을 하면서 "지원사격 받았나?" 하고 묻는다. 만신창이가 된 노무현이 대답한다. "내가 맞았다. 오버!"

내가 떨어지자 다른 지역에서 부산 사람들을 비난하는 목소리가 나왔다. 하지만 그렇게 볼 문제는 아니었다. 3당합당으로 영호남에는 맹목적인 지역 대결 정치 구도가 이미 강고하게 자리를 잡은 상황이었다. 그런데 부산 시민들은 호남 유권자들이 민주당을 압도적으로 지지한다는 사실을 알면서도 민주당 후보인 나에게 37%나 표를 주었다. 패배했지만 수많은 부산 시민들이 나를 응원했다. 이 선거를 치르면서 새로운 참모도 얻었다. 부산대학교 총학생회장 출신인 정윤재, 최인호, 송인배 씨가 선거 캠프에 들어와 젊은 유권자들을 열심히 조직했다. 그들은 그 이후 10여 년을 넘는 세월 동안, 학생운동을 할 때 추구했던 진보적 가치를 나를 통해 실현해 보려고 했다. 부산은 넉넉하고 개방적이어서 젊은이들에게 도전할 기회를 제공하는 도시였다. 그래서 나는 다시 일어설 수 있었다. 부산은 포기할 수 없는 매력을 지닌 곳이다.

14 세 번째 낙선

1995년 7월 초 김대중 이사장이 새정치국민회의 창당을 공식화했다. 6·27 전국동시 지방자치선거를 치르면서 민주당은 돌이킬 수 없이 분열되었다. 경기도지사 후보로 장경우 씨를 고집한 이기택 대표와 이종찬 씨를 민 동교동계의 갈등으로 경기도지부 대회에서 각목이 난무하는 폭력 사태가 일어났다. 민주당은 서울시장 선거에서 이겼지만 경기도지사 선거는 졌다. 선거가 끝나자 김대중 이사장이 창당을 결심했다. 7월 전당대회에서 당으로 복귀하라고 요구한 사람도 있었지만 소용이 없었다. 민주당 주류가 집단 탈당해 새정치국민회의로 갔다.

민주당에 남은 사람들도 두 갈래로 나뉘었다. 이기택 대표 측과 그의 퇴진을 요구한 '구당(救黨) 모임'이었다. 이철, 제정구, 김정길, 김원기, 조세형, 김근태 등의 '구당 모임'은 김대중 이사장을 심하게 비판하지 않았다. 언젠가는 다시 당을 같이해야 한다고 생각했다. 이기택 대표는 '구당 모임'을 'DJ 2중대'라고 비난했다. 민주당은 갈등을 어설프게 봉합한 채 1996년 4월 11일 제15대 총선을 치렀다. 참패였다. 민주당에 남은 국회의원들은 거의 다 낙선했다. 국회는 신한국당과 새정치국민회의 양당 체제로 재편되었다.

김원기, 박석무, 홍기훈 의원은 호남 출신이라 원래 남기 어려운 처지였다. 특히 김원기 의원은 따라가면 당 대표나 대표 대행을 맡을 수 있는 위치였다. 사정을 잘 알기 때문에 같이 남자고 권할 수 없었다. 그런데 스스로 민주당 잔류 기자회견을 했다. 김원기 의원은 이렇게 말했다. "김정길, 노무현, 당신들 얼굴을 보니 도저히 따라갈 수가 없습니다." 그는 서울 출마 권유를 뿌리치고 전북 정읍으로 돌아가서 낙선하고 말았다. 그때부터 그를 깊이 존경하게 되었다. 어려운 일이 있을 때마다 찾아가 상의했다. 대통령 선거를 할 때도 대통령을 하는 동안에도, 그는 나의 정치 고문이었다. 고비 고비에서 의견이 다를 때도 있었다. 그러나 견해 차이가 있다고 해서 존경할 수 없는 것은 아니다.

이번에는 부산이 아니라 서울 종로구에서 낙선했다. 내 지역구는 원래 부산 동구였고 김정길 의원은 중구 출마를 준비했다. 그런데 선거구가 조정되면서 중구와 동구가 합쳐져 둘 중 하나는 지역구를 옮겨야 했다. 마침 민주당에는 종로구 공천 신청자가 없었다. '3김청산'과 '세대교체'를 선거 구호로 내세운 민주당이 '정치 1번지'라고 하던 종로를 비울 수는 없었기에 내가 투입된 것이다. 신한국당 이명박 후보, 국민회의 이종찬 후보와 대결했다. 결과는 참담했다. 2등도 아니고 3등으로 떨어졌다. 이명박 후보가 승리했다. 내가 대통령이 되는 것도, 그가 그다음 대통령이 되는 것도 당시에는 상상하지 못했다.

종로에서 떨어진 뒤 나는 '3김청산'이라는 구호를 버렸고 지역주의 타파 이야기도 더 이상 하지 않았다. 그것은 논리로 풀 수 있는 문제가 아니었다. 나름의 역사적 경험을 바탕으로 만들어진 지역 정서는 논리로 설득한다고 해결될 일이 아니라고 판단했다. 적절한 계기가 있어야 풀 수 있으며, 영남과 호남 모두에서 신뢰 받는 정당이나 정치인이 나오는 것이 그런 계기가 될 것이라는 생각이 들었다.

종로 선거에서 제3당으로는 지역당을 타파할 수 없다는 경험적 인식을 얻었다. 2002년 말 대통령 당선 직후 제주도에 휴가를 갔는데 정동영, 추미애 의원 등이 민주당을 깨고 신당을 만들겠다고 성명을 냈다. 전화를 했기에 민주당 개혁이 먼저라고 하면서 극구 만류했다. 2005년 여름에는 한나라당과 대연정을 해서라도 국회의원 선거구제를 바꾸려 했다. 2007년 2월 열린우리당이 대통합 결의 전당대회를 했을 때, 유시민 장관이 열린우리당 사수파를 모아 당을 지키고 재창당을 하겠다고 강력하게 주장했다. 그때도 말리고, 반대해서 싫다는 것을 억지로 협력하게 만들었다. 이 모두가 제3당으로는 지역당을 깰 수 없다는 경험적 인식 때문이었다.

민주당 전당대회가 열렸다. '구당 모임'은 인권 변호사로 명망이 높았던 홍성우 씨를 후보로 내세웠다가 이기택 씨에게 졌다. 전당대회도 노하우가 있어야 한다. 선거에서 떨어져 너무 지쳐 있었던 데다가 당권에 대한 강한 집착도 없어서 힘이 모이지 않았다. 재야 명망가나 시민운동 출신 인사들은 직업 정치인만큼 집요하지 않았다. 현실 정치에 이악스럽게 적응하지 못한 것이다. 반면 처음부터 제도권 정당 안에서 성장한 정치인들은 대의명분보다 기득권과 실리를 중시하며, 반칙을 하면서까지 치열한 권력투쟁을 벌인다.

1996년 4월 제15대 총선을 앞두고 몇 사람과 함께 이회창 씨를 찾아간 일이 있었다. "정치를 할 생각은 없는데, 혹시라도 정치를 하게 되면 이철, 노무현, 제정구 같은 인물과 하겠다"고 말했다는 이야기를 들었기 때문이다. 그런데 여러 가지 이야기를 해도 대답은 하지 않은 채 고개만 끄덕끄덕했다. '무게 있는 사람은 원래 말을 신중히 하는가 보다.' 그렇게 생각했다. 그래도 무언가 자기 입장이 있지 않겠나 생각했는데, 나중에 신한국당에 입당하는 것을 보고서야 무거운 것이 아니고 저울질을 했던 것임을 알았다. 1997년 15대 대선 국면에서 이기택 씨와 손잡고 민주당 후보로 추대되었던 조순 씨도 같은 경로를 따랐다.

김영삼 대통령과 이회창 씨는 원래 서로가 서로를 용납할 수 없는 관계였다. 이회창 씨는 대쪽이라는 이미지로 김영삼 대통령의 초법적 국정 운영에 반기를 들어 인기를 얻었던 사람이다. 그런 두 사람이 절묘하게 타협을 한 것이다. 그 두 사람으로 하여금 손을 잡게 만들었던 것은 대구와 충청도의 이반이었다. 지역주의에 기반을 둔 정치를 하다 보니 그렇게 된 것이다. 그때까지 조선 건국 이래 600년 역사에서 한 번도 제대로 된 정권 교체가 없었다. 권력의 편에 서야만 비로소 권력을 이어받을 수 있었던 역사였다. 권력에 맞섰던 사람 가운데 패가망신하지 않은 사람이 없다. 자손들의 앞길까지도 막아 버렸다. 적어도 무사하게 밥이라도 먹고 살려면 권력이 무슨 짓을 하더라도 시비를 가리지 말고 납작 엎드려 살아야 했던 기회주의 역사가 무려 600년이었다. 결국 이회창 씨도 조순 씨도 권력에 줄을 서야 권력을 잡을 수 있다는 생각으로 그쪽으로 간 것이 아닌가.

나는 이런 역사를 마감하고 양심과 신념으로 옳고 그름을 따지는 세상을 만들려면 정권 교체가 반드시 필요하다는 것을 더욱 확신하게 되었다. 그리고 정권 교체를 하면 권력에 줄을 대는 방식이 아니라 나름의 원칙과 소신을 지키면서 살아온 유능한 사람들을 국가 운영에 참여시켜야 한다고 생각했다. 그래서 대통령이 된 후 그런 사람들을 장관과 청와대 참모로 기용하려고 노력했다. 강금실 변호사를 법무부 장관으로, 이창동 영화감독을 문화관광부 장관으로, 김두관 남해군수를 행정자치부 장관으로, 지방에서 시민운동을 했던 정찬용 씨를 인사수석으로 기용한 것은 모두 그런 생각에서였다.

15 정권 교체의 감격

민주당 당권 투쟁에서 패배한 사람들이 '개혁과 통합을 위한 국민통합추진회의'(통추)를 결성했다. 나는 처음에는 이 조직을 만드는 데 반대했다. 정치 조직을 만들면 1997년 대선에 개입할 수밖에 없다. 그런데 통추에는 김대중 총재와 절대로 함께 정치를 할 수 없는 사람들과, 신한국당으로는 결코 갈 수 없는 사람들이 함께 모여 있었다. 나중에 어떻게 할 것인가? 김대중 총재가 이길 가능성은 거의 없었다. 결국 신한국당으로 가자는 사람과 절대 못 간다는 사람들이 또다시 갈라질 텐데, 그런 모습이 국민들 보기에 과연 좋겠는가? 그런 의문을 가졌다. 그렇지만 혼자 빠지면 '독불장군' 소리를 들을 것 같아서 1996년 11월부터 큰 기대는 없이 참여했다. 김원기, 김정길, 유인태, 원혜영, 이강철, 제정구, 박계동, 박석무, 김부겸, 이철, 이호웅, 홍기훈, 김홍신, 이미경, 김원웅, 임종인 등 좋은 분들이 많이 참여했다.

통추의 몇몇 사람들이 돈을 출자해서 서울 강남에 하로동선

(夏爐冬扇)이라는 식당을 열었다. 하루씩 돌아가면서 사장 노릇을 하기도 했다. 사장을 맡은 날은 고객 관리 때문에 못 먹는 술도 먹어야 했다. 여름 난로나 겨울 부채처럼, 지금은 국민에게 버림받았지만 언젠가는 요긴하게 쓰일 날이 올 것이라는 소망을 식당 이름으로 표현했다. 그렇지만 이 시기에 괴로운 일만 있었던 것은 아니다. 정치 일선에서 밀려나 한가한 생활을 하면서 SBS 라디오 뉴스 프로그램 진행자로 잠시 방송 활동을 하기도 했다. 잠깐이었지만 무척 흥미로운 경험이었다.

1997년 15대 대선이 다가오자 통추는 바람 부는 날의 갈대처럼 흔들렸다. 한때 이수성 전 국무총리가 여당 후보로 전망이 있다는 말이 돌자 통추 사람들은 그쪽으로 기울었다. 그런데 유인태 씨가 미국에서 돌아오더니 물었다. "우리가 그 여당에 줄 서려고 있었나요? 대의명분이 뭡니까?" 아무도 대답하지 못했다. 유인태 씨는 외모는 소박하지만 원칙이 뚜렷하고 지략이 출중해서 나중에 청와대 정무수석으로 기용했다. 그렇게 우왕좌왕하는 사이에 이회창 씨가 경선을 통해 신한국당 후보로 결정되었다. 지지율이 김대중 총재보다 두 배나 높은 여론조사 결과가 속속 나왔다. 이렇게 되자 야권 후보를 바꾸어 정권 교체를 해야 한다는 주장이 나오는가 하면, 어차피 안 될 거라며 시큰둥해하는 분위기도 있었다.

그 당시에 유인태 의원을 따라 조순 씨를 찾아간 적이 있다. 김대중 후보가 물러나지 않으면 이회창 후보에게 지게 되는데, 김대중 후보가 후보직을 양보하면 출마하는 것이고 양보를 하지 않으면 우리가 포기해야 한다고 말했다. 조순 씨는 "나도 이런 일을 할 때는 뜻을 가지고 하니 걱정하지 마시라"고 했다. 그러더니 며칠 후 이기택 대표와 손을 잡아 버렸다. "김대중 후보가 양보하지 않으면 후보를 포기해야 한다"는 말이 괘씸해서 그렇게 한 게 아닐까 하는 생각이 들었다. 조순 시장은 민주당 후보로 추대되었다가 대선이 임박하자 신한국당 이회창 후보 쪽으로 가 버렸다. 이회창 씨는 민주당과 합치면서 조순 씨를 총재로 삼고 당명을 한나라당으로 바꾸었다. 이 때문에 민주당의 법통이 한나라당으로 넘어가, 나중에 우리 쪽 사람들이 당적 이탈 확인서를 한나라당에서 받아야 하는 웃지 못할 진풍경이 벌어지기도 했다.

1997년 가을 대한민국은 아무도 예상하지 못했던 정치경제적 소용돌이에 휩쓸려 들어갔다. 여름부터 외환시장이 흔들흔들하는가 싶더니 외환 부족으로 국가 부도 사태가 임박해 국제통화기금(IMF)의 구제금융을 받게 되었다. 금융 위기가 실물경제 위기로 번지면서 국민경제는 바닥 모를 심연으로 추락했다. 기업이 연쇄적으로 무너졌고 기관들이 흔들렸으며 대규모 실업 사태가 찾아왔다. 그러자 이회창 후보는 인기가 없었던 김영삼 대통령을 인격적으로 모욕하면서 차별화하는 전략을 썼다. 그렇지만 아들의 병역기피 의혹이 불거지는 바람에 지지율이 급격히 하락했다. 신한국당 경선에서 패배했던 이인제 씨가 '사정변경론'을 내세워 무소속 출마를 선언하고 곧바로 국민신당을 창당했다. 국민신당 이인제 후보는 '세대교체'를 외쳤다. 한나라당 이회창 후보는 '3김청산'을 주장했다. 김종필 씨와 DJP연합을 한 김대중 후보는 '정권 교체'를 내세웠다. 이인제 후보의 인기가 상승하자 신한국당 일부 세력이 그쪽으로 이탈했다. 통추도 덩달아 흔들렸다. 이인제 씨와 손을 잡자는 주장이 나왔다. 도저히 용납할 수 없는 일이었다.

사람마다 처지가 달랐다. 김원기, 박석무 의원은 그렇게 할 수 없는 사람들이었다. 김정길 의원과 나는 또 달랐다. 이인제 씨는 3당합당을 적극 찬성하면서 나와 논쟁한 적이 있다. 그는 말했다. "지금 여야가 무슨 소용 있어, 신사고(新思考) 아니야?" 그 말이 가슴에 못이 되어 박혔다. 변절의 길을 갔던 사람들이 잘되는 것을 보니 더욱 견디기 힘들었고 도저히 인정할 수가 없었다. 그래서 홧김에 말했다. "통추가 이인제 씨를 지지한다면 나도 출마하겠다. 통추가 나를 밀어야 할 것 아닌가." 그 말이 "노무현 대선 출마 표명"으로 일부 언론에 보도되었다. 나는 밤새워 이인제 씨를 지지해서는 안 되는 이유를 적어 다음 날 아침 통추 회의에 돌렸다. 그쪽으로 가지 못하게 발목을 잡은 것이다. 하지만 국민회의에 입당하자는 말은 차마 하지 못했다. 그 문제를 두고 또 다툼이 벌어졌다. 싸움이라고 할 수도 있을 만큼 격렬하게 토론했다. 그러나 결론은 허망했다. "각자 갈 길을 가자!" 통추는 한나라당과 국민회의로 찢어졌다.

나는 결국 새정치국민회의에 입당했다. 1997년 11월 13일, 대통령 선거 한 달 전이었다. 부산의 재야인사와 시민 단체 지도자들은 그 선택을 이해하고 격려해 주었다. 그러나 개인적인 연고 때문에 나를 후원해 주었던 부산 출신 인사들 중에는 절교하자는 사람도 있었다. 그래도 어쩔 수 없었다. 수없이 이합집산을 했지만, 나는 어쩔 수 없는 야당 정치인이었다. 호남을 고립시켜 놓은 지역 구도 정치 지형에서 고립당한 쪽을 거들지 않을 수 없었다. 그 분열에서 정치적 이익을 얻는 쪽에 가담하는 것은 어떤 논리로도 당당하게 설명할 수 없는 선택이었다.

참모들이 입당 조건을 이야기했다. 부산에서는 더 할 수가 없으니 보궐선거가 예상되는 지역구를 보장 받아야 한다는 주장을 했다. 그런데 지난번 출마했던 종로구에는 이종찬 부총재가 있었다. 구로 을에는 오래 야당 생활을 한 김병오 씨가 있었다. 송파구에는 홍준표 의원의 선거 부정을 파헤치며 열심히 준비해 온 김희완 씨가 있었다. 누구에게 지역구를 내놓으라 할 것인가. 나라의 운명이 왔다 갔다 하는 대선 정국에서 내 지역구 문제를 가지고 거래하는 것은 망신스러운 일이라 생각했다. 그래서 아무 조건 없이 국민회의에 입당해 열심히 선거운동을 했다. 이 시기에 고성규 씨가 24시간 나를 수행했는데, 약사였던 그는 영어 실력이 뛰어나서 정신없이 선거운동을 하는 와중에도 틈이 날 때마다 영어를 익힐 수 있도록 도와주었다. 거리 유세도 많이 했고 강연도 했으며 텔레비전 방송 연설도 했다. 김대중 후보가 38만여 표 차 박빙의 승리를 거두었다. 그것은 기적이었다. 마치 꿈을 꾸는 것만 같았다. 정치에 입문해서 10년 동안 겪었던 고생과 방황과 좌절을 다 보상 받은 것 같았다.

새정치국민회의 입당은 즉흥적 결정이 아니었다. 통추 시절 김근태 의원이 이끌던 '통일시대국민회의' 초청으로 시국 강연을 한 적이 있었다. 그때 누군가 '3김청산'에 대해 물었다. 나는 정권 교체의 중요성을 이야기했다. "어떻게든 정권 교체를 할 수만 있다면 김대중 총재를 도와줘야 하지 않는가? 백 가지 제도보다 민주주의 혁명의 경험, 정권 교체의 경험, 이런 것들이 민주주의 발전에 획기적인 기여를 하는 것이다. 이론과 제도도 중요하지만 정권 교체가 중요하다. 정권 교체가 될 가능성이 있으면 김대중 총재를 돕겠다." 원칙은 타협의 대상이 아니다. 그러나 전략적, 전술적 명제는 타협할 수 있다. 나는 '3김청산'이라는 것은 원칙이 아니라 타협할 수 있는 전략적 명제라고 보았다.

DJP연합에 대해서는 이렇게 생각했다. 이념과 노선을 100% 순수하게 밀고 가기는 어렵다. 국민들이 후보를 볼 때 정치 성향만이 아니라 능력과 안정감 등 여러 가지 측면을 종합해서 판단한다. 정당에 대해서도 그렇다. 누가 주도하는지를 본다. 주도 세력의 색깔이 그 정당의 색깔이다. 대통령 후보가 김대중 총재로 결정된 이상 주도 세력 문제는 정리된 것이 아닐까? 야당도 때로 야당의 인물들만 가지고는 전국에 후보를 낼 수 없다. 야당 출신을 우대하면서도 중립 지대에 있었거나 과거 여당에 종사했던 사람도 찾는 것이다. 정당을 순종(純種)만 가지고 할 수는 없다. 중간 지대를 많이 포섭해 나가야 한다. 주도 세력의 성격과 철학이 뚜렷하면 된다.

16 다시 국회로

1998년 2월 25일 김대중 대통령이 취임했다. 외환 위기가 실물경제를 공황 상태로 몰아넣은 가운데 새 정부가 출범했기 때문에, 내놓고 기뻐할 수도 감격에 젖을 여유도 없었다. 국민들은 두

려움 속에서도 위기 극복의 희망과 의지를 가다듬고 있었다. 그리고 나에게도 새로운 기회가 찾아왔다. 이종찬 부총재가 국가안전기획부장으로 가면서 국민회의 종로 지구당에 자리가 난 것이다. 1996년 제15대 총선 종로 선거구 당선자는 이명박 의원이었다. 핵심 측근이 부정선거 실상을 폭로하는 바람에 선거법 위반으로 기소되어 당선무효 확정판결을 눈앞에 두었던 그가 미리 국회의원직을 사퇴해서 보궐선거를 하게 된 것이다.

나는 15대 총선 때 이종찬 후보를 엄청나게 공격했다. '5공의 주류'이고 '민정당을 창당한 사무총장'이었던 사람이 무슨 야당이냐고 비난했다. 하지만 그는 나보다 많은 표를 얻었다. 국민회의에 입당한 후에도 관계가 편하지 않았다. 당에서는 그를 서울시장 후보로 거론했다. 나는 그가 상징성이 큰 서울시장 후보로 어울리지 않는다면서 내가 나가겠다고 했다. 여론조사도 내가 1등으로 나왔다. 그런 상황에서 이종찬 씨가 안기부장으로 발탁되어 당을 떠나게 되었다.

서울시장 꿈을 버리지 못했다. 당에서는 한광옥 씨 이야기가 많이 나왔다. 당내 경선 후보로 등록하고 김대중 대통령을 찾아가 여론조사 결과를 드렸다. 한광옥 씨는 한나라당 최병렬 후보를 이기지 못하지만 나는 이기는 조사 결과였다. 김대중 대통령은 서울시장보다 종로 지구당을 맡으라고 권했다. 며칠 후 이강래 정무수석이 찾아와 고건 씨를 후보로 하는 것이 대통령 뜻이라고 했다. 그가 〈성공시대〉라는 텔레비전 프로그램에 출연한 후로 지지율이 솟구쳤다는 것이다. 나는 이 결정에 승복하고 종로 지구당을 맡았다.

매몰차게 공격했던 과거사 때문에 무척 민망했지만 시치미를 뚝 떼고 조직을 인수 받았다. 장차 종로에 복귀할 생각이 있어서 조직을 잘 넘겨주지 않을 것이라고 걱정하는 사람이 많았지만, 이종찬 부총재는 옛날 일을 하나도 따지지 않고 성의껏 조직을 인계하고 당원들을 설득해 주었다. 덕분에 별다른 애로 사항 없이 보궐선거를 잘 치러 낼 수 있었다. 이광재, 안희정, 백원우 등 젊은 참모들이 모두 종로에 와서 조직을 인수하고 선거운동 준비를 했다. 1998년 7월 21일, 다시 국회의원이 되었다. 국회의원 선거 두 번, 부산시장 선거 한 번, 모두 세 번 낙선한 끝에 맛본 10년 만의 승리였다. 이 선거를 치르면서, 그동안 너무 내 논리만 가지고 까다롭게 정치를 해 온 것을 반성했다. 이종찬 씨에 대해서 늘 미안하고 고마운 마음을 가지고 살았다.

종로에는 내로라하는 사람이 많았다. 명망 높은 유명 인사와 재계 거물들이 숱하게 살았다. 부산 동구에는 변호사가 나 혼자뿐이었다. 자문 역으로 공인회계사를 구하려 해도 찾을 수가 없었다. 그런데 종로에는 변호사나 공인회계사 등 전문 지식인이 헤아릴 수 없이 많았다. 대학교수만 2,000여 명이었다. 평창동, 창신동, 동대문 시장 등 사회적 공간도 매우 다양하고 입체적이었다. 종로구를 잘 관리할 수 있는 사람이면 국가를 운영할 수도 있겠다는 생각이 들었다.

종로에는 특별한 지역 민원이나 현안이 없었다. 무슨 문제를 들고 의원회관으로 찾아오는 것은 주로 부산 사람들이었다. 부산은 한나라당이 다 장악하고 있는 데다가 여당 인맥이 별로 없어서 그렇게 된 것이다. 지역구가 서울이 아니라 부산인 것 같은 느낌이 들 정도였다. 객관적으로 보면 '정치 1번지'라는 종로에서 당선된 명예로운 국회의원이면서도 내심으로는 몹시 불편했다. 부산에서 도망쳐 나와 안락한 곳에 피신하고 있는 것 아닌가, 자책감이 들었다. 논리로 따지기 어려운 심리적 부담이었다.

정치 상황도 큰 짐이었다. 정권은 바뀌었지만 정치는 별로 달라진 게 없었다. 이 무렵 한나라당 이회창 총재가 자주 영남 나들이를 했다. 대규모 집회를 열어 김대중 대통령을 강력하게 비난하면서 지역 대결 구도를 증폭시켰다. 국민의 정부가 채택하는 정책은 아무리 좋은 것도 영남에서는 지지를 받지 못했다. 아무 근거도 없는 유언비어와 소문이 밑도 끝도 없이 돌아다녔다. 지역주의를 극복하는 방향으로 가야 하는데 현실은 전혀 그렇지 않았던 것이다. 자꾸만 부산으로 돌아가야 한다는 생각이 들었다. "호남이 다 해 먹는다"며 노골적으로 지역감정을 부추기는 정치인들이 있었다. "영남의 공장을 뜯어 전라도로 옮기고 중장비도 다 호남으로 갔다"는 말을 조직적으로 퍼뜨리는 사람들이 있었다. 나는 거기에 대고 외치고 싶었다. "정치, 그렇게 하지 마십시오. 그렇게 하는 게 아닙니다!"

말이 아니라 행동으로 무엇인가를 보여 주어야 했다. 개인과 정파의 이익을 위해 진실을 왜곡하는 정치와는 다른 것, 자기희생과 헌신을 통해 국가적인 문제를 해결하려고 노력하는 자세가 필요하다고 생각했다. 부산으로 가기로 결심했다. 하지만 내 마음이 그대로 전달된 것은 아니었다. 언론은 무언가 속셈이 있는 정치 행위로 보도했다. 지식인과 언론인들이 정치인의 언행을 있는 그대로 봐 주는 일은 매우 드물다. 어쩔 수 없는 한계인지도 모른다.

17 종로를 떠나다

제16대 총선을 부산에서 출마하겠다는 기자회견을 했다. 1999년 2월 9일, 종로구 보궐선거에서 당선된 지 반년, 총선을 1년 2개월 앞둔 시점이었다. "지역 분열을 더 부추겨서는 안 됩니다. 동서 통합을 위해서 부산 경남 지역으로 갑니다." 이렇게 말하면서 내심 '이익을 위한 정치'와는 다른 '희생의 정치'로 받아들여지기를 희망했다. 그러나 언론 보도는 내 희망과 다른 방향으로 흘렀다. "이종찬 씨에게 지역구를 돌려주기로 밀약", "당내 세력 다툼에서 밀려난 것", "여당 지도부의 동진 정책 전략의 일환"이라는 등 다양한 해석이 나왔다. 그나마 "대권을 향한 노무현의 승부수"라는 기사가 제일 잘 써 준 것이었다. 안타까움을 넘어 좌절감을 느꼈다. 이종찬 씨는 종로 지역구를 되찾으려 하지 않았다. 나도 미리 그와 상의하지 않았다. 선거를 1년 넘게 앞두고 발표한 것은 순전히 한나라당의 영남권 집회 때문이었다. 어차피 부산으로 가기로 마음먹은 것, 한나라당 이회창 총재에게 하루라도 빨리 경고를 하고 싶어서 그 시점을 택했던 것이다.

종로구청 강당에 지구당 당직자와 지역 유지들이 모였다. 참으로 미안한 자리였다. 종로에 국회의원다운 국회의원이 왔다고 좋아한 당원이 많았다. 그런데 6개월도 지나지 않아서 부산으로 간다고 선언을 했으니 얼마나 큰 배신감을 느꼈을까? 나도 슬펐다. 종로는 너무나 좋은 곳이었다. 동네 생김새가 그림 같았다. 롯데호텔에서 바라보는 청와대의 모습도 좋았고, 곳곳에 체육공원과 약수터가 있어서 건강관리와 선거운동을 동시에 할 수 있었다. 마지막 당직 인선을 발표한 다음 조심스럽게 입을 열었다. 정말 미안하다고, 어쩔 수 없이 해야 하는 일이라 하는 것이지 좋아서 하는 일이 아니라고 간곡하게 용서를 청했다. 반쪽 정권을 극복하려면 여당이 꼭 전국 정당이 되어야 한다고 했다. 분위기가 숙연해지더니 마지막에 가서는 사람들이 전부 박수를 쳤다. 왈칵 눈물이 났다. 찔끔이 아니고 펑펑 쏟아졌다. 왜 그리 울었는지 모르겠다.

정균환 사무총장과 조세형 총재 권한대행이 깜짝 놀라며 정말이냐고 물었다. 당에서 경남지부장 자리를 주었다. 나의 부산 경남 지역 활동을 지원하기 위해 동남발전특별위원회(동남특위)도 만들었다. 동남특위를 통해 경남과 부산시의 정책 활동을 시작했다. 성종대, 정윤재, 이호철, 전재수, 이정민, 김남수 씨 등 부산 경남 연고가 있는 모든 참모들이 동남특위 활동과 선거 준비에 역량을 집중했다. 초창기에는 활동도 많았고 분위기도 좋았다. 행사를 해 보면 알 수 있었다. 그런 와중에 검찰총장 부인이 관련된, 나중에 아무 실체가 없는 것으로 재판을 통해 확인되었던 소위 '옷 로비' 사건이 터졌다. 제법 날씨가 더운 계절인데도 '호피 무늬 코트' 때문에 일이 힘들었다. 그래서 중앙당에 가면 농담을 했다. "부산의 물 깊이가 목까지였는데, '옷로 비'가 내리는 바람에 빠져 죽게 생겼다." 걷잡을 수 없는 내리막이었다. 그래서 부산의 중심 서면 로터리에 출마하려던 계획을 바꾸어 지역구 민원이 많은 강서구를 선택했다. 초기에는 효과가 있었다. 지역 발전, 지역 민원 해결 등으로 유권자들의 마음을 샀는데, 나중에 가니 원위치로 되고 말았다. 보수성이 강한 지역일수록 지역감정도 강했던 것이다.

18 자동차 산업 살리기

여당 소속이 되면서 예전에는 배울 수 없는 것들을 보고 배울 수 있었다. 재야와 야당 시절 정치는 주로 투쟁이었다. 민주주의를 위해 독재 권력과 싸웠다. 사회적 약자인 노동자들을 위해 정부와 싸웠다. 야권 통합과 정당 민주화를 위해 분열주의, 기회주의와 투쟁했다. 그런데 여당이 되고 보니 전혀 다른 과제가 주어졌다. 국가와 국민을 위험에서 보호하는 일, 사회적 대립과 갈등을 조정하고 해결하는 일이었다. 특히 법률과 제도가 미비한 상태에서 처음 겪는 갈등이 생겼을 때, 그것을 합리적으로 풀어 나감으로써 새로운 모범을 만드는 일이 매우 중요했다. 그런 경험이 축적되어야 합리적 갈등 조정 시스템과 문화가 자리 잡을 수 있기 때문이다.

초선이었던 13대 국회에서는 조선소와 인연이 많았다. 그런데 15대 국회에 다시 와 보니 자동차 회사들이 문제의 핵심이었다. 첫 번째는 현대자동차였다. IMF가 구조조정을 요구했다. 핵심은 정리해고를 쉽게 할 수 있도록 제도를 바꾸라는 것이었다. 김대중 대통령은 원만하고 협력적인 노사 관계가 생산성 향상과 기업 경쟁력 강화의 필수 조건이라고 판단해 노사정위원회를 만들었다. 그런데 환란과 IMF의 요구 때문에 이 위원회가 정리해고제 도입을 관철하는 통로처럼 되어 버렸다. 그러다 보니 위원회를 열면 싸움만 벌어졌고, 급기야 민주노총이 탈퇴하고 말았다. 1998년 여름 내내 이 문제로 나라가 시끄러웠다. 재계는 정리해고가 인정되지 않으면 한국 기업의 대외 신인도가 떨어져 외자가 빠져나갈 것이라고 주장했다. 민주노총도 주력 사업장인 현대자동차를 포기할 수 없었다.

일단 현장으로 갔다. 전국금속노동조합연맹(금속노련) 지도부도 거기 와 있었다. 그런데 1만 명의 정리해고 대상 중에 8,000명 정도가 이미 나가고 없었다. 당에서는 공권력 투입을 두고 논쟁이 벌어졌는데 반대하는 의견이 우세했다. 나는 정리해고 요건과 절차를 조금 완화하는 선에서 타협을 이루어 보라는 당의 명을 받았다. 이런 정도 작은 양보를 하지 않고는 IMF와 재계의 공세를 막아 내기 어렵다고 설득했다. 그러나 이미 자존심과 명분을 건 싸움으로 번져 있어서 타협이 되지 않았다. 현대자동차 노조는 실리를 취하고 싶어 했지만, 한 발자국이라도 밀리면 패배라고 생각한 금속노련과 민주노총이 물러서지 않았다. 내가 현장에 가자 재계에서는 경계하는 성명을 냈다. 재계와 맞서는 모습을 보여야 노동자들을 설득할 수 있다고 생각해 노동자들에게 좀 더 확실한 실리를 주라고 회사 쪽을 밀어붙였다. 재계에서 난리가 났다. 거기에는 뭐 하러 갔느냐는 원망과 편파적이라는 비난이 쏟아졌다.

결국 현대자동차 사태를 평화적으로 마무리했다. 이기호 노동부 장관이 와서 노동조합의 양보를 얻어 내고 회사를 설득하는 데 도움을 주었다. 솔직히 말해서 내가 한 일은 별로 없었다. 대강대강 흐름만 짚어 갔을 뿐이다. 한국노총 출신인 조성준, 조한천 의원, 민주노총의 이용범, 김명원 씨가 도와주었다. 현대자동차에 취업해 있었던 사람들도 실질적인 정보를 수집하면서 도와주었다.

유난히 가슴 아픈 일이 있었다. 현대자동차 정리해고를 수용할 당시 구내식당 아주머니들이 그 대상이 되었다. 외주를 주려고 이미 계획하던 일이라며 노조도 동의해 주었다. 그 외주는 노조가 받기로 대강 합의했다. 그러자 식당 아주머니들은 제일 힘이 약한 사람들을 이렇게 하느냐고 항변했다. 나중에 현대자동차 경영이 좋아져 많은 노동자들이 복직했지만 구내식당 여성 노동자들은 계속 외주 업체 직원으로 남게 되었다. 2000년 3월이었다. 총선을 눈앞에 두고 밤낮없이 뛰어다니는데, 이 아주머니들이 부산으로 나를 찾아와 복직시켜 내라고 했다. 내게는 그럴 힘이 없었다. 아무리 여당 국회의원이라도 민간 기업을 강제할 수는 없는 시대였다. 아주머니들은 옛날에 약속을 하지 않았느냐고 항의했다. 아무리 생각해 보아도 그런 기억은 나지 않았다.

아주머니들의 면담 요구가 끝이 없었다. 어떻게든 복직을 하고야 말겠다는 강한 욕구와 불만이 뒤엉켜 있었다. 입장을 바꾸어 생각해 보면 억울할 만도 한 일이었다. 그들은 몇 년 동안 투쟁했지만 끝내 소망을 이루지 못했다. 300명 가까운 현대자동차 구내식당 여성 노동자들의 억울한 사연과 끈질긴 투쟁은 나중 〈밥. 꽃. 양〉이라는 기록영화로 만들어져 그 시대를 증언하는 기록으로 남았다. 그렇지만 당시 나로서는 어떻게 해 줄 방법이 없었다. 그래도 스무 명 정도가 자꾸 찾아왔고 나중에는 선거사무소 앞에 확성기를 내놓고 구호를 외쳤다. 슬펐다. 처음에는 짜증이 났고, 점차 노여워지더니, 나중엔 슬퍼졌다. 무력감과 막막함이 뒤섞인, 그런 슬픔이었다. 권력을 잡아도 해결하지 못하는 문제가 너무 많았다.

삼성자동차도 문제였다. 정부가 삼성차를 대우차에 넘기는 빅딜 방안을 발표했다. 삼성차는 곧바로 생산을 중단했다. 삼성차 직원들뿐만 아니라 협력 업체와 협력 업체의 협력 업체까지 온통 난리가 났다. 부산에는 호남 정권이 부산 경제를 죽이려고 삼성차 문을 닫게 했다는 악성 유언비어가 파다하게 돌았다. '삼성차 살리기 시민운동본부'가 만들어졌다. 부산 시민들은 빅딜을 하지 말고 삼성차가 돌아가게 해 달라고 주문했지만 경영진은 도저히 불가능하다고 했다. 우여곡절 끝에 빅딜까지는 수용하도록 시민 단체를 설득했다. 그런데 이번에는 대우그룹 분식회계 실상이 터져 나왔다. 삼성차는 다시 표류하게 되었다.

어쩔 도리가 없어 주저앉아 있는데 르노 이야기가 나왔다. 부산 경제를 위해 일단 공장을 돌리게 했다. 삼성 이건희 회장이 큰돈을 물어내기로 채권은행단에 약속을 했고 회사 채무 규모도 대우에 비하면 별것 아니었다. 마침 삼성이 부산시에 정산 받을 돈이 200억 원 정도 있었다. 정산만 빨리 되면 삼성차를 돌릴 수 있다고 해서 백방으로 애를 썼다. 일단 두 달 정도를 시한으로 임시 가동을 시켜 놓고 산업자원부, 감독원, 채권은행단 관계자들을 만나 르노 인수 문제로 대화를 해 보니 숨이 막혔다. 아무도 자기 일로 생각하지 않았다. 말썽이 날 위험이 있는 일은 무조건 피하려고 했다. 무사안일주의를 말로만 들었는데 보통 심각한 문제가 아니었다. 임시 가동 축하 집회에 갔더니 한나라당 국회의원들이 모여 "부산 경제를 죽이려고 빅딜을 시켰다"며 대통령 욕을 하고 있었다. "니가 인수해라!" 이 말이 목구멍까지 올라왔지만 하지는 않았다. 나도 야당을 했지만, 그렇게까지는 하지 않았다.

나종일 교수가 소개해 준 사람을 만났다. 르노 경영진이 한국 정부 관계자들을 만나 보았는데 확실한 의지를 가진 사람이 아무도 없어서 진도를 나가지 않는다고 했다. 김대중 대통령을 찾아가 상황을 말씀드렸다. 김 대통령은 유럽 순방 때 프랑스 총리를 만나 르노의 삼성차 인수 협조를 요청했다. 경제수석이 대통령의 명을 받아 열심히 뛰었다. 그렇게 해서 협상이 이루어졌지만 걱정이 하나 있었다. 공짜로 준다고 해도 가져갈 사람이 없는데, 정작 팔고 나면 반드시 헐값 시비가 나올 것이었다. 나는 국회의원 선거운동을 잠시 중단하고 김대중 대통령을 찾아가 "1원에 팔아야 한다"는 의견을 말씀드렸다. 그리고 시민 단체로 하여금 성명서를 발표하게 하여 부산의 야당 의원들을 움직였다. 결국 한나라당이 삼성차를 '국부유출론' 대상에서 제외함으로써 겨우 매듭이 지어졌다.

르노의 삼성차 인수 과정에 대통령이 개입하는 것을 관치 경제라고 비난하는 목소리도 있었다. 엄밀하게 따지면 그렇게 볼 수도 있다. 하시만 어느 나라든 국가원수가 세일즈를 한다. 프랑스 총리가 나선 것도 관치 경제라면 관치 경제다. 그 개입이 합리적인지 부당한지를 따져야지 획일적으로 판단할 문제는 아닌 것이다. '삼성자동차 유치'로 시작된 부산의 시민운동은 '삼성차 살리기 운동'과 '제3자 인수 반대운동'을 거쳐 르노 인수를 수용하기까지 많은 논쟁과 갈등을 겪었다. 그러나 야당의 '국부유출론'을 방어하면서 삼성차 인수를 매듭짓고 회사를 정상화하기까지 시민 단체는 중요한 역할을 했다. 전략적으로 잘 다듬기만 하면 앞으로 시민운동이 국가 운영에서 더 크고 중요한 역할을 하게 될 것이라는 생각을 하게 되었다.

가장 오래 끈 것은 대우자동차였다. 이 문제는 내가 해양수산부 장관직을 마치고 당으로 돌아온 2001년도에도 여전히 해결되지 않은 채 남아 있었다. 대우차는 '헐값 매물'로 시장에 나온 지 이미 오래된 터라 인수할 의향이 있는 기업들 입장에서는 서두를 것이 없었다. 게다가 주인을 잃은 회사라 누구도 결단을 내리지 못하는 상태였다. 당에는 대우차 문제 해결을 위한 특별위원회가 만들어져 있었다. 특위 위원들이 삼성자동차 사례를 듣고 싶다고 해서 조찬 간담회를 했다. 의사 결정에 직접 개입하기 어려우면 주변 환경을 만들어 주는 데 집중해야 한다고 말해주었다. 인천 출신인 송영길 의원이 노동조합과 인천 시민 단체들을 설득하면서 열심히 뛰고 있었다. 삼성차 사례를 발표해 달라고 해서 현장에 갔다.

노동조합원들이 정문을 막았다. 사례 발표 후 면담을 하자고 했다. 행사를 마친 다음 조합에 가서 간부들과 이야기를 나누었다. 그때 어떤 조합원이 계란을 던졌다. 망신을 당한 셈이었지만 서운하지는 않았다. 기자들이 소감을 묻기에 이런 취지로 대답했다. "얼마나 절박하면 그렇게 했겠습니까. 그 사람들 심정을 이해합니다." 그런데 뜻밖에도 내가 노조 편만 든다고 불편하게 생각했던 사람들이 그 장면을 보고 생각을 달리하게 되었다는 말을 들었다. 그 말을 들으니 서글퍼졌다. 꼭 그렇게 편을 갈라야 할까? 노동자에게 계란 맞았다고 나를 좋게 보기보다는 던진 사람의 절박한 심정을 한 번이라도 생각해 줄 수는 없는 것일까? 그런 생각이 들었다.

대우자동차는 GM이 인수를 했다. 인천 지역 신문들의 인터뷰 요청이 몰려왔다. 대우차판매(주)에서 광고 모델을 해 달라고 해서 돈 한 푼 안 들이고 내 광고도 하게 되었는데, 모델료를 받지 않았다고 인사도 많이 들었다. 심지어 『조선일보』에도 호감 가는 얼굴 사진으로 전면 광고가 실렸다. "대우차가 살면 우리 경제의 앞이 보인다." 라디오 스팟 광고에도 출연했다. 인천 지역 여론조사에서 지지율이 껑충 뛰었다.

19 네 번째 낙선, 노사모의 탄생

2000년 1월 새정치국민회의는 개혁 정당으로서 정체성을 부각시키고 전국 정당으로 발돋움하기 위해 새로운 인재를 영입하면서 새천년민주당으로 당명을 바꾸었다. 이인제 씨가 이때 민주당으로 들어와 중앙선거대책위원장을 맡았다. 나는 4월 13일 제16대 국회의원 선거에서 한나라당 허태열 후보에게 큰 표차로 졌다. 부산 북강서 을 선거구였다. 정치를 시작한 후 여섯 번 나가서 네 번 떨어진 것이다. 부산에서만 세 번째였다. 역시 안 되는구나. 이제 또 어떻게 살아야 하나. 앞이 막막했다. 선거사무소에 들러 눈물 흘리는 지지자들을 위로했다. 개표가 진행되는 동안 읽던 책을 마저 읽었다. 『월간조선』 2000년 4월호 별책 부록, 「세계를 감동시킨 위대한 연설들」이었다.

나는 백범 김구 선생을 존경했다. 김구 선생은 민족의 해방과 통합을 위해 목숨을 빼앗기는 순간까지 뜻을 꺾지 않았다. 그러나 그는 현실의 권력투쟁에서 패배했다. 이런 의문이 들었다. 우리 현대사의 존경 받는 위인은 왜 패배자뿐인가? 우리 역사는 정의가 패배해 온 역사라는 말인가? 정의가 패배하는 역사를 반복하면서, 아이들에게 옳은 길을 가라고 말하는 것이 얼마나 공허한 일인가? 나는 남북전쟁 종식을 눈앞에 두고 했던 링컨 대통령의 두 번째 취임 연설문을 읽으면서 '정의를 내세워 승리한 사람'을 발견했다. 링컨은 선거에서 숱하게 떨어졌다. 대통령 재임 중에는 누구보다도 격렬한 비난을 받았다. 노예제 폐지론자와 노예 소유자들이 모두 그를 공격했다. 인기도 없었다. 그러나 링컨은 내전에서 패한 남부를 적으로 몰아세우지 않았다. 남과 북을 선과 악으로 갈라 치지도 않았다. 승리니 패배니 하는 말도 쓰지 않았다. 정의와 평화, 연방의 통합을 위해 누구에게도 원한을 품지 말자고, 모든 이를 사랑하자고 호소했다. 그렇게 함으로써 그는 노예제 폐지와 연방의 통합, 둘 모두를 이루었다.

링컨의 연설문을 읽으면서 새로운 깨달음과 위안을 얻었다. 역사를 보면 정치인들이 집단적 불신과 적대감을 부추기는 곳에서는 언제나 불행한 일이 생겼다. 나는 지역 분열주의를 극복하고 국민 통합을 추구하겠다는 목표에 도전했다가 실패했을 뿐이다. 상대 후보와 싸우지 않았으며 부산 시민과 싸우지도 않았다. 이렇게 생각하면서 마음을 달랬다. 앞으로 존경하는 인물이 누구인지 물으면 링컨 대통령이라고 대답하기로 결심했다. 링컨 대통령은 정의가 승리한다는 것을 보여 준 겸손한 지도자였다.

쓰라린 마음을 다독이며 잠이 들었다. 그런데 다음 날 아침 눈을 뜨니 상상하지 못했던 일들이 나를 기다리고 있었다. 수많은 시민들이 내 홈페이지 〈노하우〉를 찾아와 밤새 울분에 찬 글을 소나기처럼 쏟아 놓았다. 언론의 인터뷰 요청이 밀물처럼 들어왔다. 어떤 당선자도 그렇게 뜨거운 언론의 관심을 받지 못했다. 인터넷에는 부산 시민을 원망하고 비난하는 글이 많았고, 기자들도 부산 시민이 원망스럽지 않으냐고 물었다. 나는 홈페이지에 감사의 글을 올리면서 부산 시민들을 비난하지 말 것을 부탁했다. "이 아픔을 잊는 데는 시간이 약이겠지요. 또 털고 일어나야지요. 농부가 밭을 탓할 수 있겠습니까?" 하루 앞도 내다보지 못하는 것이 인생이라더니, 그렇게 또 새로운 날들을 맞이했다.

인터넷 세상에서 나는 '바보 노무현'이 되었다. 유리한 종로를 버리고 또 부산으로 가서 떨어진 미련한 사람. '바보 노무현'은 '청문회 스타' 이래 사람들이 붙여 주었던 여러 별명 중에서 제일 마음에 들었다. 나는 바보가 아니다. 내가 바보라고 생각한 적도 없다. 다만 눈앞의 이익보다는 멀리 볼 때 가치 있는 것을 선택했을 뿐이다. 당장은 손해가 되는 일이 멀리 보면 이익이 될 수가 있다. 정치하는 사람들이 모두 '바보처럼' 살면 나라가 잘될 것이다.

'바보 노무현'을 좋아하게 된 사람들이 모임을 만들었다. 총선에서 진 날 밤, 〈노하우〉 홈페이지에 글 잔치가 벌어졌을 때 누가 제안을 했다. "우리 따로 모이자!" 2000년 6월 6일 대전대학교 앞 조그만 PC방에 60명이 모였다. 여기서 '노무현을 사랑하는 사람들의 모임', 노사모 창립총회를 했다. 학생, 가정주부, 아이들을 데리고 온 40대 직장인들까지 있었다고 한다. '광날모'라는 모임도 있었다. 여름에 부산 광안리 해수욕장에서 날을 새는 모임이라고 했다. 초대를 받아 가 보니 선거 자원봉사를 해 준 분들도 더러 있었다. 여고생이 하나 있어서 그 부모에게 미안한 마음이 들었던 기억이 난다. 대학에 무난히 들어갔다고 해서 안심을 했는데, 대학에서 또 나를 지지하는 모임을 만든다는 이야기를 들었다. 영화배우 명계남 씨와 문성근 씨, 시인 노혜경 씨도 노사모에서 알게 되었다. 노사모는 나를 불러 놓고 질문도 하고 짓궂은 요구도 하면서 행사를 진행하곤 했는데, 서투르고 어색했지만 모두들 웃고 떠들면서 즐거워했다.

노무현을 대통령 만드는 것이 노사모의 목표라고 했다. 여기서 만난 사람들은 그동안 정치권에서 한 번도 본 적이 없는 시민들이었다. 회원이 몇 천 명 수준으로 늘어나면서 노사모는 정말 큰 힘이 되었다. 거대 보수 언론과 싸울 때 이 사람들이 종횡무진 인터넷을 누비면서 사이버 여론을 만들어 나갔다. 소액이지만 여러 사람이 후원금을 보내 주었다. 모임을 하면 십시일반 돈을 걷어서 스스로 모든 비용을 치렀다. 늘 돈에 쪼들리던 나에게는 구세주나 다름없었다.

그런데 이 사람들은 욕하는 싸움에는 끼어들지 않았다. 매

우 냉정한 태도로 차분하게 논쟁했다. 상대방이 아무리 욕을 해도 예의 바르게 대응했다. 1999년 7월 1일 인터넷에 정치인 가상 주식을 거래하는 포스닥이 문을 열었다. 노사모가 개미 투자자로 열심히 참여한 덕에 내 주가가 올라 오랫동안 1위를 했다. 고마웠지만 또 그만큼 미안했다. 노사모는 내가 지방에 출장을 가면 톨게이트 입구까지 현수막을 들고 마중을 나왔다. 대여섯 명이 옹기종기 서투르게 서서 기다리는 것이 남들에게는 초라했겠지만 내게는 더없이 화려해 보였다. 많이 나오지 못해 미안하다고 했다. 그런데 나는 그 사람들 이름을 몰랐다. 다른 자리에서 또 만나도 기억하지 못했다. 그때마다 죄인이 되는 느낌이 들었다.

네티즌들이 '번개'라는 것을 한다는 것도 노사모 덕에 알았다. 한번은 광주를 갔는데 하필 그날이 생일이었다. 커피숍에서 사람을 만나고 막 일어서는 참인데 사람들이 헐레벌떡 달려왔다. 누군가 '번개를 쳐서' 급하게 넥타이 선물과 케이크를 준비해서 왔다는 것이다. 자기네들끼리는 인터넷 게시판 공지나 문자 메시지를 주고받으면서 바로 모이는 데 익숙한 것 같았지만, 나는 이 모든 일이 신기했다.

노사모 회원들은 뚜렷한 지향을 가지고 있었다. 그들은 내가 부산에서 낙선한 것이 지역주의 때문이라고 생각했다. 그래서인지 무슨 구호를 내걸 때는 '동서 화합'이라는 말을 꼭 넣었다. 기분이 좋으면서도 착잡했다. 나는 변호사로서 국회의원으로서 늘 블루칼라 노동자들을 도우려고 노력했다. 그런데 노사모는 30대 회사원이 많았고 학력도 전반적으로 높은 편이었으며 사는 형편도 나쁘지 않았다. 자기네를 위해서 무엇을 해 주었거나 해 주기를 바라는 마음에서 나를 지지한 게 아니었다. 그들은 원칙, 진실, 정의, 그런 보편적 가치를 지지한 것이다.

노사모는 신문 방송이 아니라 인터넷 뉴미디어를 활용했다. 반칙과 권위주의를 싫어했고 상식과 원칙을 중시했다. 돈이 많은 사람도 있었다. 어떤 회원은 노사모에 골프 동호회를 만들어 나와 함께 라운딩 하는 것을 평생소원으로 여겼는데, 동호회 승인에 필요한 회원들의 지지를 얻지 못해 끝내 좌절하고 말았다. 노사모는 창의적 아이디어로 큰 기업을 만들고서도 전셋집에 그대로 산다는 안철수 박사를 존경했다. 수천억 원의 자산을 가지고도 손수 운전을 하는 게임 회사 사장을 좋아했다. 노사모의 문화를 보면서 대한민국에 새로운 주류가 형성되고 있는 것이 아닌가 하는 느낌을 받았다. 그들은 문화계, 법조계, 학계 등 여러 분야에서 나를 지지하는 모임을 만들었다.

노사모는 좌절감에 빠졌던 나에게 용기를 주었다. 내가 도와 달라고 하지도 않았는데 시민들 스스로 노무현을 지지하는 조직을 만들어 활동하면서 조금도 생색을 내지 않았다. 그런 사람들의 성원을 받는 것은 행복한 특권이었다. 2001년 5월 기자간담회에서 차기 대통령 선거에 나갈 뜻을 밝혔을 때 내가 마음으로 기댄 것은 바로 노사모의 성원이었다. 걱정이 없지는 않았다. 팬클럽 수준을 넘어 전업을 하다시피 뛰어든 청년들이 있었다. 몇 달씩 휴직하거나 고시 공부를 중단하고 자원봉사를 하는 경우도 있었다. 심지어는 선거를 돕기 위해 사표를 내고 선거가 끝난 다음 다른 직장을 구한 사람까지 있었다. 모두 남의 자식들이라 무척 신경이 쓰였다.

자기 앞길 닦는 데 열심인 내 아이들에 대해 은근히 불만이 생겼다. 아이들은 아버지의 길에 끌려 들어가는 것을 원하지 않았다. 드러내서 말하지는 않았지만 아버지가 뭐라고 하건 자기 갈 길을 간다는 뜻이 역력했다. 자기들이 아버지 처지를 이해하고 있으니까 아버지도 자기들을 이해해 달라는 것이었다. 그러면서도 선거를 할 때는 나름대로 열심히 도왔다. 나를 닮아 성격이 활달한 정연은 주로 거리 유세에 참가했고 아내를 닮아 차분한 건호는 선거사무소 내부 업무를 도왔다. 그것만 해도 고마운 일이었다. 그 아이들도 자기의 인생이 있고 자기의 길이 있고 그 길을 가는 것이 맞다. 아버지 때문에 그것을 바꾸는 것이 좋은 일은 아니다. 실제로 아이들은 자기의 길을 갔다. 하지만 나를 위해 많은 것을 희생하는 자원봉사자들을 볼 때마다 미안한 수준을 넘어 큰 부담을 느끼게 되는 것은 어쩔 수 없었다. 너무 많은 사람들에게 신세를 지는 것이 겁이 났다. 그들이 바라는 것을 이루지 못하면 어쩌나, 두려움이 생겼다.

노사모는 민주당 국민경선 승리의 주역이었고, 대선 승리의 견인차가 되었다. 대통령을 하면서 국민들의 신임을 잃었을 때도 변함없이 나를 지켜 주었다. 봉하마을 생태 농업과 숲 가꾸기, 장군차 심기와 화포천 청소를 할 때는 자원봉사자로 함께했다. 심지어는 나의 잘못과 흠결이 드러났을 때에도 나를 버리지 않았다. 노사모는 내가 검찰에 소환되어 봉하 집을 나설 때 버스 앞에 노란 국화 꽃잎을 뿌려 주었다. 피의자로 조사를 받은 그 긴 시간 내내 검찰청사 앞에서 노란 풍선을 들고 기다려 주었다. 노무현을 버리라고 간곡하게 부탁했지만, 끝내 내 말을 듣지 않았다. 그들은 내 말에 따라 행동하지 않았다. 처음부터 끝까지 자기네가 옳다고 생각하는 대로 말하고 행동했다. 그것이 노사모였다.

20 해양수산부 장관

2000년 8월 7일 해양수산부 장관 발령을 받았다. 김대중 대통령에게 나는, 적잖이 거북하지만 또한 무척 안쓰러운 동지였을 것이다. 당이 달랐을 때 심하게 비판한 적이 있었다. 총재로 모시고 당을 함께하면서도 거칠게 치받은 경우가 왕왕 있었다. 그러나 당의 이름을 걸고 부산에 출마해 거듭 떨어지는 것을 보면서 김대중 대통령은 나를 기특하게 생각했던 것 같다. 그래서 장관을 시킨 것 아닌가 싶다. 2001년 3월 26일 퇴임했으니, 8개월도 채 되지 않는 짧은 시간이었다. 하지만 늘 혼자 정치를 한 것이나 다름없던 내게는 말할 수 없이 큰 축복이었다. 해양수산부라는 정부 조직의 수장으로서, 대한민국 국무위원으로서, 나는 국정 운영 전반을 보고 배울 기회를 얻었다. 대통령이 되고 나서 이해찬, 한명숙, 정동영, 김근태, 정세균, 이상수, 이재정, 김두관, 천정배, 정동채, 유시민 등 많은 정치인을 국무총리와 장관으로 기용했다. 모두들 능력 있는 사람들이기도 했지만, 국정 운영 전반을 경험하고 공부하는 기회를 가지는 것이 정치 지도자가 되려는 사람에게는 매우 중요하다고 생각해서 그렇게 한 것이다.

사람은 누구나 경험하면서 배운다. 나도 예외가 아니다. 정치를 하면서 중요하다고 생각했던 원칙들을 해양수산부 운영에 적용해 보았다. 성공하기도 하고 실패하기도 했다. 애초 세웠던 원칙을 보완하기도 했고 수정하기도 했다. 대통령으로서 청와대와 정부를 운영할 때는 해양수산부 장관으로 일하면서 얻었던 경험과 교훈을 적극 활용했다. 장관으로서 경험하고 느낀 것들을 정리해 대통령 선거전이 한창이던 2002년 10월 『노무현의 리더십 이야기』라는 책으로 발간했다. 나도 함께 기획하고 토론하면서 만들었다. 실제로 책을 쓴 사람은 장관 비서실에서 일했던 황종우 사무관과 정책자문위원으로 나를 도왔던 배기찬 박사였다.

어려운 일이 많았다. 취임하자마자 맞닥뜨린 것이 해양수산부와 해양경찰청 이전 문제였다. 부산 시민들은 부산 출신 장관이 취임했으니 이전 논의가 있던 해양수산부가 부산으로 내려올 것이라고 기대했다. 게다가 부산 국회의원들이 해양경찰청 부산 이전을 추진했다. 그들은 모두 한나라당 소속이었다. 인천에 있던 해양경찰청은 본청 건물이 낡아 신축 계획을 세우고 기획예산처의 타당성 심사까지 마쳤다. 인천으로 할 것인지 대전으로 옮길 것인지 논란을 벌이는 중이었다. 여기에 부산 국회의원과 시민 단체가 뛰어든 것이다. 결국 해양수산부 부산 이전은 없던 일로 결정했다. 해양경찰청도 송도 신도시에 신축하게 되었다. 여러 차례 텔레비전 토론도 하고 시민 단체들과 논쟁도 했다. 장관이 부산 출신이라고 해서 타당성이 없는 일을 밀어붙일 수는 없는 노릇이었다.

이 과정에서 관료 조직의 문제점을 있는 그대로 목격했다. 원래 해양경찰청 입장은 대전 이전이었다. 해양경찰청 직원들이 압도적으로 대전을 선호한다는 여론조사도 있었다. 그런데 해양경찰청장이 바뀌자 말이 완전히 달라졌다. 직원들이 대부분 인천에 남기를 바란다는 것이었다. 경위를 알아보니, 예전 청장이 강압적으로 그런 분위기를 만들었던 것이다. 이런 것이 우리 정치와 행정의 현실이다. 말로는 효율성, 합리성, 타당성을 앞세우지만 실제로는 공무원들이 자율성과 책임성을 잃고 권력을 가진 상전의 취향에 맞추어 진실을 왜곡하고 거짓 논리를 만드는 것이다.

장관으로 일하는 동안 이런 풍토를 바로잡으려고 무진 애를 썼다. 무엇보다 먼저 공무원들을 믿으려고 노력했다. 공무원들이 합리적 판단을 할 수 있고 그 판단에 따라 자율적으로 일을 처리할 수 있다고 믿으면서 일을 시작했다. 장관 발령을 받자 여기저기서 축하 전화가 왔다. 친한 동창생이 전화를 걸어 충고했다. "공무원들이 장관 하나 길들이는 데 서너 달이면 충분하다고 하던데, 조심해라." 이런 경고는 경고대로 접수하면서도 편견을 버리고 공무원을 만났다. 이유는 단순했다. 의심 많은 리더는 조직을 제대로 이끌 수 없다. 나중에 속는 한이 있더라도 일단 믿고 일해야 한다. 돌이켜 보면 바른 판단이었다. 대통령을 할 때도 그렇게 했다.

굵직한 현안들이 제법 많았다. 부산 신항만 민자 개발 사업이 표류하고 있었다. 사업자에게 적정 수익률을 보장하는 데 필요한 정부 지원금 규모를 합의하지 못한 탓이었다. 사업이 지연되면 엄청난 국가적 손실이 발생할 것이 자명한데도, 공무원들은 조족지혈에 불과한 잠재적 정부 부담 때문에 감사원의 지적을 받을까 두려워 줄다리기만 하고 있었다. 중국산 납꽃게 사건으로 수입 수산물 안전성에 대한 국민의 불신이 하늘을 찌른 사건도 있었다. 검사 시스템 개선과 인원 장비 보강 없이는 해결하기 어려운 문제였다. 수협 부문에서 1조 원 가까운 규모의 부실이 터져 나와 고객들이 대규모로 예금을 빼내는 상황이었다. 그런데도 재정경제부와 해양수산부는 신용 사업 분리 여부를 둘러싼 다툼을 벌이느라 고객의 신뢰를 회복하는 데 필요한 공적 자금을 투입하지 못하고 있었다. 소형기선의 저인망 어업을 법으로 금지했지만 무려 4,000척, 1만 2,000명의 어업인들이 어자원 고갈을 부르는 불법 어업을 계속하면서 정부에 대항했다. 어민들 스스로 남획을 자제하고 어자원을 관리하는 자율관리형 어업이 유효한 대안이었지만, 정부와 어민들은 불법 어로 단속을 둘러싼 길고 지루한 싸움에 빠져 있었다.

나는 공무원들의 협력을 받아 이 문제들을 해결했다. 우여곡절이 많았지만 장관이 모든 책임을 지기로 하고 공무원들이 제안한 대책들 가운데 합리적인 것을 채택하고 관철했다. 부산 신항만 민자 사업은 사업자와 정부가 합의해 2000년 12월에 기공식을 했다. 납꽃게 문제는 전량 검사를 해서 국민의 불안을 가라앉히면서 선별 검사 시스템을 개선하고 인력과 장비를 보강했다. 수협은 신용 사업을 독립 법인으로 분리하지는 않되 독립적으로 운영할 수 있는 체제를 만들고, 1조 2,000억 원의 공적 자금을 투입해 정상화시켰다. 불법 저인망 어업은 어민들과의 대화를 통해 점진적으로 자율관리형 어업으로 바꿔 나가도록 했다. 이 문제들에 대처하는 과정에서 공무원들과 즐겁고 유익한 경험을 나누었다.

해양수산부 장관으로서 일을 얼마나 잘했는지는 모르겠다. 그러나 한 가지 분명한 것은 국가기관을 운영할 때 꼭 따라야 할 기본 원리를 여기서 시험해 보았고 결과가 그리 나쁘지 않았다는 점이다. 나중 대통령이 되었을 때 내세웠던 국정 운영의 기본 원칙들을 나는 해양수산부에서 다듬었다. 자율과 분권, 투명과 공정, 부단한 학습과 지식의 공유 같은 것들이었다.

권력의 정상에서

3부

1 『조선일보』 인터뷰를 거부하다

2002년 제16대 대통령 선거는 분열주의와 기회주의, 특권과 반칙에 대한 투쟁이었다. 적어도 내게는 그랬다. 2001년 1월 11일 김대중 대통령이 연두 기자회견에서 언론 개혁의 필요성을 이야기한 이후, 국세청이 모든 중앙 언론사에 대해 그동안 미루어 왔던 정기 세무조사를 시작했다. 『조선일보』, 『중앙일보』, 『동아일보』와 한나라당은 이것을 언론 탄압으로 규정하면서 거센 비난을 퍼부었다. 나는 자의 반 타의 반 이 싸움에 뛰어들었다. 어쩌면 필연적이었는지도 모른다.

2001년 2월 6일 해양수산부 출입 기자들과 오찬 간담회를 했다. 기자들이 해양수산부 정책뿐만 아니라 시국 현안에 대해서도 질문했다. 언론사 세무조사 문제가 나왔다. 질문과 답변이 오가다 즉석 토론으로 번졌다. 나는 평소 생각을 있는 그대로 말했다. 이틀 후 내 발언에 대한 보도가 나왔다. "언론과의 전쟁 선포를 불사할 때가 왔다." '조중동'만이 아니었다. 주요 신문사들이 모두 나를 비판하는 사설을 실었다. 비난이 융단폭격처럼 쏟아졌다.

그 말을 한 것은 사실이었다. 한나라당 이회창 총재가 언론사 세무조사 중단을 요구한 것을 비판하다가 그 말을 했다. 나중에 한국방송 사장이 되었던 『한겨레신문』 정연주 논설위원이 족벌 신문 사주의 횡포를 비판하면서 '조폭 언론'이라는 용어를 썼다. 맞는 말이었다. 언론사가 사회의 보편적인 공론을 형성하는 일을 도외시하면서, 자기 마음에 들지 않는 사람에게는 몰매를 내리치는 현실을 나는 크게 우려했다. 그들은 자기네들 앞에서 굽실거리지 않는 사람은 어떻게 해서라도 망신을 주고 뜨거운 맛을 보여 주려 했다.

“언론과 잘 지내라.” “언론인을 포섭해라.” 정치를 하면서 이 말을 수도 없이 들었다. 그때마다 말로 표현할 수 없는 모멸감을 느꼈다. 그러면서도 언론의 공격이 두려워 소신을 감추고 할 말을 하지 못한 적이 많았다. 눈치를 보면서 살아가는 내 자신이 부끄러웠다. 내심 대통령 선거 출마를 검토하고 있던 정치인으로서 거대 신문의 집중포화를 받는 것이 무섭고 겁이 나기는 했다. 그러나 내 말이 언론에 보도된 것을 보니, 나중에야 어떻게 되든 일단 속은 시원했다.

『조선일보』는 대통령 선거가 이회창과 이인제의 대결로 가는 것을 기정사실화하는 기사를 자꾸 실었다. 나는 『조선일보』가 ‘이회창 대통령 만들기’를 하는 것으로 간주하고 그 신문과 싸우기로 결심했다. “조폭 언론과의 전쟁 불사” 발언 보도가 나가고 50일 후에 해양수산부 장관을 퇴임했다. 민주당으로 돌아온 뒤 본격적인 싸움을 시작했다. 2001년 6월 7일 『미디어 오늘』 이영태 기자와 인터뷰하면서 나는 말했다. “수구 세력의 선봉에 『조선일보』가 있다. 『조선일보』는 독재 권력과의 야합으로 부정과 특혜를 쌓아 올린 기득권 세력이며 언론 시장에서 부당한 과실을 누리고 있다. 『조선일보』는 민주당의 정권 재창출을 절대 용납할 수 없다며 『조선일보』식 정치 구도를 만들고 있다. 내가 『조선일보』를 상대로 버거운 싸움을 하는 것은 개혁 세력 방어를 위한 전략이며 몸부림이다.”

민주당이 전국을 다니면서 국정 홍보 대회를 열었다. 나는 가는 곳마다 연설했다. "『조선일보』는 친일 반민족 신문이고 민주 세력을 탄압한 반민주 신문이며 법으로 하도록 되어 있는 세무조사도 받지 않겠다고 버티는 비리·특권 신문이다." 9월 12일에는 개인 성명을 냈다. "『조선일보』는 '이회창 기관지'이며 『조선일보』와 이회창 총재가 똑같은 수구·냉전·특권 세력이다." 그때마다 『조선일보』의 공격을 받았지만 개의치 않았다. 2001년 가을부터 『조선일보』는 민주당 경선 후보 릴레이 인터뷰를 실었다. 모든 경선 후보가 다 나왔지만 노무현은 거기 없었다. 나는 11월 13일 홈페이지에 공지를 올려 『조선일보』가 인터뷰 요청을 했지만 거절했다고 밝혔다. 『조선일보』의 권위를 높여 주는 어떤 일도 하고 싶지 않았다. 『조선일보』의 장사거리가 되고 싶지도 않았다. 기기묘묘한 편파·왜곡 보도로 정부와 민주당에 끊임없이 상처를 입히는 신문과 협력하는 일은 할 수 없었다.

2 광주의 기적

2001년 정치권을 지배한 것은 '대세론'이었다. 김대중 대통령의 국정 수행 지지도가 바닥으로 가라앉은 가운데 국민 여론은 한나라당 이회창 총재에게 쏠렸다. 소위 '이회창 대세론'이다. 이회창 총재는 이미 대통령이 다 된 것처럼 행동했다. 집권 민주당은 '이인제 대세론'이 지배했다. 그는 모든 여론조사에서 이회창 씨에게 뒤졌다. 그러나 민주당 예비 후보들 가운데서는 압도적으로 높은 지지를 받았다.

나는 이회창 씨를 분열주의의 상징으로 간주했다. 맹목적인 반김대중 정서와 영남 지역주의 선동을 핵심으로 삼은 그의 선거 전략을 좌시할 수 없었다. 그가 대통령이 되면 대한민국이 더욱 회복하기 어려운 동서 분열의 덫에 걸려들 것이라고 판단했다. 나는 또한 이인제 씨를 기회주의의 화신으로 간주했다. 그는 3당합당을 적극 지지하면서 김영삼 대통령을 따라 민자당에 가서 노동부 장관을 하고 경기도지사도 했다. 1997년에는 한나라당 경선에 참여해 이회창 씨에게 지고서도, 이회창 후보가 아들 병역 문제 등으로 인기가 떨어지자 '경선 불복'을 하고 '국민신당' 후보로 출마해 3위를 했다. 그런 다음에는 야당을 하지 않고 여당인 민주당에 들어와 대통령 후보가 되려고 했다. 이런 사람이 민주당 대통령 후보가 되고 대통령이 되면, 대한민국은 더 이상 원칙과 상식을 입에 올리기 어려운 사회가 될 것 같았다. 나는 '이회창 대세론'에도 '이인제 대세론'에도 도저히 승복할 수 없었다. 이러한 위기의식과 분노를 안고 민주당 대통령 후보 경선에 참여할 준비를 했다.

2001년 가을 민주당에서 정동영 의원을 비롯한 개혁 성향 소장파가 동교동계를 공격하는 정풍운동을 일으켰다. 김대중 대통령이 민주당 총재직을 사임했다. 바람직하지 않다고 생각했지만 어쩔 수 없는 사태였다. 나는 정풍운동에 관여하지 않았다. 민주당은 혁신할 필요가 있었지만 당의 주류를 공격하는 것은 좋은 방법이 아니라고 보았다. 대통령 후보를 선출해 새로운 리더십을 형성하면서 자연스럽게 당을 혁신하는 것이 좋다고 판단했다. 더구나 나는 영남 출신이어서 함부로 동교동계 비판에 가담했다가는 민주당 안에서 지역 갈등을 야기할 위험이 있었다.

지방자치실무연구소는 1998년 자치경영연구원으로 이름을 바꾸었고 내가 해양수산부에 있던 시절 여의도 금강빌딩에 입주했다. 2001년 해양수산부를 나온 이후 이곳이 사실상 대통령 선거를 준비하는 선거사무소가 되었다. 연구소 정책 역량을 강화하려 했지만 쉽지 않았다. 이충렬, 박재신, 배기찬, 나소열 씨 등으로 단출한 정책팀을 만들었다. 2002년 들어서야 정태인, 유시민 씨와 유종일 박사 등이 본격적으로 자원봉사를 나오기 시작했다. 천호선, 김윤식, 황이수 씨가 인터넷 선거 준비를 맡았다. 염동연 의원이 연구원 사무총장직을 맡아 이강철, 김동수 씨 등과 함께 민주당 당원과 대의원들의 지지를 얻기 위한 활동을 벌였다. 밖에서는 노사모와 부산상고 동문회 등의 비정치조직이 스스로 자금을 모아 움직였다. 최영, 여택수, 문용욱 씨가 나를 수행했고 안희정, 이광재 씨가 선거 준비를 전체적으로 기획하고 총괄했다. 그러나 다른 유력 후보들과 비교하면 내 선거캠프는 사실 작은 오막살이나 다름없었다.

민주당이 국민참여경선을 도입했다. 참여 신청을 받고, 당원과 국민을 같은 비율로 섞어 선거인단을 구성하기로 했다. 우리 정치사에서 처음 도입한 국민참여경선은 큰 관심을 불러일으켰다. 일곱 명의 예비 후보 지지자들이 최선을 다해 가입 신청서를 모았다. 인터넷을 통해 자발적으로 참여한 시민도 많았다. 이렇게 해서 무려 200만 명이 선거인단 참여 신청을 했다. 그중에서 2만 명의 선거인단을 무작위 추출해 전국을 순회하면서 선거

노사모

를 했다.

후보는 일곱이었다. 이인제, 김근태, 정동영, 한화갑, 김중권, 유종근, 노무현. 내 캠프가 제일 초라했다. 경선 캠프에 국회의원이라고는 한 사람도 없었으며 후보인 나도 국회의원이 아니었다. 당원 조직도 취약했고 돈도 없었다. 노사모와 부산상고 동문회가 있었지만 모두 비정치적인 조직이었다. 그러나 노사모는 일당백의 활약을 했다. 노사모는 수십만 명의 선거인단 참여 신청서를 모았으며 선거인단으로 뽑힌 사람들을 찾아가 투표 참여를 부탁했다. 영남 노사모는 호남 선거인단에게, 호남 노사모는 영남 선거인단에게 눈물겨운 호소를 담은 편지를 직접 손으로 써서 보냈다. 문성근, 명계남 씨와 같은 유명 인사들이 쏟아지는 비를 맞으면서 선거인단을 한 사람씩 방문해 무릎을 땅에 대고 노무현을 도와 달라며 눈물로 호소했다. 내가 후보가 되리라고 예상한 사람은 거의 없었다. 나도 확신하지는 못했다.

2002년 3월 9일 토요일, 제주도에서 첫 경선을 했다. 여론조사에서 절대 강자는 없었고 실제 득표도 그러했다. 조직력이 강했던 한화갑 후보가 1위, 이인제 후보가 2위, 내가 3위, 정동영 후보가 4위를 했다. 표 차이는 크지 않았다. 다음 날 울산 경선에서는 내가 1위를 했다. 첫 주말 2연전 결과를 합산하자 근소한 차이로 내가 1등이 되었다. 울산은 조직이 전혀 없다시피 했는데 부산상고 동기생인 이재필을 비롯한 동문들이 노사모의 코치를 받아 가며 필사적으로 노력했다. 어떤 후보는 호텔 방에 선거인단을 한 사람씩 불러 돈 봉투를 쥐어 주었는데, 같은 시간에 부산상고 동문 선후배의 부인들은 선거인단을 집집마다 찾아다니면서 노무현 지지를 읍소했다. 열정과 진심이 돈과 조직을 이긴 것이다.

첫 주말 2연전에서 종합 1위를 했다는 뉴스가 나가면서 급속한 상승세를 탔다. 운이 좋았던 것이다. 운명을 가른 3월 16일 광주 경선이 기다리고 있었다. 나는 선거인단이 많은 경기도 경선까지 2위를 유지하기만 하면 마지막 서울 경선에서 역전할 수 있을 것으로 기대했다. 그런데 『문화일보』와 SBS가 여론조사기관 TN소프레스에 의뢰한 조사에서, 내가 민주당의 후보가 되면 오차 범위 안에서 한나라당 이회창 후보를 근소하게 앞선다는 결과가 나왔다. 이 보도가 나가자 한나라당의 집권에 공포감을 느끼던 광주 민심이 심하게 요동쳤다. 천정배 의원이 공개적으로 노무현 지지를 선언해 내 선거 캠프에도 국회의원이 생겼다. 3월 15일에는 전남대 정환담 교수와 반부패국민연대 서명원 전남광주본부장 등 266명의 광주 전남 지식인들이 '노무현 지지'를 선언했다. 노사모를 비롯한 자원봉사자들은 2주 전부터 모든 역량을 광주에 투입해 유권자들을 설득하고 있었다.

광주 염주종합체육관에서 실시한 경선에는 선거인단 1,572명이 참가했다. 투표율이 무려 81%였다. 광주 전남의 대표 정치인이던 한화갑 후보를 3위로 밀어내고 득표율 37.9%, 595표를 얻어 1등을 했다. 2위 이인제 후보보다 104표를 더 받았다. 부산 출신 원외 정치인 노무현이 민주 진영의 심장 광주에서 누구도 예상하지 못했던 압승을 거둔 것이다. 스탠드에서 가슴을 졸였던 지지자와 자원봉사자들이 서로 끌어안고 엉엉 울었다. 민주당 국민경선은 사실상 여기서 끝났다. '이인제 대세론'은 언론과 정치인들이 만든 허상에 지나지 않았다. 국민들은 기회주의자를 용납하기는 하지만 지도자로 인정하지는 않는다는 평범한 진리를 다시 확인했다.

후보들이 차례차례 사퇴했다. 이인제 후보는 김대중 대통령이 비밀리에 노무현을 지원했다며 아무 근거도 없는 '음모론'을 제기했다. 얼굴도 보지 못했던 장인의 좌익 활동 전력을 들추면서 '색깔론' 공세를 펼쳤다. 그는 경선을 포기했고 선거전이 한창이던 11월 민주당을 탈당했다. 경선 긴장감이 떨어지면서 선거인단의 투표 참가율이 현저히 하락했다. 성남에서 치른 경기도 경선장에는 나와 정동영 후보만 남아 있었다. 성남에서 서울 선거 캠프로 돌아오는 전세 버스에서 나는 참모들과 목이 터져라 노래했다. 1987년 6월 부산의 거리에서 최루탄 연기를 마시면서 불렀던 그 노래, 〈어머니〉였다. "사람 사는 세상이 돌아와……."

4월 27일 서울 잠실 실내 체육관에서 열린 경선에서 나는 민주당 대통령 후보로 확정되었다. '이회창 대세론'은 자취를 감추었고 노무현 지지율이 50%를 넘나들었다. 대통령 후보 수락 연설에서 나는 불신과 분열의 정치를 극복하고 개혁과 통합의 정치를 하겠다고 말했다. 김대중 대통령의 대북 포용 정책을 계승하고 경제성장과 분배의 정의를 조화시키겠다는 약속도 했다.

3 김대중 대통령과 나

불과 두어 달 전까지만 해도 미운 오리 새끼였던 내가 갑자기 백조가 되었다. 지지율이 하늘을 찔렀고 면담 요청이 쇄도했다. 하지만 그때부터 모든 것이 어려워졌다. 일마다 꼬였고 분위기는 걷잡을 수 없는 내리막이었다. 모든 것이 내 잘못과 부족함 때문이었다. 시작은 상도동 방문이었다. 4월 29일 청와대를 방문해 김대중 대통령에게 인사를 드렸다. 김대중 대통령은 따뜻한 축하 말씀을 하셨다. 그러나 야당의 선거 개입 시비를 우려해 말씀을 극도로 아끼셨다. 다음 날 김영삼 대통령의 상도동 자택을 방문했다. 나는 민주개혁 세력을 분열시키고 동서 분열을 고착시킨 3당합당 이전으로 우리의 정치 지형을 돌려놓고 싶었다. 김영삼 김대중 두 대통령이 직접 손잡지 않는다 할지라도, 내가 민주개혁 세력 통합의 촉매 역할을 할 수 있을 것이라고 생각했다. 이것은 내가 오래 꿈꾸어 왔던 일이었다.

6월 지방선거에서 그 단초를 마련하려고 했다. 그래서 김영삼 대통령에게 후배들이 민주개혁 세력 연합을 이룰 수 있도록 국가 원로로서 도와 달라는 청을 드리고 부산시장 후보 문제를 상의했다. 사실상 상도동계의 지방선거 지원과 새로운 민주 연합을 위한 정계 개편 협조 요청을 한 것이다. 그런데 성과는 전혀 없었고 부작용만 엄청나게 나타났다. 김영삼 대통령은 끝내 협력을 거절했다. '김영삼 시계'를 끼고 가서 보여 주는 등 지나친 행동으로 말미암아 그날부터 지지율이 꺾였다. 의욕이 앞선 나머지 너무나 서투르게 행동한 탓이었다. 뒤늦게 후회했지만 이미 엎질러진 물이었다. 나는 50%대의 높은 지지율을 제대로 관리할 준비가 되어 있지 않았다.

선거 캠프 안에서는 미국 방문 문제가 쟁점이었다. 모두들 하루라도 빨리 미국에 가라고 했다. 명을 내리기만 하면 미국 조야(朝野)의 지도자들과 월가의 큰손들을 만나도록 주선하겠다고 했다. 한국의 유력한 대통령 후보가 미국을 한 번도 가 보지 않았고 비자조차 없다는 사실이 무슨 결격사유나 되는 것처럼 걱정했다. 은근히 자존심이 상했다. 미국에 가지 않으면 무슨 문제가 있느냐고 물어보았더니 누구도 딱 떨어지는 대답을 하지 않았다. 미국 정부가 나를 탐탁지 않게 여긴다고 해도 한국 대선에 개입할 방법이 있는 것은 아니지 않느냐고 물으니, 공해상에서 북한 화물선을 붙잡아 분쟁 지역 불법 무기 수출 선박으로 몰아 안보 위기를 조장할 수 있다고 했다. 이른바 '북풍 공작'이다. 나는 미국 정부가 그런 일을 할 리가 없고, 그런다고 해서 꼭 내가 손해를 본다고 단정할 수도 없다고 주장했다.

기나긴 논란 끝에 미국 방문 문제를 정리했다. "갈 일이 있으면 간다. 일이 없어도 한가하면 갈 수 있다. 그러나 바쁜데 일도 없으면서 사진 찍으러 가지는 않겠다." 갈 일도 없고 바쁘기도 해서 결국 미국을 가지 않은 채 대통령 선거를 치렀다. 이 일을 겪으면서 우리나라 정치인과 지식인들이 미국 앞에서 주눅이 들어 있다는 것을 알았다. 미국에서 공부를 한 사람들일수록 더 그랬다. 어떤 불이익이 있을지 모른다는 막연한 두려움, 국민들이 대통령 후보가 미국에 한 번도 가 보지 않은 것을 불안하게 여긴다는 근거 없는 불안감. 대통령이 되려는 사람이 이런 것에 휘둘려 일도 없이 사진 찍으려고 미국에 가는 것은 주권국가인 대한민국을 모욕하는 일이라고 생각했다. 그래서 미국 방문을 대통령 선거 후로 미루었다.

한나라당은 이회창 씨를 대통령 후보로 확정했다. 월드컵을 앞두고 대한축구협회 회장이었던 정몽준 의원이 대선 출마 의사를 나타냈다. 한화갑 의원이 민주당 대표가 되었다. 소위 '진승현 게이트'와 관련하여 권노갑 고문이 구속되었다. 당내에서 이상한 기류가 흘렀다. 대통령의 아들이 관련된 것으로 추정된 비리 사건과 권노갑 고문 등 측근들의 구속으로 김대중 대통령의 인기가 바닥으로 떨어진 상황을 극복하려면 무언가 특단의 대책이 필요하다는 주장이었다. 소위 차별화 전략을 쓰자는 말이었다. 나는 국민의 정부와 김대중 대통령의 자산과 부채를 모두 승계한다는 입장을 누차 밝힌 이상 그런 '정치 쇼'는 옳지도 않고 필요하지도 않다고 말했다. 김대중 대통령이 국정에 전념하겠다는 뜻을 밝히면서 민주당을 탈당했다. 5월 5일, 일요일의 일이었다. 김대중 대통령은 막 선출된 후보와 민주당에 부담을 주지 않으려고 했던 것 같다.

1987년 이후 대통령들은 모두 임기 후반에 인기가 없었다. 그래서 여당 대통령 후보들은 대통령과 차별화하는 선거 전략을 썼다. 대통령들은 집권당을 떠났다. 노태우 대통령과 김영삼 대통령에 이어 김대중 대통령도 그렇게 되었다. 책임정치의 원리에 어긋나는 아주 나쁜 관행이다. 나는 절대 그렇게 하지 말아야겠다고 마음먹었다. 하지만 나도 그렇게 되고 말았다. 비극이다.

사실 김대중 대통령은 세계에 자랑할 만한 지도자였다. 우리 역사에 그런 지도자는 없었다. 정말 오랜 기간 동안 독재와 싸웠다. 암살 위기도 겪었다. 구속당하고 연금당하고, 그것도 모자라 사형선고까지 받았다. 그래도 끝까지 굴복하지 않고 민주주의 노

선을 견지했다. 국민의 힘으로 독재 정권을 무너뜨리고 나면 그런 사람은 보통 투표를 할 필요도 없는 수준의 지도자가 된다. 건국의 아버지와 같은 대우를 받는 것이다. 넬슨 만델라, 바츨라프 하벨, 레흐 바웬사 대통령이 모두 그랬다. 그것이 정상이다.

그런데 우리는 그렇게 하지 못했다. 6·10민주항쟁 이후 민주 세력이 분열되었고, 냉전 시대 독재 정권이 그가 마치 공산주의자인 것처럼 이미지에 덧칠을 해 놓았기 때문이다. 많은 국민들이 김대중 대통령을 민주주의 지도자가 아니라 친북 인사 또는 용공 분자인 것처럼 잘못 보았다. 게다가 호남인에 대한 근거 없는 편견과 지역감정까지 작용했다. 그래서 대통령이 되기는 했지만 국민의 지도자로 정당한 대접을 받지 못했던 것이다. 이런 것들이 없었다면 김대중 대통령은 해외에서 그런 것처럼 나라 안에서도 국보급 지도자 대접을 받았을 것이다.

1987년 민주 세력 분열에 대한 절반의 책임은 있었다. 대통령으로 일하는 동안 흠 잡힐 일이 없었던 것도 아니다. 그러나 그분을 빼고는 대한민국의 현대사와 민주주의를 말할 수 없을 정도로, 커다란 기여를 했다. 외환 위기로 곳간이 텅 빈 나라를 맡아 정보통신과 문화의 강국으로 일으켜 세웠다. 복지국가의 기초를 만들었다. 증오와 대결 의식이 지배하던 한반도에 공존과 협력의 숨결을 불어넣었다. 크고 작은 상처가 있었지만, 그래도 그 누구와도 비교할 수 없을 만큼 훌륭한 대통령이었다.

무엇보다 김대중 대통령은 독서를 많이 하는 지도자였다. 세종대왕의 리더십에 대한 책을 읽은 적이 있는데, 저자가 서문에 이렇게 써 놓은 것을 보았다. "세종대왕은 책을 많이 보면서 거기서 정책을 찾곤 했는데 우리나라 대통령 중에는 그런 사람이 있다는 것을 듣지 못했다." 아주 잘못 안 것이다. 김대중 대통령이 청와대에 계실 때 큰 방 하나가 통째로 서고였다. 김대중 대통령이 감옥에 갇히고 자택에 불법 연금되어 있던 시기에 독서를 많이 했다는 것은 널리 알려진 사실이다. 그런데도 대학교수라는 사람이 그런 엉뚱한 소리를 써 놓은 것이다. 김대중 대통령은 그냥 민주 투사가 아니고 뛰어난 사상가였다. 해박한 지식을 가지고 있었다. 끊임없이 새로운 지식을 받아들였다. 그리고 그 지식을 전략적으로 요령 있게 활용하는 지혜까지 지닌 특별한 지도자였다. 국민들이 그것을 잘 알아보지 못한 것이 안타깝다.

6·13지방선거에 전력투구했다. 영남권에서 단체장을 하나라도 당선시키지 못하면 후보 재신임을 받겠다고 말했다. 지지층을 결집시키고 기세를 보여 줄 목적으로 그렇게 한 것이다. 그런데 영남은 고사하고 수도권과 충청, 강원 등 호남을 제외한 모든 곳에서 참패했다. 마치 산사태가 난 것 같았다. 아무 대책도 세울 수 없었다. 후보가 재신임을 불사하는 결연한 자세로 지방선거를 지휘한 것으로 이해하고 후보 재신임 문제는 없던 것으로 해 주기를 내심 기대했다. 그런데 거꾸로 지지율 하락을 이유로 후보를 교체하자는 움직임이 당내에서 생겨났다. 재신임 약속을 지키라는 요구도 나왔다. 그럴수록 지지율은 더 내려갔다. 민주당은 8월 8일로 예정된 국회의원 재보선을 후보 지휘 아래 치른 이후 당무 회의에서 재신임 여부를 결정하기로 문제를 봉합했다. 나는 명색만 후보였을 뿐 당내에서 점차 고립되어 갔다.

4 후보 단일화

2002년 6월 기적이 일어났다. 한일 월드컵에서 거스 히딩크 감독이 이끄는 한국 대표팀이 4강에 진출한 것이다. 한국이 박지성 선수의 멋진 골로 포르투갈을 꺾고 16강에 진출하던 날, 인사동 경인미술관 마당에서 선거 참모들과 맥주를 마시며 대형 텔레비전으로 경기를 보았다. 서울 시내 거리는 젊은이들의 물결로 뒤덮였다. 월드컵이 끝나자 정몽준 의원 지지율이 슬금슬금 오르기 시작했다. 민주당에서는 정몽준 의원을 포함해 재경선을 하자는 주장이 고개를 들었다. 반(反)한나라당 세력이 전부 손잡고 신당을 만들자는 '백지신당론' 또는 '헤쳐모여신당론'도 나왔다. 한화갑 대표도 '백지신당론'으로 기울어져 있었다. 그는 두려워하지 말라고 나를 격려했다. 재경선이라는 강을 건너야 대통령이 될 수 있다고, 힘껏 도와주겠다고 말했다. 그러나 재보선은 전망이 어두웠고 지지율은 더 내려갔다. 당내 고립을 면할 길도 없어 보였다. 혹시 재경선을 해야 할지 모르는 상황이라 민주당 국민경선 조직을 점검해 보니 모두 흩어져 버리고 없었다. 경선 캠프 자원봉사자와 지지자들도 모두 생업 현장으로 돌아가 버렸다.

7월 중순경이었다. 명색이 여당 대통령 후보인데도 그날 오후에는 아무 일정이 없었다. 국민경선 때 선거공약 작성과 방송토론 준비를 도와주었던 유시민 씨를 찾아갔다. 경선이 끝난 뒤로는 통 보지 못했다. 그는 마포경찰서 뒷골목 허름한 건물에 사무실을 차려 놓고 출판 기획 사업을 계획하고 있었다. 또 경선을 해야 할지 모르니 다시 사람을 모아 보라고 부탁했다. 그는 7월

하순부터 노사모와 민주당 국민경선 자원봉사자들을 다시 규합해 '국민후보 지키기 서명운동'을 벌였다. 이 운동은 개혁국민정당이라는 인터넷 정당 창당으로 이어졌다. 김영대, 이광철, 유기홍, 김태년, 고은광순, 홍영표, 유시민, 문태룡, 임찬규 씨 등 젊은 활동가들이 만든 개혁당은 정몽준 씨와의 단일화 경쟁에서 이기고 대통령 선거를 치르는 데 큰 힘이 되었다. 당선이 확정된 직후 민주당사에서 당선자 기자회견을 하고 곧바로 근처에 있던 개혁당 중앙당사를 방문해 특별한 고마움을 전했다.

수도권과 영호남, 제주 등 전국 열세 곳에서 치러진 8·8재보선에서 민주당은 다시 참패했다. 한나라당이 국회 과반수 의석을 확보했다. 더 버틸 수가 없었다. 나는 신당 논의는 물론이요, 국민경선이라면 재경선도 수용하겠다고 선언했다. 그러나 정몽준 후보는 국민경선 방식이 아니라 여론조사 단일화를 원했다. 악몽과 같은 상황이 계속 이어졌다. 당헌당규에 따르면 선대위를 구성해 후보가 중앙당을 운영하도록 되어 있었다. 그러나 민주당 지도부는 선대위 구성을 자꾸 미루었다. 국고보조금이 나왔지만 후보는 그 돈을 쓸 수 없었다.

마침내 정몽준 의원이 대선 출마를 선언하고 '국민통합21'이라는 정당을 만들었다. 내 지지율은 최악으로 내려가 대선은 3파전으로 변했다. 정몽준 후보가 잠깐 1위를 하기도 했지만 한나라당 이회창 후보 지지율이 30%를 넘어섰다. 나는 정몽준 후보에게도 뒤지게 되었다. 어떤 여론조사에서는 15% 아래로 떨어졌다. 나를 탐탁지 않게 여기던 수십 명의 민주당 국회의원들이 '후보단일화추진협의회'(후단협)를 만들어 후보 교체를 공공

연하게 주장했다. 절망적인 상황이었다. 그런데 10월 17일 예상치 못한 사건이 일어났다. 김민석 의원이 민주당을 탈당해 정몽준 후보 진영으로 넘어가 버린 것이다.

그는 불과 넉 달 전만 해도 민주당의 서울시장 후보였다. 손을 잡고 지원 유세를 했던 나는 말할 것도 없었고, 평범한 국민들도 큰 충격을 받았다. 비록 서울시장 선거에서 이명박 후보에게 지기는 했지만, 그는 밝은 내일이 약속된 개혁 진영의 촉망 받는 젊은 정치 지도자였다. 아마도 후보 단일화를 해야만 이회창 후보를 이길 수 있다는 신념과 충정의 발로였을 것이다. 합리적인 판단이었을 수 있었다. 실제로도 그렇게 되었다. 하지만 안타깝게도 그에게 정치적으로 좋은 결과를 안겨 주지는 않았다. 조만간 수십 명의 후단협 국회의원들이 뒤를 따를 것이라는 소문이 파다했다. 절체절명의 위기였다.

그날 밤 믿을 수 없는 일이 또 일어났다. 갑자기 후원금이 쏟아지기 시작한 것이다. 수많은 시민들이 내 홈페이지에 접속해 10만 원 내외의 소액 후원금을 보냈다. 이날 밤 들어온 후원금이 7,000만 원을 넘었다. 다음 날은 1억 원을 넘겼다. 다음 날도 그 다음 날도 마찬가지였다. 도대체 무엇 때문이었을까? 김민석 의원의 탈당 사건이 나를 지지하던 사람들의 마음 어느 곳을 건드린 것 같았다. 어떤 방법으로든 의사표시를 하고 참여하고 행동하지 않을 수 없도록 만든 것이다. 그게 무엇이었는지는 분명하게 말하기 어렵지만, 이 사건으로 분위기가 반전되면서 몇 달 만에 처음으로 지지율이 상승 흐름을 탔다. 10월 20일 여의도 63빌딩 국제회의장에서 개혁국민정당이 창당발기인대회를 열었다.

이 정당은 인터넷 당원 투표를 해서 민주당 후보인 노무현을 지지하기로 결의했다. 여기서 문성근 씨의 격정적인 연설을 들었다. 나도 모르게 눈물이 조금 났다. 선거 방송 광고에 나간 것이 바로 이 장면이었다.

조금 나아지기는 했지만 선거 전망은 여전히 비관적이었다. 정몽준 후보를 턱밑까지 추격했더니, 그 사이 이회창 후보 지지율이 야금야금 올라가 40%를 눈앞에 두고 있었다. 11월 4일 후단협 소속 국회의원 11명이 민주당을 탈당했다. 그 뒤에도 추가 탈당이 더 있었다. 몇 사람은 결국 한나라당행을 택했다. 나머지는 후보 단일화와 통합 신당 창당을 주장하며 무소속으로 남았다. 민주당과 국민통합21은 협상단을 만들어 단일화 협상에 착수했다. 그러나 방법에 합의하지 못해서 진도가 나가지 않았다.

11월 10일 전라남도 지역 유세를 했다. 언론사 두 곳의 여론조사에서 이회창 후보 지지도가 처음으로 40%를 넘었다. 나는 정몽준 후보에게 근소하게 뒤지는 3위였다. 결단할 때가 온 것이다. 이대로 가면 선거에서 이길 확률은 0%였다. 단일 후보가 될 확률은 50%에 조금 모자랐다. 일단 단일 후보가 되기만 하면 대통령이 될 확률은 100%에 가까웠다. 복잡하게 계산할 일이 아니었다. 한나라당에 정권을 다시 넘길 수는 없었다. 그보다는 정몽준 씨를 대통령으로 만들어 연립정부를 세우는 것이 낫다고 보았다. 내가 이길 가능성도 아주 없지는 않았다. 정몽준 후보가 원하는 여론조사 단일화를 받아들이기로 결심했다. 민주당 후보라는 작은 기득권에 집착하는 것은 떳떳한 선택이 될 수 없었다.

11월 11일 순천 로얄 호텔에서 전남 지역 종교 지도자들과 조찬 간담회를 했다. 여기서 후보 단일화를 바라는 국민의 요구를 받아들여 여론조사를 통한 후보 단일화에 응하겠다고 선언했다. 정몽준 후보 진영이 곧바로 화답했다. 여론조사 방식과 문항, 텔레비전 후보 단일화 토론 방식을 결정하기 위한 협상이 시작되었다. 만만치 않은 우여곡절이 있었지만 모든 것에 합의했다. 이해찬 의원과 신계륜 의원이 지혜롭게 협상을 이끌었다. 그분들이 합의해 오면 나는 무조건 받아들였다. 한 차례 생방송 토론을 했다. 그리고 11월 25일 전문 기관 두 곳이 여론조사를 했다. 둘 다 내가 우세했지만 하나는 무효가 되었고 다른 하나는 유효했다. 정몽준 후보 진영이 고맙게도 결과를 흔쾌히 인정했다. 나는 단일 후보가 되었다. 그 순간 선거 판세는 다시 뒤집어졌다.

이것이 그저 얻은 행운이 아니었음을 나는 잘 안다. 노사모와 개혁 성향의 민주당 지지자들이 있었다. 문화계, 종교계, 학계, 법조계 등 각계각층에서 뜻있는 분들이 내가 어려움에 처할 때마다 지지 성명 발표, 서명운동, 글쓰기, 공연 등 다양한 방법으로 지켜 주었다. 수많은 지지자들이 단일화 여론조사를 하기 며칠 전부터 집 전화를 핸드폰으로 착신전환 해 두었고, 혹시 하는 마음에 스팸 전화도 마다 않고 신호만 울리면 전화를 받았다. 내가 단일 후보가 된 것은 이런 분들의 열정과 참여, 성원 덕분이었다.

5 단일화 파기의 우여곡절

민주당과 국민통합21은 후보 단일화의 정신에 따라 정권을 함께 운영하기로 합의했다. 어디까지나 원칙적이고 추상적인 합의였다. 그런데 정몽준 씨가 유세장에 나오지 않았다. 이해찬 의원과 김원기 고문이 동분서주했지만 소용이 없었다. 그는 권력 분점을 확실하게 보장 받으려고 했다. 국무총리, 국정원장 등 소위 4대 권력기관장을 포함한 내각 절반, 그리고 정부 산하단체와 공기업 기관장 절반의 인사권을 요구했다. 그것도 말이 아니라 문서로 보장하라는 것이었다.

이 요구를 거절했다. 서로 믿으면서 정권을 공동 운영하는 것은 단일화 정신에 따라 받아들일 수 있지만, 국가권력을 물건 거래하듯 나눌 수는 없었다. 한동안 줄다리기를 한 끝에 요구 수준이 낮아졌다. 문서가 아니라 말로라도 후보가 약속하라고 했다. 이것도 거절했다. 대통령은 글이나 말이나 마찬가지이기 때문에 글로 써 줄 수 없는 것은 말로도 약속할 수 없다고 했다. 선대위에서는 난리가 났다. 김원기 고문과 이해찬 의원이 우리가 자금과 조직이 약하기 때문에 5% 남짓한 여론조사 우위를 선거 종반까지 유지하기 어렵다고 했다. 그러니 일단 문서가 아닌 말로 하되 비공개로 약속해 주면 어떻겠느냐고 조언했다. 그것도 거절했다. 비밀리에 약속하는 것도 문제였고, 그것을 나중에 지키지 않으면 더 큰 문제가 될 것이었다.

김원기 고문이 최후의 수단을 강구했다. 후보가 구두 약속했다고 정몽준 씨에게 거짓말을 하겠다는 것이었다. 선거가 끝

난 후에, 사실은 후보가 반대했는데 후보 모르게 거짓말을 했다고 하면서 자기가 모든 비난과 책임을 뒤집어쓰고 정계 은퇴라도 할 테니 거짓말하는 것을 허락해 달라고 했다. 나는 화를 냈다. "대통령 후보가 거짓 술수를 허락하라는 말입니까? 그렇게 하면 대통령이 되어도 성공할 수 없습니다. 실패한 대통령이 되느니 차라리 실패한 대통령 후보로 남겠습니다."

이것이 12월 9일 있었던 일이다. 내가 심하게 화를 냈기 때문에 아무도 그 이야기를 다시 할 수 없게 되었다. 그러나 선대위에는 후보가 국가의 운명을 걸고 도박을 한다고 원망하는 사람이 많았다. 김원기 고문이 단단히 화가 났다. 선대위 직책을 사임하고 외국에나 가 버리겠다고 했다는 보고를 들었다. 나는 알면서도 모른 체했다. 12월 10일 오후 이회창, 권영길 후보와 경제정책 토론을 했다. 12월 11일 실시한 여론조사 결과를 그다음 날 아침에 받아 보았더니 격차가 더 벌어져 10%를 넘게 이기고 있었다. 국민통합21 정몽준 대표가 지원 유세를 하지 않아도 이길 수 있다는 낙관적 전망이 나왔다.

12월 13일 국회에서 정몽준 대표를 만났다. 내가 당선되면 5년 동안 국정 동반자로서 함께 국가를 운영하면서 국민 통합과 정치 개혁을 추진하기로 합의했다. 선거를 닷새 앞둔 12월 14일 부산에서 첫 공동 유세를 벌였다. 선거는 끝난 것이나 다름없었다. 나는 그가 독자적으로 다니면서 유세해 주기를 기대했다. 그런데 그는 언제나 나와 함께 유세를 하려 했다. 유세장마다 그를 지지하는 사람들이 '다음은 정몽준 차례'라는 메시지를 담은 현수막을 펼쳐 들고 있었다. 나중에 이야기를 들으니 정몽준 대표는 조건 없이 유세를 하기로 했는데, 다만 둘이 함께 유세를 할 때만큼은 다른 정치인을 단상에 올리지 않기로 우리 쪽에서 양해를 했던 모양이다.

선거운동 마지막 날인 12월 18일, 우리는 서울 전역을 함께 돌았다. 오후 햇살이 저물어 가던 시각 명동에서 공동 유세를 했다. 연단 아래 정동영 의원이 보였다. 그는 국민경선을 끝까지 완주한 유일한 경쟁자였다. 선거운동 기간 내내 방송차를 끌고 영남 지역 시골 구석구석을 돌면서 목이 쉬도록 연설을 했다. 그는 영남에서도 제법 인기가 있었다. 그러다 보니 한동안 얼굴을 마주할 기회가 없었다. 단상에는 정몽준 대표와 내가 서 있고 단하에는 "차차기는 정몽준"이라는 현수막이 펄럭이는데, 정동영 의원은 아래에 서 있었다. 미안하고 고마웠다. 마지막 날인데, 단상에 한 번이라도 올려 손이라도 들어 주어야 할 것 같았다. 그도 한 번쯤은 단상에 오르고 싶어 할 것 같아서 올라오라고 손짓을 했다. 그런데 추미애 의원도 거기 있었다. 그도 큰 꿈을 가진 정치인인데 못 본 척할 수는 없는 일이어서 함께 올라오게 했다. 누가 또 더 올라왔던 것 같기도 하다. 나는 이렇게 좋은 정치인들이 많아서 얼마나 좋으냐고 하면서, 정몽준 대표와 정동영, 추미애 의원 등을 함께 치켜세우고 덕담을 했다. 이것이 폭탄의 뇌관을 건드리는 행위가 되리라고는 상상하지 못했다.

동대문에서 만나기로 하고 정몽준 대표와 헤어졌다. 그런데 그날 저녁 국민통합21 대변인이 갑자기 기자회견을 열어 단일화 철회를 선언했다. 겉으로 내세운 이유는 내가 명동 유세에서 "미국과 북한이 싸우면 말리겠다"는 취지의 말을 한 것이 합의된 정책 공조 정신에 어긋난다는 것이었다. 보고를 받았지만 믿을 수도 이해할 수도 없었다. 선거 캠프는 대혼돈에 빠져들었다. 헤어날 수 없는 절망감이 캠프를 뒤덮었다. 쓸데없는 말을 해 빌미를 준 후보에 대한 원망과 탄식이 강물처럼 흘렀다. 자기 때문에 일이 틀어졌다고 생각한 정동영 의원은 당사 구석에서 숨도 쉬지 못하고 시간을 보냈다고 들었다. 정대철 선거대책위원장이 내 손을 끌고 정몽준 대표의 평창동 자택으로 갔다. 굳게 닫힌 철문 앞에서 엄동설한 칼바람을 맞으며 기다렸지만 끝내 문은 열리지 않았다.

명륜동 집으로 돌아왔다. 웅성거리고 있던 식구들이 내가 들어오자 눈치를 슬금슬금 보면서 제각기 어디론가 사라져 버렸다. 하늘에 맡기는 것 말고는 다른 수가 없었다. 간단히 씻고 자리에 누워 아내와 이런저런 이야기를 하다가 잠이 들었다. 막 눈을 붙였나 싶은데 정대철 선대위원장이 여럿을 데리고 새벽에 집으로 들이닥쳤다. 내가 잠옷 바람으로 나타나자 모두들 어이가 없다는 듯, 이 판국에 잠이 오느냐고 하면서 허허 웃었다. 정몽준 대표와의 공조가 유효하며 집권하면 기존의 합의에 따라 정권을 공동 운영하겠다는 기자회견을 하라고 했다. 해 본들 무슨 소용이 있을까 싶었지만 거절할 수가 없었다.

새벽 5시 30분 민주당 기자실에서 누가 썼는지도 모르는 기자회견문을 읽었다. 마음이 내키지 않아서인지 발음이 제대로 되지 않았다. 몇 번을 다시 했는지 기억이 나지 않는다. 기자회견을 마치고 나오다가 '정몽준, 노무현 버렸다'는 제목으로 1면을 시커멓게 깔아 놓은 『조선일보』를 보았다. 내 속도 시커멓게 타들어 갔다. 그런데 그 시각 수많은 지지자들이 동네 아파트 단지를 돌면서 남의 집 현관에 놓인 『조선일보』를 몰래 치우고 있었다는 사실을, 그때 나는 몰랐다.

6 대통령 당선

제16대 대한민국 대통령에 당선되었다. 출구 조사 이야기를 들으니 오전 투표에 졌지만 오후 3시 이후에 역전시켰다고 했다. 오전에는 명륜동 우리 집 골목이 텅 비어 있었다. 기자들과 방송차는 모두 가회동 이회창 후보 집 골목에 가 있었다. 오후가 되자 방송차들이 모두 우리 집 골목으로 옮겨 왔다. 온종일 집에 있던 아내는 창문 너머로 그 광경을 보면서 우리가 이겼음을 알았다고 했다. 그날 오후 젊은이들이 서로 투표를 독려하느라 휴대전화 통화와 문자메시지 발송 건수가 폭증했다고 들었다. 그들이 기적을 만들었다. 기적 같은 승리였기에 감격도 그만큼 컸다. 그것은 결코 당연한 승리가 아니었다. 일회적인 승리, 의외의 승리였다. 김대중 대통령의 당선도 나의 당선도, 모두 이례적이고 특수한 조건이 결합되어 만들어진 사건이었다.

1997년 대선 승리는 최상의 조건과 탁월한 리더십이 결합해서 빚어낸 기적적인 승리였다. IMF 경제 위기로 집권 세력이 국민의 신뢰를 크게 상실했다. 이회창 후보의 도덕적 약점이 드러나 지지율이 하락했다. 이인제 후보가 경선에 불복하고 출마해 보수 세력이 분열됐다. 이런 호조건만으로는 충분하지 않았

다. 김대중 후보가 뛰어난 지도력을 발휘해 전통적 지지층을 모두 묶어 낸 위에 DJP연합으로 보수 세력의 일각을 끌어들이는 데 성공했다. 그렇게 해서도 득표차는 40만 표가 되지 않았다.

2002년 대선에서 나는 민주당 후보였기에 김대중 대통령의 후광을 받아 민주당의 전통적 지지표를 남김없이 흡수했다. 거기에다 부산에서 여러 번 떨어지면서도 계속 도전했던 이력 덕분에 영남 유권자의 마음을 어느 정도는 얻을 수 있었다. 정몽준 씨가 노무현과 후보 단일화를 한 것은 사실상 보수의 분열을 의미했다. 이회창 후보는 1997년과 마찬가지로 도덕적 약점을 노출시켰다. 그렇게 하고서도 우리는 60만 표를 채 이기지 못했다. 대한민국 정치는 기울어진 운동장에서 하는 축구 경기와 비슷하다. 보수 세력은 위쪽에, 진보 세력은 아래쪽에서 뛴다. 진보 세력은 죽을힘을 다해도 골을 넣기 힘들다. 보수 세력은 뻥 축구를 해도 쉽게 골을 넣는다. 나는 20년 정치 인생에서 이런 현실을 뼈저리게 체험했다. 기울어진 운동장을 바로잡지 않으면 앞으로 진보 세력이 승리하기는 매우 어려울 것이다.

보수 세력은 조직이 매우 크고 강하다. 이념적으로 튼튼하게 결속되어 있을 뿐만 아니라 기득권의 결속력도 매우 강하다. 공동의 이익에 근거를 둔 네트워크를 감성적 네트워크로 재조직하는 능력도 뛰어나다. 어느 지역 어느 집단에서나 돈 많고 권력 있고 지위 높은 사람은 거의 다 보수의 네트워크에 가입되어 있다. 게다가 보수 세력은 인구가 많은 영남을 장악하고 있다. 큰 신문사, 큰 기업의 소유자, 큰 연구소를 모두 보수가 장악하고 있다. 법원, 검찰, 국정원 등 국가기관은 그 본질적 속성상 보수 쪽으로 편향되어 있다. 라이온스클럽, 로터리클럽, JC(청년회의소) 등 경제적 여유가 있는 민간 자생 단체와 지역사회의 소위 관변 단체들도 모두 보수가 우세하다. 학술원과 각종 학회, 지식인 사회도 보수가 압도적이다. 대한민국은 여전히 보수의 나라인 것이다.

반면 진보 세력은 지역으로 갈라져 있고 이념으로 분화되어 있다. 돈 있는 사람이나 경제적 여유가 있는 단체가 별로 없다. 진보적 시민 단체조차도 기업의 지원을 얻지 못하고 언론이 외면하면 힘을 쓰지 못한다. 튼튼한 정책 연구소도 거의 없다. 그런데 보수의 나라에서 진보가 해야 할 일은 너무나 많다. 얕게 뿌리내린 작은 나무에 너무 많은 과일이 매달린 형국이다. 두 차례의 대선 승리와 10년의 집권도 보수와 진보의 불균형을 크게 바꾸지는 못했다. 보수와 진보의 격차는 『조선일보』와 『오마이뉴스』의 자산 규모 차이만큼이나 크다. 진보적인 대통령이라도 보수의 네트워크에 포위되어 고립당하면 힘을 쓰기 어렵다. 변명이 아니다. 김대중 대통령과 나는 그런 조건에서 대통령이 되었고 대통령직을 수행했다. 진보 정당의 지지율이 낮은 것도 같은 원인 때문이다. 기울어진 운동장을 바로잡는 데는 앞으로 많은 시간이 걸릴 것이다.

7 구시대의 막차

나는 대통령으로서 무엇을 했던가? 가장 중요한 것이 공약 실천이었다. "상식이 통하고 원칙이 지켜지고 법이 공정하게 집행되는 나라", "정경 유착, 반칙, 특혜, 특권이 없는 사회." 나는 원래 이런 것들을 약속했다. 이 약속을 지키려고 원칙과 신뢰, 투명과 공정, 분권과 자율, 대화와 타협이라는 네 가지 국정 원칙을 내걸었다. 마지막 것은 시원치 않았다. 나머지 셋은 성과가 많았다고 생각한다.

나는 '공정한 법치주의'를 세우기 위해 특히 많은 노력을 했고 여러 가지 희생을 감수했다. 6월항쟁 이후 민주화를 이루면서 공포정치는 사라졌다. 특히 김영삼 대통령이 하나회를 정리한 것을 계기로 군부 쿠데타의 위협은 완전히 종식되었다. 공직자 재산 등록과 금융실명제를 전격 실시함으로써 부패와 유착의 고리를 끊어 낼 수 있는 제도적 기반을 만들었다. 김대중 대통령은 인권을 적극 보장함으로써 국가 폭력에 대한 두려움을 거의 다 걷어 냈다. 그러나 권력 내부의 권위주의, 정치권력과 재계와 언론의 특권적 유착 구조는 여전히 남아 있었다. 예전 지도자들은 1960년대 말에 등장해서 1990년대까지 활동한 분들이었다. 그 분들에게는 법을 초월하는 정치적 행위 또는 통치행위라는 관념이 있었을 수 있다. 그러나 나를 대통령으로 만들었던 시민들은 그런 관념을 받아들이지 않았다. 나 역시 법률가로서든 정치인으로서든, 통치행위 이론을 인정하지 않았다. 권력자가 헌법과 법률에 따라 국정을 운영해야 한다는 법치의 원칙을 존중하면서 일했다.

그렇게 해서 새 시대의 첫차가 되고 싶었다. 후보 시절에는 부당한 특권과 부정부패, 정치권력과 시장 권력의 유착이 큰 틀에서는 해소되었다고 생각했다. 그래서 서로 다른 정치적 지향과 가치관을 가진 사람들이 서로 존중하고 대화하고 타협하는 성숙한 민주주의 시대를 열고 싶었다. 하지만 막상 대통령이 되고 보니 마음먹은 대로 되지 않았다. 우선 상대가 나를 대통령으로 인정하지 않았다. 나름대로 노력했지만 대화의 문을 열기가 어려웠다. 집권당인 민주당 안에서도 선거 기간에 생겼던 '후단협'과의 갈등이 해소되지 않았다. 그러는 사이에 여야의 불법 대선자금 문제가 터져 버렸다. 대화와 타협은 고사하고 대선자금과 관련하여 내 자신도 자유롭지 않은 상황에 직면했다. 약간 남아 있기는 하지만 덮고 넘어가도 되지 않을까 생각했던 찌꺼기를 마저 청소해야만 했다. 새집에 들어왔다고 생각했는데 그게 아니었다.

취임 첫해부터 도덕성과 정통성에 큰 상처를 입었다. 검찰이 여야의 대선자금을 모두 뒤졌다. 1997년의 국세청 불법 대선자금 모금 사건에서 시작된 대선자금 수사는 한나라당의 소위 '대선자금 차떼기 사건'이 드러나면서 정치권 전체를 엄청난 소용돌이에 빠뜨렸다. 나는 검찰 수사를 지시하지 않았다. 그러나 수사를 막지도 않았다. 최돈웅 의원과 서정우 변호사 등 한나라당 관계자들뿐만 아니라 내 선거 캠프에서 일했던 이상수 의원과 이재정 의원, 그리고 오랜 동지였던 안희정 씨 등 여러 사람이 구속되는 사태까지 갔다. 취임하자마자 1년 내내 이 문제로 시달렸다. 내 운명은 새 시대의 첫차가 아니라 구시대의 막차가 되는 것이었다. 모든 것을 운명으로 알고 받아들였다.

처음부터 끝까지 경제를 파탄 냈다는 비난을 들었다. 야당과 언론의 주장을 그대로 믿는다면 5년 내내 경제 파탄이 아닌 순간이 없었다. 그것은 진실이 아니다. 시민들의 소비 생활이 위축되었고 중산층이 많이 주저앉은 것은 사실이다. 아래위 격차가 많이 벌어졌다. 가운데가 확 비어 버리는 양상의 양극화가 나타났다. 바닥에 있는 사람이 늘어났고 살기도 더 어려워졌다. 참여정부가 그런 면에서 정치를 잘못한 것이니 국민들에게 미안하게 생각한다. 언론 보도만 보면 국민들이 몽둥이 들고 청와대로 달려오지 않는 것이 다행이다 싶었다. 일부 언론은 진실을 왜곡하고 차단하면서 무자비하게 비난했다. 가혹한 것이야 뭐라 할 수 없겠지만 사실적 근거나 원칙이 없는 비판이 너무나 많았다. 그 비판에 반쪽의 신뢰성이라도 있었다면, 나는 대통령 자리에서 쫓겨났을 것이다. 그렇게 흔들었는데도 쫓아낼 정도는 아니라고 생각해 준 국민들이 고마웠다.

한나라당과 보수 신문들은 국민의 정부와 참여정부 집권 기간을 '잃어버린 10년'이라고 했다. 진실이 아니다. 그 반대가 진실이다. 우리가 집권하기 전 한국 경제는 엎어져 있었다. 김대중 대통령과 국민의 정부가 그 엎어진 경제를 일으켜 세웠다. 2003년과 2004년에 카드채 위기가 닥치면서 다시 휘청거렸지만 참여정부가 붙들어 똑바로 걷게 만들었다. 그 10년 동안 한국 경제는 웬만한 바람이 불어도 흔들리지 않을 만큼 탄탄한 체력을 길렀다. 이것이 진실이다.

잘했다고 자랑할 염치는 없다. 그러나 사실은 사실대로 말하고 싶다. 참여정부는 경제 분야에서 많은 성과를 거두었다고 생각한다. 이명박 정부 출범 이후인 2009년 3월 한국은행이 발표한 통계 자료에 따르면, 국민의 정부 마지막 해인 2002년 1인당 국민총소득(GNI)은 1만 2,100달러였다. 내 임기 마지막 해인 2007년에는 2만 1,695달러가 되었다. 2003년 8·15 경축사에서 나는 "10년 안에 국민소득 2만 달러 시대에 들어갈 수 있는 토대를 임기 내에 만들겠다"고 했는데 임기 중에 그 목표가 실현되었다. 대한민국의 1인당 국민총소득은 1995년 1만 달러를 넘었지만 IMF 사태가 나면서 1998년에는 7,355달러로 추락했었다. 김대중 대통령과 내가 민주정부 10년 동안 그것을 세 배로 올려놓았다.

김영삼 대통령 임기 말 외환 보유고는 36억 달러에 불과했다. 텅 빈 금고를 넘겨받은 김대중 대통령이 IMF 채무를 조기 상환하고 1,234억 달러를 채워 내게 넘겨주었다. 나는 그것을 두 배가 넘는 2,620억 달러로 만들어 이명박 대통령에게 넘겨주었다. 세계 5위의 외환 보유고를 가지고 이명박 대통령은 미국발 금융 위기의 파고를 성공적으로 넘을 수 있었다. 노태우 대통령이 재임 기간 경상수지 균형을 이루었을 뿐 김대중 대통령과 나를 제외하면 예전의 어느 대통령도 대규모 경상수지 흑자를 달성하지는 못했다. 한국 경제의 체질과 경쟁력이 크게 개선되었기 때문에 그렇게 된 것이다. 우리의 수출 경쟁력은 앞으로도 크게 떨어지지 않을 것이다.

국민소득과 외환 보유고 못지않게 중요한 국민경제의 경쟁력 지표가 종합주가지수(코스피)와 과학기술 경쟁력이다. IMF 사태가 나면서 수직 낙하했던 코스피 지수는 1998년 6월 280포인트까지 내려갔다. 국민의 정부가 이것을 외환 위기 이전 수준으로 회복시켰다. 참여정부 마지막 해인 2007년 10월 26일 코스피 지수가 역사상 처음으로 2,000포인트를 돌파했다. 10월 31일에는 최고치인 2,064.85를 기록했다. 2007년 연평균 종합주가지수는 1,897포인트였다. 해마다 4% 안팎의 안정된 경제성장률을 달성했고 물가 인상률은 2~3%로 잘 관리했다. 과학기술 경쟁력도 10년 동안 빠르게 성장해 세계 6위권에 들어갔다. 그 결과 외환 위기 때 10단계 밑으로 추락했던 S&P, 무디스, 피치 등 국제신용평가기관의 대한민국 국가신용등급도 IMF 위기 이전 수준을 거의 다 회복했다. 나는 국민의 정부와 참여정부가 국민경제를 매우 건실하게 운영하면서 성장 잠재력과 경제의 체질을 크게 강화시켜 놓았다고 생각한다.

그러나 국민이 만족할 만큼 잘한 것은 아니었다. 나는 대통령 후보 시절 매년 7% 경제성장을 공약했다. 경선 후보 시절에는 5% 이상 하겠다고 했는데, 민주당 후보가 된 후에 지나친 공약을 했다. 혁신과 남북 관계 개선으로 2%는 더 올릴 수 있다고 생각했지만 그렇게 되지 않았다. 5% 수준인 잠재성장률에 이미 혁신의 요소가 포함되어 있었다. 게다가 남북 경제협력도 마음먹은 대로 되지 않았다. 부시 정부와의 갈등 때문에 북한이 미사일 발사와 핵실험을 하는 등 한반도 정세가 불안정했다. 참여정부 출범 당시 배럴당 28달러 정도였던 국제 유가가 다음 해에는 바로 50달러로 올라갔고 결국 70달러 선을 돌파한 후 내려오지 않았던 것도 부담이 되었다. 그러나 대한민국 경제는 이런 악조건에도 불구하고 꾸준히 성장했으며 기초 체력과 기술 수준이 한결 탄탄해졌다. 하지만 5%가 넘는 경제성장률은 앞으로도 기대하기 어려울 것이다.

한나라당에서 나를 가리켜 '경포대'라고 했다. 경제를 포기한 대통령. 알 만한 사람들이 도대체 왜 그렇게 이야기하나 화가 났지만, 정치가 원래 그런 것이고 나도 야당을 할 때 모질게 하지 않았나 생각하면서 서운함을 달랬다. 나도 예전에 사실을 잘못 알고 비판한 경우가 더러 있었다. 하지만 고의로 사실을 왜곡해서 남을 욕하지는 않았다. 정치가 이런 정도까지도 용납하는 것인지 의문이 들었다. 그런데 그 말을 한 분이 당을 옮겨 이쪽으로 건너왔다. 할 말이 없었다. 대통령이 되고 싶어서 당을 옮기는 것은 그분의 자유다. 정말 이해하기 어려웠던 것은 그 뒤에 줄을 선 정치인들이었다. 김영삼 대통령이 민자당으로 간 것을 가혹하게 비판했던 바로 그 정치인들이 그렇게 했다. 스스로 자기의 행동을 어떻게 설명하는지 궁금했다. 결국 명문 대학의 운동권 연고주의가 아닌가. 가짜 학위가 판을 치고 학벌에 대한 집착이 끊이지 않는 데는 다 이유가 있는 것이다.

'경포대'는 순전히 정치적 대결 구도 때문에 나온 말이었다. 합리적인 이야기가 아니다. 야당 국회의원 시절 러시아에 30억 달러 차관을 주기로 한 것을 두고 노태우 대통령을 비난한 적이 있었다. 고르바초프하고 사진 한 장 찍기 위해 30억 달러를 주었다는 항간의 소문을 거론하면서 야유를 했다. "노태우 대통령, 내 돈 돌리도!" 돌이켜 보면 액수가 너무 컸다는 느낌이 있기는 하지만, 북방 외교 자체는 좋은 정책이었다. 소련과의 수교도 의미가 큰 업적이었다. 노태우 대통령에게 미안했다.

"경제는 심리"라고들 한다. 그런데 한나라당과 언론은 밤낮 경제가 망한다고 했다. 소비와 투자에 좋을 수가 없었다. 대통령과 정권이 마음에 들지 않아서 부정적으로 기사를 쓰는 것이야 이해할 수 있었다. 그렇다고 해서 국민경제를 일부러 깎아내려서야 되겠냐 싶어서 하소연을 했지만 아무 소용이 없었다. 2004년부터 2006년 사이에 외국인 투자자들은 우리 주식에 투자를 많이 했다. 국내 투자자들은 하지 않았다. 해마다 5월이 되면 외국 투자자들의 이익 송금 기사가 났다. 우리나라 주식시장에서 외국인들이 벌어 간 돈의 규모를 보고 놀란 국민이 많았을 것이다. 그 기간에 한국 신문을 보는 사람들은 투자를 하지 않았다. 경제가 위기나 파탄으로 간 적이 없었지만 언론 보도는 언제나 경제 파탄론을 퍼뜨렸다. 2005년에 또 경제 위기설이 나오기에 내가 주식형 펀드를 샀다. "경제 정보를 가장 잘 아는 대통령이 월급으로 주식형 펀드를 샀으니 부동산으로 가지 말고 여기로 오십시오. 저를 따라 오십시오." 이런 메시지를 전하려 한 것이다. 믿어 준 국민은 많지 않았다. 퇴임할 때까지 나는 주식형 펀드로 제법 재미를 보았다.

하도 답답해서 비서실에 참여정부 4년 동안의 국정 성과에 대한 보고서를 만들라고 지시했다. 참여정부의 경제사회 지표를 정리했다. 하다 보니 국민의 정부와 비교하게 되었고, 문민정부와도 비교하게 되었다. 신뢰할 만한 공식 통계가 있는 경우에는 박정희 정부 때부터 참여정부까지 일목요연하게 시계열분석

을 했다. 국제 비교가 필요한 항목은 경제협력개발기구(OECD) 선진국들에 견주어 통계를 만들었다. 청와대 정책기획위원회에서 이것을 정리해 「참여정부 4년의 국정성과—미래를 향한 도전」이라는 보고서를 만들어 왔다. 이 보고서는 '민주 세력 무능론'을 퍼뜨린 보수 세력의 주장과 달리 민주정부가 대단히 유능했으며, 민주화 이후 대한민국이 경제적으로도 크게 성공했다는 사실을 명확하게 보여 주었다. 나 혼자 보기가 아까웠다. 일반 국민들이 볼 수 있도록 하라고 했더니 대통령비서실 이름으로 책을 냈다. 2007년 6월 1일 발간한 『있는 그대로, 대한민국』이 바로 그 책이다.

9 양극화

거시경제지표가 나쁘지는 않았지만 참여정부의 경제정책에 대한 국민의 평가는 좋지 않았다. 그럴 만도 했다. 서민의 삶이 불안해지고 경제의 불균형이 심화되었기 때문이다. 요즘은 대학을 나와도 취직이 어렵다. 몇 명 뽑는 시험에도 응시자가 구름같이 몰려든다. 직장을 자주 옮기는 사람도 많아졌다. 대한민국은 100만 달러 넘는 자산을 가진 '백만장자'가 세계에서 가장 빠르게 늘어나는 나라이지만, 없는 사람은 살기가 더 어려워졌다. 수억 원, 수십억 원 연봉을 받는 사장이 많다. 옛날에는 사장이 부장보다 조금 더 받는 수준이었는데, 요새는 열 배 스무 배를 받는다. 신입 사원과는 100배 차이가 난다. 위아래가 크게 벌어진 것이다. 이것은 동서 냉전이 무너진 후 본격화된 세계적 흐름이다. 모든 나라들이 이 문제에 대처하는 새로운 정책을 찾으려고 노력하고 있다.

우리는 외환 위기로 벼랑 끝에 몰리는 바람에 더 어려웠다. 더욱이 우리나라는 복지 제도가 매우 빈약했다. 중산층이 경제적 위기를 맞을 때 소득과 사회적 지위를 지켜 주는 제도가 없었다. 경제가 좋았던 1990년대 초반부터 대비했다면 좋았겠지만 그렇게 하지 않았다. 이래서는 안 되겠다고 생각해서 만들어 낸 것이 '국가비전 2030' 전략이었다. 요즘 학자들이 이야기하는 사회 투자 전략과 비슷한데, 김대중 대통령이 만든 복지 제도를 토대로 삼아 2030년을 내다보고 장기 계획을 만든 것이다. 무너진 중산층이나 불안정해진 직장인들의 문제들을 오로지 성장을 통해서 해결하자고 옛날 노래를 부르는 사람들이 있는데, 그것은 적절한 해법이 될 수 없다고 생각했다.

참여정부의 복지 정책은 큰 틀에서 국민의 정부를 따라갔다. 복지 정책의 주춧돌과 기둥은 김대중 대통령이 놓았다. 참여정부는 그 위에 집을 지었다. 국가 재정에서 복지 지출이 차지하는 점유비가 2002년에는 20% 정도였다. 이것을 2007년에 28%까지 올려놓았다. 내가 마지막으로 편성했던 2008년 예산에서는 30%가 넘었다. 절대액만 커진 게 아니라 국가 재정 지출 점유비가 이렇게 높아진 것이다. 그러나 충분했다고는 결코 말할 수 없다.

서민의 복지는 분배에 좌우된다. 시장 분배의 핵심은 노사 관계이다. 분배에 무슨 자연법칙 같은 것은 없다고 생각한다. 모두가 다 사람 마음에 달려 있다. 외환 위기가 터지고 나서 IMF의 압박을 받는 가운데 경제 단체와 보수 세력이 노동시장 유연성, 다시 말해서 정리해고 제도의 도입을 요구하는 대공세를 펼쳤다. 그런 환경 때문에 국민의 정부는 어쩔 수 없이 이것을 수용했다. 참여정부도 그것을 그대로 이어 나갔다. 사용자 쪽에서 이 무기를 휘둘러 시장 분배를 악화시켰다. 비정규직을 양산하고 비정규직 제도를 악용해 실질임금을 깎았다. 노동조합의 조직력과 교섭력은 현저하게 약해졌다. 대규모 정리해고가 이어지면서 자영업이 팽창했다. 그러자 공급과잉으로 인해 자영업이 어려움에 처했다. 단기적으로 정부가 힘을 쓸 수 없었다. 세계적 조류이고 자본 측의 힘이 너무나 막강해 이것을 거부할 수도 없었다. 노사정 대화를 통해 사회적 합의를 이룸으로써 문제를 어느 정도 해결할 수 있을 것이라는 자신감 또는 희망을 가졌지만 그렇게 되지 않았다. 정리해고 제도는 시장 분배를 크게 악화시켰다. 원해서 한 일은 아니었지만, 어쨌든 정리해고를 수용한 것은 민주정부와 진보 세력의 뼈아픈 패배였다고 생각한다.

시장 분배가 지나치게 불균등하면 국가정책을 통해 이것을 교정해야 한다. 조세와 복지를 가지고 하는 것이다. 이것도 노력한 만큼 성공하지 못했다. 내 잘못이 크다. 취임하자마자 국회 과반수를 가진 한나라당이 법인세 감세안을 통과시켰다. 합리적인 정책이 아니라고 생각했지만, 경제성장을 위해서 감세가 필요하다는 보수 담론에 속절없이 밀렸다. 거부권을 행사하면 처음부터 국회와 극단적으로 대립하는 양상이 빚어질 것 같아서 어쩔 수 없이 수용했다. 민주노동당과 진보적 시민 단체들에게 호된 비판과 원망을 들었다. 법인세 인하는 대기업의 당기순이익을 키워 주었지만 설비 투자와 고용 확대로 연결되지 않았다. 국가 재정을 떼어 내 부자들에게 나누어 준 셈이다. 결국 종부세를 신설해 부동산 보유세를 올린 것 말고는 조세 정의를 실현하는 정책을 제대로 펴 보지 못했다.

복지도 그렇다. '좌파 정부' '분배 정부'라고 비난만 잔뜩 받았지, 과감한 분배 정책을 쓰지 못했다. 예산을 더 주고 싶었지만 관련 부처에서 사업을 빨리빨리 만들어 오지 않았다. 해마다 목표치를 주고 공무원들에게 명령을 내려서 무조건 사업을 만들어 오라고 했어야 했다. 복지 지출을 되도록 넉넉히 하라는 방침만 주고 관련 부처가 계획을 세우기를 기다렸다. 예산 관련 보고를 받으면 그렇게 할 경우 복지 지출 비중이 얼마나 늘었는지 물어보는 식으로 했다. 그래서 그 정도밖에 하지 못한 것이다. 목표를 정해 지시하고 공무원들을 재촉하는 식으로 무식하게 했어야 했는데, 바보처럼 하고 말았다.

지금 당장은 하지 못하더라도 장기 계획은 마련해야겠다는 생각이 들어서 뒤늦게 '국가비전 2030'을 만들었다. 그것은 단순한 정책 구상이 아니라 성장과 복지를 함께 이루기 위한 장기 국가 재정 계획이었다. 그러나 이것은 꽃을 피워 보지도 못한 채 말라 죽는 운명을 맞았다. 소위 '언론과의 전쟁'이 벌어져 있던 터라 최소한의 주목조차 받지 못했다. 보수 언론과 한나라당은 '좌파 정권의 허황된 탁상공론'이라고 무조건 비난했다. 집권당이던 열린우리당이 이것을 수용해 당의 비전으로 발전시켜 주기를 원했지만 그것도 허사였다. 당에서는 발표 행사장에 아무도 나오지 않았다. 토론 한번 제대로 해 보지 못했다. 결국 나는 상황에 떠밀려 당적을 버려야 했고, 열린우리당은 대통령 선거 과정에서 소멸되어 버렸다. 정권이 바뀌면서 '국가비전 2030'뿐만 아니라 '2단계 국가균형발전계획'을 담은 중기 재정 계획까지 모두 폐기되고 말았다.

나는 대통령으로서 민생의 어려움을 풀어 주지 못했다. 국민들에게 너무나 미안하다. 그러나 한 가지 말하고 싶은 것이 있다. 양극화는 한국에서만 나타나는 현상이 아니다. 양극화는 세계 모든 나라가 안고 있는 문제이다. 세계가 함께 해결해 나가야 하는 문제이기도 하다. 변명이 아니다. 분명한 사실이다. 또 참여정부 초기였던 2003년의 경제 위기도 내가 예방할 수 있는 것이 아니었다. 그 뿌리는 외환 위기였고 직접적인 원인은 2002년 말부터 드러난 가계 신용의 위기였다. 카드사 파산 위험을 비롯해 여러 곳에서 파열음이 나왔다. 신용 불량자가 270만 명에서 시작해서 384만 명까지 올라갔다. 갖가지 대책을 시행한 결과 다시 줄어들기는 했지만, 재임 기간 5년을 돌아보면 경제적으로는 그때가 제일 어려웠다.

국민들은 어려움에 처하면 정부가 무언가 강력한 대책을 세워 주기를 바란다. 야당과 언론은 경기를 당장 살려 내라고 야단을 친다. 그렇게 하지 못하면 대통령이 직무유기라도 하는 것처럼 비난한다. 하지만 이것이 무섭다고 무리한 부양책을 쓰면 국민경제는 시간이 흐르면서 더 큰 위기를 맞게 된다. 그래서 나는 무리한 경기 부양책을 쓰지 않고 끝까지 버텼다. 힘들었지만 보람은 있었다. 한국 경제는 훨씬 투명하고 건강해졌다. 집권 후반기로 가면서 경제성장률도 호전되었다. 바른 원칙에 따라 국민 경제를 운영한 덕분이라고 생각한다.

10 부동산 정책

내가 대통령으로서 직면했던 민생 문제의 실체는 불균형이었다. 사회적 불균형, 지역적 불균형, 경제적 불균형이다. 이것은 산업화를 시작한 이래 수십 년간 누적된 문제였다. 돌이키기가 쉽지 않았다. 불균형 중에서 가장 중요한 것이 경제적 불균형이다. 해결은 하지 못했지만 성과가 아주 없었던 것은 아니다. 예를 들어 비정규직 문제는 참여정부의 정책과 전략이 옳은 해법이라고 본다. 일단 비정규직에 대한 부당한 차별을 규제하고 사회적 보호를 강화하는 쪽으로 가야 한다. 그래야 장기적으로 비정규직을 줄이고 정규직과의 격차도 점진적으로 완화할 수 있다. 그런데 이런 방향으로 가려면 외주 또는 파견 형식의 탈법적 제도 악용에 대한 예방 대책을 철저하고 충분하게 마련해야 한다. 참여정부는 이런 대책을 제대로 세우지 못했다. 비판 받아 마땅한 잘못이었고 피해를 입은 노동자들에게 미안하게 생각한다. 김대중 대통령이 실직한 사람이 새로운 직장을 찾을 수 있도록 교육 훈련의 기회를 주는 고용 지원 프로그램을 만들었는데 나도 이것을 강력하게 추진했다. 전국에 고용지원센터를 만들고 지원 업무를 담당하는 인력을 대폭 늘렸다.

무엇보다 중요한 것은 일자리를 만드는 것이다. 경제성장을 하고 수출을 많이 한다고 해서 일자리가 늘어나지는 않는다는 사실은 지난 10여 년의 경제 통계를 보면 명확하게 드러난다. 성장과 수출도 중요하지만 중소기업이 잘되어야 일자리가 늘어난다. 특히 서비스업 성장이 중요하다. 나는 사회 서비스산업을 육성하려고 노력했다. 보육, 보건, 복지 분야에 국가가 투자를 하고 민간 서비스 공급자가 나타나도록 해야 국민의 삶이 행복해지고 일자리가 많이 생긴다. 이 분야에서 향후 10년간 100만 개 정도의 신규 일자리를 만들 수 있다. 그래서 장기요양보험제도를 도입했다. 독거노인을 돌보고 장애인의 사회 진출을 북돋우는 활동 보조 서비스도 시작했다. 보육 지원 예산도 크게 늘렸다. 가난한 가정 아이들의 건강과 인지능력 향상을 지원하는 프로그램도 만들었다. 이런 정책은 어떤 정부가 들어서든, 앞으로 꾸준히 확대해 나갈 필요가 있을 것이다. 제조업과 토목건설업만 키워서 일자리를 만드는 시대는 이미 끝났다.

부동산 정책 때문에 호된 비판을 받았다. 부동산 가격 상승은 그 자체로서 국민의 삶을 고단하게 만들고 국민경제의 경쟁력을 해친다. 그것은 또한 경제의 양극화를 심화시키는 결정적 요인이다. 부동산 거품을 방치하면 언젠가는 반드시 거품이 꺼지면서 위기가 발생하게 된다. 이런 사태를 예방하려면 부동산 가격이 짧은 시간 안에 빠르게 오르거나 내려가는 일이 없도록 해야 한다.

가격을 안정시키는 부동산 정책은 어느 것이든 땅과 집을 많이 가진 사람이 반대하게 마련이다. 효과 있는 정책은 언제나 그런 사람들의 비난을 받게 되어 있다. 참여정부는 부동산 거래를 실명으로 하고 거래 신고도 실거래가로 하도록 만들었다. 그리고 종합부동산세라는 이름의 보유세를 만들었다. 이렇게 하면 장기적으로 투기를 잡을 수 있다. 분양가상한제나 공공주택 공급 확대와 같은 보조 수단도 이런 정책의 토대가 있어야 비로소 효과를 낼 수 있다. 나아가 투기 억제라는 소극적 목표를 넘어 국민의 주거 복지 보장이라는 적극적 관점에서 부동산 시장과 상관없는 서민들에게 집을 마련해 주는 국가정책을 만들기 위해서 노력했다.

그런데 이런 정책들은 땅 많이 가진 사람, 돈 많은 사람, 힘 있는 사람들이 반대했기 때문에 순조롭게 실행하기가 어려웠다. 참여정부는 보유세 제도를 적당히 하는 정도가 아니라 아주 확실하게 했다. 그래서 한나라당과 보수 언론이 격렬하게 비판한 것이다. 부동산 거래 신고를 실거래가로 하게 해서 과표가 계속 올라갔다. 세율을 올리지 않아도 과표가 올라가면 세액도 올라간다. 그런데 이것을 두고 마치 세율을 올린 것처럼, 부동산 가격이 폭등한 것처럼 왜곡했다. 그것은 사실이 아니었다.

참여정부는 여러 차례 부동산 정책을 시행했다. 그러나 몇 가지 이유 때문에 적절한 시기에 효과적인 정책 수단을 투입하지는 못했다. 우선 종부세는 국회가 제대로 도와주지 않고 심의를 지연시켰다. 과세 기준과 과세 대상을 자꾸만 낮추고 줄이려 했다. 나중에 종부세를 완화하거나 폐지하는 것을 어렵게 하려고 여러 가지 고민을 했다. 종부세 수입 가운데, 그로 인한 지방 재산세 감소분을 보전해 주고 남는 것을 모두 지방재정교부금으로 수도권 이외 지역 자치단체에 배분하도록 한 데는 그런 배경이 있었다. 교부금을 배분할 때 인구 규모뿐만 아니라 주민의 고령화율이나 빈곤율 등을 고려해 어려운 지역에는 더 많이 가도록 했다. 이것을 없앨 경우 지방자치단체가 저항하도록 만든 것이다. 그런데 지나고 보니 모두 별 소용없는 일이 되었다. 대부분 한나라당이 장악한 지방자치단체들이라 재정교부금이 대폭 삭감되는 것을 뻔히 보면서도 별 저항을 하지 않았다.

물론 정책 오류도 있었다. 나는 부동산 정책과 관련하여 유동성을 제대로 관리하지 못했다. 당연히 비판 받아야 할 일이고 실제로 비판을 받았다. 2005년과 2006년에 유동성이 폭발적으로 증가하는 바람에 일시적으로 부동산 가격이 폭등했다. 강력한 유동성 규제는 다른 부작용이 있을 수 있기 때문에 일단은 다른 정책 수단으로 관리하려고 했다. 그러다가 낭패를 본 것이다. 유동성 규제를 하지 않고도 부동산 가격 폭등을 막을 수 있는지, 부동산 시장에 이상 동향이 없는지, 너무나 걱정이 되어서 몇 차례나 경제보좌관과 관계 부처 장관들에게 묻고 확인했다. 그때마다 문제가 없다는 대답을 들었다. 그것을 믿은 게 잘못이었다.

결국 담보 대상 부동산 가치의 절반 이하로 대출상한을 적용하는 LTV(Loan To Value) 규제와 개인의 소득에 비례해서 대출 총액을 통제하는 DTI(Debt To Income) 규제를 도입했다. 부동산 가격을 잡는 데는 성공했지만 효과적 정책 수단을 너무 늦게 투입함으로써 일시적인 부동산 가격 폭등을 조기에 막지 못한 것은 실로 뼈아픈 실책이었다. 미국의 서브프라임 모기지론 부실로 세계 위기가 발생한 것도 미국 정부가 이러한 규제를 거의 하지 않은 데서 비롯되었다. 뒤늦게라도 강력한 유동성 규제 정책을 쓰지 않았다면 2008년 세계 위기 때 우리 경제도 부동산 거품이 꺼지면서 지독한 위기를 맞았을 것이다.

강력한 LTV와 DTI 규제를 투입한 시점은 부동산 투기 열풍이 전국을 휩쓸던 2006년 11월 15일이었다. 당시 언론 보도는 온통 부동산 뉴스밖에 없었다. 아파트 분양 사무소 앞에 사람들이 밤새 장사진을 쳤다. 불안해진 서민들이 금리가 높은 제2금융권 대출을 받아 그 대열에 합류했다. 서울 강북의 소형 아파트와 지방의 아파트 값까지 덩달아 뛰어올랐다. 미국과 유럽 부동산 가격 하락이 시작되었고 종부세 본격 시행이 임박했으며 정부가 고강도 대책 투입을 준비하고 있다는 보도 자료를 내보냈지만 국민들은 정부를 믿지 않았다. 『한국일보』 경제부장 출신인 이백만 홍보수석이 〈청와대 브리핑〉에 글을 하나 올렸다. 지금 값이 너무 올라간 집을 샀다가는 자칫 낭패를 볼 수 있으니 서민들은 조금 기다렸다가 정부의 대책을 보고 나서 집을 사는 게 좋겠다고 권유하는 글이었다.

언론들이 난리가 났다. 모든 미디어가 '집 사면 낭패'라는 제목을 달아 청와대와 홍보수석을 비난했다. 문책 경질하라는 사설이 줄을 이었다. 그렇게 말하는 본인은 왜 강남에 사느냐는 인신공격과 아파트를 편법 분양 받았다는 의혹 제기까지 나왔다. 민정수석실에서 조사를 했는데 아무 문제가 없었다. 이백만 홍보수석에게 이메일을 보내 열심히 하라고 격려했다. 하지만 그는 자기 문제로 11·15조치의 초점이 흐려질 우려가 있다며 사표를 냈다. 11월 15일 강력한 대출 규제 조처를 시행해 투기 자금의 입구를 막아 버렸다. 이백만 수석은 그다음 날 청와대를 떠났

다. 그때 정부를 불신하면서 대출을 받아 집을 산 사람들은 해가 바뀌기도 전에 정말로 큰 낭패를 보았다. 적기에 적절한 정책 수단을 투입해 국민의 신뢰를 얻었다면 이런 피해자가 나오지 않았을 것이다. 이 모두가 대통령의 책임이라는 생각이 들었다.

전체적으로 볼 때 참여정부 시절에 부동산 가격이 오르기는 했다. 2003년과 2006년도에 주택과 아파트 가격이 특히 많이 올랐다. 여기에다 부동산 과표를 단계적으로 현실화하고 종부세를 도입하면서 보유세액이 부동산 가격보다 훨씬 큰 폭으로 상승했다. 비싼 집과 땅을 많이 가진 국민들은 불만을 가졌을 것이다. 그러나 우리나라는 부동산 보유세가 여전히 너무 낮다. 이렇게 두어서는 장기적으로 부동산 투기를 잠재우기 어렵다. 어쨌든 부동산 정책에서 실수를 한 것은 사실이다. 그러나 마무리는 제대로 했다고 생각한다.

11　방폐장과 세종시

취임 직후 중요한 국가 과제를 점검해 보았다. 꼭 해결해야 하지만 오랫동안 해결되지 않은 채 묵혀 온 문제가 너무 많았다. 대표적인 것이 원자력발전소에서 나오는 방사성 폐기물을 저장하는 시설을 만드는 사업이었다. 이것은 노태우 대통령 이래 20년이나 끌어 온 해묵은 과제였다. 이전 정부들도 하려고 했지만 다 실패했다. 전력의 40%를 원자력에 의존하고 있는데, 그 부산물을 처리하지 않을 수 없는 노릇이었다. 방사성 폐기물을 언제까지나

원전에 딸린 임시 저장고에 넣어 둘 수는 없었다. 행정수도 이전은 1960년대부터 시작된 논의였다. 여러 번 시도했고 언론도 필요하다고 했던 과제였지만 아무도 하지 못했다. 전시작전통제권 환수 문제도 마찬가지였다. 전쟁이 일어나서는 절대 안 되지만, 만에 하나 일어나는 경우 우리가 작전 통제권을 가지는 것이 맞다. 미국 군대가 우리 땅에서 자기 마음대로 전쟁 행위를 하도록 허용하면 국가와 민족의 안전을 지키기 어렵다. 두 나라가 20년 전에 이미 합의한 것이나 마찬가지였는데 이행을 하지 않고 있었다. 용산기지 이전 문제도 그랬다. 아무리 동맹국이라도 수도 서울 한복판에 거대한 외국 군대 주둔지를 둔다는 것은 결코 바람직하지 않다. 참여정부가 이런 문제들을 거의 다 해결했다.

이전 정부들이 하지 못했던 것은 이해관계자들의 반발 때문이었다. 국민의 반대 때문이었다고도 할 수 있다. 돈이 들어가니까 반대하고, 또 이해집단이 극렬하게 반대했다. 그래서 자꾸 뒤로 밀린 것이다. 국정의 책임을 맡은 사람은 때때로 여론이 마다하는 일, 시끄러운 일도 감당해야 한다. 반대하는 사람이 소수라고 해도 극단적으로 저항하면 나라가 시끄러워진다. 시끄러우면 국민들은 일단 정부를 비판하고 대통령 지지도가 뚝 떨어진다. 국민 여론을 중시하는 대통령이라면 이런 일을 추진하기 어렵다. 권력의 힘만 가지고는 할 수 없는 일이다. 국민의 이해와 지지를 이끌어 내야 할 수 있다.

임기 초에 산업자원부와 한국수력원자력이 나서서 전라북도 부안에 방폐장을 만들려고 하기에 믿고 맡겼다. 처음에는 잘 되는 줄 알았다. 그런데 고준위 방사성 폐기물 영구 처리 시설을 만든다는 오해가 널리 퍼졌다. 지역 주민들과 전국의 환경단체가 모두 들고일어나 엄청난 시위가 벌어졌다. 정보를 투명하게 공개하고 국민의 동의를 구하는 절차를 충분히 거쳐야 하는 문제였는데, 당연히 그렇게 하려니 믿고 맡겼다가 큰 낭패를 본 것이다. 부안 방폐장 반대 투쟁을 하다가 구속되고 유죄 선고를 받은 사람이 여럿 나왔다. 지나친 방법으로 투쟁한 것은 문제가 있었지만, 결국 정부가 합리적으로 매끄럽게 일처리를 하지 못해 생긴 일이라 생각해서 임기가 끝나기 전에 모두 사면해 주었다.

이해찬 총리가 이 문제를 해결했다. 주민투표를 통해 찬성률이 높은 지역에 방폐장을 만들기로 한 것이다. 경북 경주시가 방폐장을 유치하는 데 성공했다. 경주시는 원자력의 평화적 이용에 필요한 과학 연구 시설과 지역 발전을 위한 대규모 지원금을 받았다. 나는 이런 방법을 생각하지 못했는데 이해찬 총리가 아이디어를 냈고 제대로 진행했다. 이 총리는 100개가 넘는 수도권 공공 기관과 공기업을 지방으로 이전하는 사업도 큰 갈등을 일으키지 않고 매끄럽게 처리했다.

그 밖에도 묵은 과제가 많았다. 장항산업단지 문제도 보통 어려운 것이 아니었는데 한명숙 총리가 깔끔하게 해결했다. 용산 미군 기지가 옮겨 갈 평택 대추리에서 벌어졌던 갈등도 한 총리가 끈기 있게 대화하고 타협한 끝에 잘 마무리했다. 나는 한명숙 총리의 온화함과 인내심, 부드러운 지도력을 늘 존경하고 부러워했다. 훌륭한 국무총리들의 보좌를 받을 수 있었던 것은 내게 큰 행운이었다.

묵은 과제 중에서도 제일 어려운 것이 신행정수도 건설이었다. 나는 원외 정치인 시절 지방자치실무연구소를 하면서 이 문제를 공부했다. 서울과 수도권이 돈과 자원과 인재를 블랙홀처럼 빨아들이는 상황이 계속되면 헌법이 명한 국토의 균형 있는 발전을 기대하기 어렵다고 생각하게 되었다. 서울은 서울대로 인구 과밀화, 환경 악화, 혼잡비용 증가, 부동산 가격 폭등 때문에 경쟁력을 가지기 어렵게 되고, 지방은 지방대로 발전의 동력을 상실하고 말라 죽을 것이라는 우려에는 충분한 근거가 있었다. 박정희 대통령은 1970년대에 벌써 이런 문제를 인식하고 충청권에 새로운 수도를 건설하는 계획을 세웠다. 국가의 균형 발전을 이루고 서울의 도시 경쟁력을 끌어올리기 위해서는 수도의 행정 기능을 분리해 국토의 중심 지역으로 옮겨야 한다는 결론을 내렸다.

대통령 선거 국면이 본격화된 2002년 9월 30일, 나는 신행정수도 건설 공약을 발표했다. 민주당 선대위 마지막 회의에서도 반대하는 사람이 훨씬 많았다. 내가 믿고 의지했던 정치 선배와 참모들이 대부분 반대했다. 서울과 수도권 표를 잃을 위험이 높아서 선거에 불리하다는 이유로 반대했다. 국가적 견지에서 신행정수도가 필요하다는 것 자체를 부정하는 사람은 없었다. 후보인 내가 고집을 부렸다. 대통령 선거는 승패도 중요하지만 국가 발전에 꼭 필요한 의제를 국민에게 제출하는 기회이기도 하다고 설득했다. 이 공약은 대선 막바지에 가장 뜨거운 논쟁 대상이 되었다. 신행정수도가 '수도권 공동화'를 초래한다고 한나라당이 공격하면서 실제로 수도권에서 역풍이 불었다. 이 공약으로 선거에서 도움을 받은 것은 한 번뿐이었다. 정몽준 씨와 후

보 단일화 작업을 했을 때 충청권 지지율이 높았다. 그러나 본선에서 유리했던 것은 아니다. 어쨌든 나는 정치적 손익계산에 의거해 신행정수도 건설 공약을 발표했던 것이 아니다. 국가적으로 절실하게 필요한 정책이라고 판단했기 때문에 난관을 무릅쓰고 추진했다. 이 말을 꼭 하고 싶었다.

'신행정수도건설특별법'은 야당도 거부하지 않았지만 헌법재판소의 위헌 결정이라는 암초를 만나 좌초하고 말았다. 헌법재판소는 『경국대전』 이래의 관습을 이유로 들어 헌법을 개정하지 않고 서울이 아닌 곳에 행정수도를 만드는 것은 위헌이라고 했다. 청와대와 국방부를 비롯해 행정 기능의 일부를 서울에 남기고 나머지를 연기군 일대로 옮겨 행정중심복합도시를 만드는 새로운 법률을 만들었다. 이것은 가까스로 국회를 통과했다. 보수 세력은 또다시 위헌 심판을 청구했다. 헌법재판소가 이번에는 위헌 결정을 내리지 않았다. 국민들의 의견을 반영하여 도시 이름을 세종시로 지었다. 나는 세종시를 세계적인 명품 도시로 만들고 싶었다. 축소 모형을 만들어 가까이 두고 즐거운 상상을 하곤 했다. 재임 중에는 기공식밖에 하지 못했지만 완공되면 자주 가 볼 생각이었다.

12 대북송금특검법

대통령은 행정부의 수반이지만 행정만 하는 사람이 아니다. 정치를 잘하지 않으면 권한을 제대로 행사하기 어렵다. 나는 매우 안정적으로 국가행정을 관리했다고 생각한다. 법률과 절차에 맞게, 대통령의 합법적 권한을 벗어나지 않는 범위에서 행정을 이끌었다. 정치도 그렇게 잘하고 싶었다. 하지만 임기 내내 하루도 편한 날이 없었다. 처음부터 끝까지 우여곡절의 연속이었다.

취임식 바로 다음 날 여의도에서 '고약한 선물'이 왔다. 국회를 지배하고 있던 한나라당이 '대북송금특검법안'을 단독 처리해 정부로 보낸 것이다. 2000년 6월 김대중 대통령이 제1차 남북 정상회담을 했을 때 현대그룹이 4억 달러를 몰래 북으로 보낸 것이 문제였다. 박지원 청와대 비서실장이 산업은행을 통해 그 돈을 송금할 수 있도록 여러 가지 편의를 제공했다. 청와대 참모들과 국무위원들이 거부권 행사를 건의했지만 나는 특검법안을 수용했다.

김대중 대통령께서 청와대를 방문해 서운한 마음을 토로하셨다. 김대중 대통령을 지지하는 정치인과 시민들도 나를 매섭게 비판했다. 역사상 최초의 남북 정상회담을 성사시켜 위대한 업적을 이루게 했던 박지원 비서실장을 비롯해 송금 관련 실무자들이 여럿 구속되었다. 많은 이들이 그때 왜 거부권을 행사하지 않았는지 물었다. 나름대로 대답을 했지만, 모든 사연을 다 밝힐 수는 없었다. 이제 그 이유를 분명하게 말할 때가 된 것 같다.

김대중 대통령은 퇴임 직전 불법 송금에 대해 국민에게 사과했다. 그러나 이 문제가 사법적 심사의 대상이 되어서는 안 된다는 입장을 피력했다. 나는 김대중 대통령의 대북 정책을 계승하겠다는 입장을 재확인하면서 모든 것을 공개적으로 국민의 합의를 모아서 해 나가겠다고 여러 차례 밝힌 바 있었다. 대북송금이 사법적 심사의 대상이 되어서는 안 된다는 김대중 대통령의 견해에 나는 전적으로 공감했다. 하지만 그렇다고 해서 무작정 수사를 막을 수는 없었다. 4억 달러를 제공하고 다른 방식으로 무엇인가를 더 받기로 했던 현대 쪽에서 그 일이 잘 풀리지 않게 되자 자꾸 말이 흘러나왔다. 야당과 보수 언론이 주고받기를 하면서 의혹을 눈덩이처럼 부풀렸다. 도저히 수습할 수 없는 상황이 벌어진 것이다.

거부권을 행사하면 특검은 막을 수 있었다. 그러나 검찰 수사까지 막기는 어려웠다. 검찰 수사를 막을 수 있는 유일한 논거는 '통치행위론'이었다. 나는 법률가로서 이 이론을 인정하지 않았지만, 그래도 옳다고 우기면서 검찰이 수사를 하지 못하도록 지시하고 정면으로 부딪칠 수는 있었다. 그런데 그렇게 하려면 김대중 대통령께서 나서 주셔야 했다. "남북 관계를 열기 위해 내가 특단의 조처를 취한 것이다. 실정법 위반이 혹시 있었다고 해도 역사 앞에 부끄러움이 없다. 법 위반은 작은 것이고 남북관계는 큰 것 아니냐." 이렇게 말하면 나도 '통치행위론'을 내세워 검찰 수사를 막았을 것이다. 김대중 대통령이 매우 신뢰할 만한 사람을 보내 이런 뜻을 말씀드렸다. 그런데 내 노력이 부족했는지 소통이 잘못되었는지 모르겠지만, 김대중 대통령은 마지막 기자회견에서 4억 달러 문제를 사전에 보고 받지 않아 몰랐다고 하셨다. 대통령이 한 일이 아니라고 했으니 '통치행위론'을 내세우는 데 필요한 논리적 근거가 사라져 버렸다. 참모가 대통령 모르게 한 일까지 '통치행위론'으로 덮을 수는 없는 일이었다.

나는 내심 박지원 비서실장이라도 나서 주기를 바랐다. "그렇다. 내가 했다. 김대중 대통령은 모르셨다. 보고드리지 않았다. 현대 쪽이 나중에 사업을 더 받기로 하고 그 돈을 보냈다. 합법적으로 송금할 방법이 없었다. 그래서 내가 산업은행을 움직여 편의를 봐줬다. 불법이라는 것은 알고 있었다. 국가의 미래를 위해 불법인 줄 알면서 그렇게 했다. 법 위반 책임을 묻겠다면 책임을 지겠다. 영광으로 알고 기쁜 마음으로 감옥에 가겠다. 실무자들은 아무 죄가 없다. 똑같은 상황이 또 온다면 그때도 똑같이 할 것이다." 이렇게 했으면 굳이 특검을 할 이유가 없었다. 검찰 수사도 송금의 절차적 위법성에만 국한해서 하도록 수사 지휘를 할 수 있었을 것이다. 그런데 그렇게 되지 않았다.

어차피 수사를 막을 수 없는 것이라면 검찰보다는 특검이 낫겠다고 판단했다. 누가 수사하든 대북송금 절차의 위법성을 밝히는 데 그쳐야지 남북 관계의 근간을 해치는 데로 확대되어서는 안 된다고 생각했다. 그런데 방대한 조직과 인력을 가진 검찰에 맡기면 수사가 다른 곳으로 갈 가능성이 컸다. 4억 달러와 관련하여 현대와 북한 정부 사이에서 오고 간 협상의 내용이라든가, 송금에 관련된 북한 계좌 내역이라든가, 이런 것을 뒤지면 남북 간의 신뢰가 깨질 위험이 있었다. 그 돈의 출처에 손을 대면 자칫 기업의 분식회계나 비자금 문제가 터질 수 있었다. 게다가 박지원 실장과 주변 인물들의 비리를 밝히겠다고 검찰이 광범위한 계좌 추적과 수사를 할 경우, 만에 하나라도 정치자금 문제로 불똥이 튈 위험을 배제하기 어려웠다. 그래서 인력과 활동 범위가 법으로 제한된 특검에 맡기는 편이 차라리 낫겠다는 판단을 한 것이다.

송두환 특검은 송금의 절차적 위법성 문제만 정확하게 수사했다. 다른 것은 손대지 않아 남북 관계에도 큰 타격은 없었다. 박지원 실장을 비롯해서 유죄 선고를 받은 모든 관련자들을 형이 확정되자마자 사면했다. 나는 이것이 최선의 선택이었고 결과도 가장 바람직했다고 생각한다. 나중에 김대중 대통령과 박지원 실장에게도 전후 사정을 다 설명해 드렸다. 김 대통령도 처음에는 서운해하셨지만 나중에는 이해를 하셨다고 생각한다. 그런데도 어떤 정치인들은 이런 사정을 잘 알면서도 나를 정치적으로 공격하고 국민의 정부와 참여정부를 이간시키려 했다. 슬프고 가슴이 아팠다.

13 탄핵

대통령으로서 품격과 위엄이 부족했다. 나는 체질적으로 허리를 잘 굽히는 편이다. 남보다 윗자리에 앉으면 무언가 불안하고 불편하다. 대통령이라고 모든 행사장에서 제일 윗자리에 앉아야 하는 불편한 상황에 적응하는 데 한참 시간이 걸렸다. 나는 말을 위엄 있게 행동을 기품 있게 해야 하는 환경을 경험한 적이 거의 없었다. 대통령 선거를 준비하면서도 그런 것이 필요하다는 생각은 하지 못했다. 준비 없이 대통령이 되었다고 비판하는 사람이 많았는데, 다른 것은 몰라도 언어와 태도에 관한 한 나는 분명 준비되지 않은 대통령이었다. 행사장에 들어갈 때 고개 숙이지 말고 똑바로 걸으라고 아내가 여러 번 충고했다. 하지만 현장에 가면 나도 모르게 고개가 숙여졌다. 고집이었는지도 모른다. 누가 뭐라고 지적하면 노력해서 고쳐야 맞는데, 끝까지 고치지 못한 것을 보면 천성적으로 고집이 센 것인지도 모르겠다. 탄핵을 당한 것도 그런 고집 때문이 아니었나 싶다.

무엇보다 말이 문제였다. 나는 구어체 현장 언어를 구사했으며 반어법과 냉소적 표현을 즐겨 썼다. 원래는 그렇지 않았는데 인권 변호사로서 민주화 운동을 할 때 이런 언어 습관이 생겼다. 그때는 청중에게 강한 인상을 주는 표현이 필요한 시대였다. 언로가 막혀 있었고 표현의 자유가 보장되지 않은 사회에서 반정부 투쟁을 하는 데는 그런 어법이 효과가 있다. 야당을 할 때도 억울한 노동자들을 돕는 활동을 하다 보니 정서적으로 격앙된 때가 많아서 그렇게 했다. 대통령 후보가 되고 선거를 하는 과정에서 언어 습관을 고쳤어야 했다. 권위주의적 대통령 문화는 극복해야 할 문제였지만, 국민들에게 믿음과 안정감을 주는 품격 있는 언어를 사용하면서 그 일을 했어야 했다. 그런데 대통령이 되고 나서 그렇게 하지 못했다. 한나라당과 보수 언론이 이 약점을 정말 집요하게 공격했다. 내가 한 말을 그대로 전하는 것이 아니라 의도적으로 비틀어 보도하고 인용했다. 현장에서는 별문제가 없었던 말도, 언론에서 앞뒤를 잘라 내고 보도하면 아주 품위 없는 이상한 말이 되어 버리곤 했다. 퇴임한 후에 버락 오바마 대통령의 연설과 토론을 보았다. 그는 사회적 소수파에 속한 시민운동가 출신의 정치인이지만 매우 품격 있는 언어를 구사했다. 나도 그렇게 했었더라면 더 좋았을 것이다.

대선 불법 자금 문제가 불거져 있는 상황에서 일부 참모의 금품수수 사건까지 드러나 지지율이 곤두박질쳤을 때 국민들에게 재신임을 제안했다. 집권 초부터 국정 수행 지지도가 바닥으로 내려간 대통령이 국가 발전에 도움이 될 수 있는지 정말 심각하게 고민했다. 의미 있는 고민이었다고 생각한다. 하지만 그 고민을 그런 방식으로 표현한 것은 적절치 않았다. 불법 자금 규모가 한나라당의 1/10을 넘으면 정치적 책임을 지겠다고 말했던 것도 마찬가지였다. 한나라당의 비난과 공격이 도를 넘었다고 해도, 대통령이 그렇게 받아치는 것은 적절한 대응이 아니었다. 그러나 모든 것이 다 잘못이었던 것은 아니라고 생각한다. 민주당 개혁파가 한나라당을 뛰쳐나온 소위 '독수리 5형제', 개혁국민정당 등과 손잡고 열린우리당을 창당한 이후인 2004년 2월, 두 차례 기자회견에서 나는 신당을 지지한다고 말했다. 그것이 잘못된 일이었다고는 생각하지 않는다.

대통령은 정당의 당원이며 정치인이다. 지지하는 정당이 국회에 있어야 입법을 할 수 있고 국정을 제대로 운영할 수 있다. 야당은 대통령을 정치로 공격한다. 아무 잘못도 없는 김두관 장관 해임요구결의안을 통과시키는가 하면 윤성식 감사원장 임명동의안도 도무지 납득할 수 없는 이유를 들어 부결시켰다. 이것은 대통령에 대한 정치적 공격이었다. 대통령은 자신을 지지해 줄 정치 세력을 지원함으로써 야당의 정치적 공격에 대항할 수 있다. 이것이 대의제 민주주의의 기본 원리이다. 대통령이 공정하게 선거를 관리해야 한다는 것은 틀림없는 말이다. 예를 들어 여당 후보가 공무원을 동원해 돈 봉투를 뿌리거나 군인들이 여당 후보를 찍도록 병영에서 공개 투표를 지시해서는 안 되는 것이다. 그러나 정치인인 대통령이 선거와 정치에 대한 의사 표현을 하지 못하게 막는 것은 헌법과 법률을 잘못 해석한 것이라고 본다. 그때도 그랬고 지금도 마찬가지 생각이다.

대통령 탄핵은 가장 강력한 형태의 정치적 공격이었다. 그보다 더한 정치적 공격은 없다. 2004년 3월 10일, 제17대 국회의원 총선을 약 한 달 앞두고 한나라당과 민주당이 함께 탄핵소추안을 발의했다. 최병렬 한나라당 대표와 조순형 민주당 대표, 그리고 박관용 국회의장이 이 과정을 주도했다. 탄핵소추를 피할 수 없었던 것은 아니다. 남경필, 원희룡, 정병국 등 한나라당 소장파 의원들과 추미애, 조성준 등 민주당 의원들이 대통령의 대국민 사과 또는 사과로 간주될 수 있는 발언을 하면 표결에 참여하지 않겠다고 했다는 보고를 들었다. 열린우리당 정동영 의장과 김근태 원내대표, 김원기 고문 등을 비롯한 여러 동지들도 그렇게 하는 것이 좋겠다는 뜻을 전해 왔다. 하지만 나는 그렇게 할 생각이 없었다.

표결을 몸으로 저지하지 않는 것이 좋겠다는 뜻을 열린우리당에 전하라고 지시했더니 참모들이 펄쩍 뛰었다. 몇몇 의원들이 그런 뜻을 전해 들었지만 내 말을 따르지 않았다. 박관용 국회의장이 4당 대표 회담을 하라고 제안했지만 나는 그것도 거절했다. 대통령 탄핵소추권은 헌법이 국회에 부여한 합헌적 권한이다. 그 권한을 나는 인정했다. 그리고 헌법재판소의 탄핵심판이라는 또 다른 절차와 국민 여론이라는 것이 있으니 법리적 정치적으로 다투어 볼 만하다고 생각했다.

열린우리당 의원 40여 명이 국회 본회의장을 점거 농성하고 있던 3월 11일 오전 기자회견을 했다. 건평 형님이나 측근들과 관련된 비리 의혹에 대해서는 해명하고 사과했다. 하지만 선거법 위반이라는 비판은 받아들이지 않았다. 잘못한 일에 대해서는 얼마든지 사과할 뜻이 있지만 "뭐가 잘못인지도 모르면서 그저 탄핵을 모면하기 위한 사과라면 그런 것은 할 수 없다"고 했다. 3월 12일 오전 11시 55분, 국회 경위들과 야당 의원들이 농성하던 열린우리당 의원들을 모두 끌어낸 다음 탄핵안을 처리했다.

경남 창원의 어느 제조업체를 방문하는 도중에 보고를 받았다. 다음 날부터 대통령 직무가 정지된다고 했다. 직원 간담회에서 인사말을 하는데 사람들이 박수를 쳤다. 위로의 박수임을 느낄 수 있었다. 감사 인사를 하고 헬기 편으로 청와대에 돌아왔다. 국무위원들이 와 있었다. 고건 총리가 보좌를 잘하지 못해 죄송하다고 했다. 국무위원들에게 아무 일 없는 것처럼 업무에 임하라고 했다. 고건 총리에게 대통령 권한대행으로서 최선을 다해줄 것을 부탁했다. 탄핵 관련 서류가 아직 청와대에 도착하지는 않았지만 대통령 직무는 이 시점에서 사실상 정지되었다. 5월 14일 헌법재판소가 탄핵소추안을 기각할 때까지, 나는 63일 동안 청와대 관저에 칩거했다.

그날 밤부터 잠을 잤다. 식사 시간에 나타나지 않으면 직원들이 계속 기다리기 때문에 세끼 밥은 제때 먹어야 했다. 국회의 탄핵소추안 의결 다음 날부터 참모들에게 가끔 상황 보고나 헌법재판소 탄핵심사 대비에 필요한 사항을 전달 받을 때를 제외하고는 시도 때도 없이 잠을 잤다. 자도 자도 잠이 끝없이 밀려왔다. 그렇게 일주일을 보내고 나니 정신이 들고 다시 기운이 났다. 책을 읽었다. 그것 말고는 할 일이 없었다. 내가 거실에서 책을 읽으면 아내는 안방에서 읽었고, 내가 탁자에서 읽으면 아내는 소파에서 읽었다. 자리를 바꾸어 가며 낮에는 책만 읽었다. 오후 6시가 넘어 부속실 직원들이 퇴근하면 그제야 관저 마당으로 나갔다. 관저 인수문 밖으로 나간 일은 거의 없었다. 오찬 모임을 가끔 했던 상춘재에 갈 때도 앞뜰에는 나가지 않고 사잇문을 통해 뒤뜰에만 갔다. 툇마루에 앉아 뒤뜰을 보면서 시간을 보냈다. 아내와 둘이 거기 앉아 옛날이야기도 하고 책 이야기도 나누었다. 아주 가끔 참모 몇 사람과 뒷산에 올랐고, 한번은 출입기자들과 북악산을 등반했다. 식목일에는 경내에 나무를 심었고, 4월 15일에는 청운동 서울농학교 투표소에 가서 국회의원 총선 투표를 했다. 그것 말고는 관저를 벗어나지 않았다. 몇 년씩 불법 가택 연금을 당했던 김대중 대통령에 비하면, 63일의 칩거는 그저 잠깐 소풍을 나온 것처럼 가벼운 일이었다.

탄핵소추안이 가결된 그날부터 서울시청 앞에서 촛불집회가 열렸다. 관저 앞마당에 어스름이 깔리기 시작하면 멀리서 소리가 들렸다. 관저 마당 왼쪽 나무 계단을 밟고 뒷산으로 올라가면 등산로 진입로에 조그만 탁자를 놓은 작은 쉼터가 있다. 우리는 이것을 '데크'라고 불렀다. 이 쉼터에 올라가면 광화문 세종문화회관 부근까지 불빛이 보인다. 그 너머는 보이지 않는다. 사람이 얼마나 많은지, 무어라고 소리치는지는 알 수 없다. 멀리서 사람들이 외치는 함성이 아련히 들릴 뿐이다. 관저 안에서는 유리가 두꺼워 소리가 들리지 않았다. 용암처럼 일렁거리던 촛불 바다는 텔레비전 뉴스로만 보았다. 쉼터에서 그 소리를 들으며, 아내는 우리 편이 저렇게 많이 왔다고 좋아했지만 나는 겁이 났다. 저 사람들이 저렇게 밤마다 촛불을 들고 와서 나를 탄핵에서 구해 줄 것이다. 그리고 그다음에는 내게 무엇을 요구할까? 저 사람들이 원하는 것을 내가 과연 해낼 수 있을까? 그런 두려움이 촛불 시민들의 함성에 실려 왔다.

참모들이 처음에는 아무것도 보고하지 않았다. 어느 정도 시간이 흐른 뒤에는 간단한 보고서를 보내 주었다. 김우식 비서실장이 수석비서관들과 매일 아침 현안점검회의를 열어 국정 상황을 점검하고 고건 권한대행에게 보고서를 보낼 때 내게도 요약본을 준 것이다. 헌법재판소가 탄핵소추안을 기각할 경우 바로 업무에 복귀해야 하기 때문에 국정 상황에 대한 보고를 받아야 한다고 했다. 민정수석을 그만두고 청와대를 떠났던 문재인 변호사가 다른 변호사들과 함께 헌법재판소의 탄핵심판 심리에 대처했다. 국회의원 선거는 탄핵 이후 지지율이 급상승한 열린우리당이 이길 것이라고 했다. 그런데 정동영 의장의 소위 '노인 발언' 이후 영남의 우세 지역이 거의 다 뒤집어졌고, 수도권도 한나라당의 중진 현역 의원 지역구에서 열린우리당 신인들이 밀리고 있다는 이야기가 들렸다. 다행히 과반수는 몰라도 제1당이 되는 것은 확실하다고 해서 조금 안심이 되었다. 4월 15일 총선에서 열린우리당은 과반수에 턱걸이한 152석을 얻었다. 기적과도 같은 승리였다. 5월 14일 헌법재판소가 탄핵소추안을 기각했다. 위법 행위가 전혀 없지는 않지만 대통령 탄핵을 정당화할 만큼 중대한 범법 행위는 없다는 논리였다.

탄핵 과정을 돌이켜 볼 때 후회되는 일이 하나 있다. 3월 11일

기자회견에서 대우건설의 고 남상국 사장 실명을 거론한 것이다. 미리 준비한 기자회견문에는 없었다. 건평 형님 관련 의혹에 대한 기자들의 질문에 대답하는 과정에서도 처음에는 거론하지 않았다. 부연 설명을 더하면서 감정이 격해진 나머지 그렇게 된 것 같다. 나중에 문재인 변호사가 내가 그의 실명을 거론했다고 말했는데 나는 그런 사실을 기억하지 못하고 있었기에 아니라고 했다. 그가 녹취록을 가져와 내 발언을 확인해 주었다. 그제야 내가 그렇게 말했다는 사실을 깨달았다. 그분의 죽음에 대해서는 정말 안타깝고 미안하다. 다른 일과 달리 원상회복을 할 수도 없는 비극적인 사건이라 더욱 그렇다. 온 국민이 보는 기자회견에서 내 입으로 실명을 거론한 것은 실수였고 잘못이었다. 퇴임 후에 유족들이 명예훼손 혐의로 나를 형사고소 했다. 어느 신문사에서 부추겨서 유족들이 내용을 잘 모르고 고소를 했다면서 대응을 해야 한다는 보고를 들었다. 변호사들이 검찰에 의견서를 보내는 것 말고는 아무 대응도 하지 못하게 했다.

14　이라크 파병

대한민국 대통령에게 한미 관계는 외교정책과 대북 정책의 핵심 요소이다. 가장 민감한 국내 정치 쟁점이기도 하다. 한 번도 미국에 간 적이 없었던 나에게, 이 문제는 대통령 선거 과정에서부터 무거운 짐이었다. 그런 만큼 특별한 주의를 기울이지 않을 수 없었다. 미국을 보는 대통령의 개인적 견해가 어떠하든 그렇게 하지 않을 수 없다. 선거가 끝나기 무섭게 서둘러 주한 미상공회의소와 유럽상공회의소를 찾아갔다. 국민의 정부 종반기에 다시 불거진 북핵 문제로 인해 외국인 투자금이 빠져나갈지 모른다는 우려가 있었기 때문이다. 먼저 북핵 문제로 인한 안보 불안이 없다고 말했다. 그런데 그들의 관심사는 북핵 문제가 아니라 한미동맹이었다. 한미동맹이 흔들려 한반도 안보가 불안해질지 모른다는 걱정을 하고 있었다. 노무현이 '좌파 대통령' '반미 대통령'이라는 말을 들은 탓이었다.

그래서 얼른 주한 미군 사령부도 방문했다. 대통령 되고 나서 첫 번째 치른 중대사도 미국 방문이었다. 나는 대한민국이 미국의 요구를 모두 들어줘야 한다는 고정관념을 받아들이지 않았다. 미국의 세계 전략이 올바른 것인지 심각하게 의심했다. 그렇지만 대통령은 그런 생각을 내보일 수 없는 자리였다. 대한민국 대통령이 되면 누구든 한미 우호 관계와 한미동맹에 대한 신뢰를 잘 관리하고 유지해 나가야 한다. 그렇게 하지 않을 수 없다. 이라크 파병 문제도 그런 관점에서 살펴야 할 문제였다.

대북송금특검법이 한나라당이 보낸 "고약하지만 수령을 거절할 수도 있었을 취임 축하 선물"이었다면 이라크 파병 요청은 미국이 보낸 "고약하지만 수령을 거절하기 어려운 취임 축하 선물"이었다. 취임 직후 부시 대통령이 전화를 걸어 이라크 파병을 요청했다. 미국의 북한폭격론이 떠돌던 시점이라 딱 잘라 거절할 수가 없었다. 비전투 병력인 공병 부대와 의료 부대를 소규모로 보내는 방안을 만들었다. 서희부대와 제마부대는 쿠웨이트의 이라크 접경 지역 미군 기지 안에 주둔하기로 했다. 시민 단체의 파병 반대 운동이 시작되었다. 여당인 민주당 안에서도 반대 목소리가 만만치 않았다. 국가인권위원회도 반대 입장을 공식 천명했다. 4월 2일 국회가 파병동의안을 가결했다. 반대 운동이 만만치 않았지만 매우 소극적인 비전투 병력 파견이었기에 국민 여론도 대체로 양해하는 분위기였다.

그러나 오래지 않아 더 심각한 사태가 왔다. 2003년 6월 16일이다. 매우 반한적이라고 알려진 미국 국방부 차관보가 반기문 외교안보 보좌관을 통해 사단 규모 전투 병력 파병을 요청했다. 개인적으로는 반대했지만 밖에다 말할 수가 없었다. 청와대 안보팀과 대책을 숙의했지만 결론을 내리기 어려웠다. 8월이 되자 언론이 파병 문제를 본격 보도하기 시작했다. 예상했던 대로 격렬한 정치적 사회적 논쟁이 벌어졌다. 수백 개의 시민 단체들이 '파병반대국민행동'을 결성해 맹렬한 반대 운동을 벌였다. 청와대 안보팀과 국방부는 찬성했지만 다른 참모와 부처 장관들은 반대했다.

이라크 파병 문제는 한미 관계 전체를 흔드는 군사외교 정책의 쟁점이었고, 나를 대통령으로 만들어 주었던 지지층의 향배가 걸린 민감한 국내 정치 쟁점이기도 했다. 부시 대통령과의 관계를 잘 관리하지 못할 경우 북한 핵 문제와 남북 관계에 큰 악영향을 초래할 위험이 있었다. 결국 파병안을 국회에 내기로 했다. 지지층의 소망과 주장을 거역한 데 따른 정치적 손실과 배신자라는 비난을 각오했다.

한미 관계는 두 측면이 있다. 우선 정부 사이의 관계가 중요하다. 한반도의 여러 문제들을 잘 관리하려면 한미 공조를 해야 한다. 그것이 피할 수 없는 현실이다. 공조를 하면서도 계속 관계를 재조정해야 한다. 어떤 것은 미국이 원해서, 어떤 것은 우리가 원해서 그렇게 한다. 이라크 파병 문제는 한미 공조와 관계 재조정에 큰 영향을 미치는 문제였다. 국가를 운영하는 사람도 감정을 가진 인간이다. 부시 대통령이 우리 정부에 대해서 정서적 반감을 가지게 만들면 다른 모든 문제가 어려워지게 되어 있었다.

그보다 더 중요한 것은 양국 국민들의 정서이다. 이라크 파병을 거절했다면 미국 국민들이 큰 배신감을 느꼈을 것이다. 이라크 전쟁의 옳고 그름과는 상관이 없다. 우리나라에는 한반도 분단이 미국 책임이라고 생각하는 사람이 많다. 하지만 그것은 어디까지나 우리 입장이다. 미국 국민들의 기억은 전혀 다르다. 그들에게 대한민국은 수많은 미국인이 피 흘리고 목숨을 바치면서 지켜 주었던 우방국이다. 노무현은 그 나라의 대통령이다. 외교에서 가장 중요한 것은 국민들 사이의 우호적 상호 인식이다. 대미 외교도 예외일 수 없었다.

이라크 파병은 옳지 않은 선택으로 역사에 기록될 것이다. 당시에도 그렇게 생각했고 지금도 그렇게 생각한다. 옳다고 믿어서가 아니라 대통령을 맡은 사람으로서는 회피할 수 없는 선택이라서 파병한 것이다. 때로는 뻔히 알면서도 오류의 기록을 역사에 남겨야 하는 대통령 자리, 참으로 어렵고 무거웠다. 한 가지는 분명하게 말하고 싶다. 어쩔 수 없이 보내기는 했지만 최선을 다해 효과적인 외교를 했다. 애초 미국의 요구는 1만 명 이상의 전투 병력 파견이었다. 청와대 안보팀과 국방부는 최소

7,000명을 보내야 한다고 주장했다. 그러나 다른 참모들이 파병 자체에 강력하게 반대했다. 결론은 전투병 3,000명을 보내되 비전투 임무를 주는 것이었다. 이런 절충적 해법을 찾고 미국의 양해를 구하는 데서 시민 단체들의 강력한 파병 반대 운동이 큰 의지가 되었다. 시민사회의 강력한 반대 운동과 매우 비판적인 국민 여론이 있었기 때문에, 부시 대통령도 이런 수준의 파병을 이해하고 받아들였다고 생각한다.

청와대 안보팀도 끈질기게 노력했다. 당시 국가안전보장회의(NSC) 업무를 이종석 차장이 맡았다. 그 자리에 있지 않았다면 내놓고 파병 반대론 쪽에 섰을 사람이다. 그런 사람이 반대를 하지 않고 미국과 끈질기게 협상해 그 정도로 마무리한 것이다. 미국 정부와 부시 대통령은 대단히 고맙다는 인사를 보내왔다. 자이툰 부대의 존재는 그 이후 한미 관계의 여러 현안들을 처리할 때마다 미국에 우리의 입장을 이해시키는 데서 중요한 정서적 버팀목이 되었다. 나 혼자였으면 그 문제를 감당할 수 없었을지 모른다. 신중하고 충성심이 있는 참모가 얼마나 중요한지 새삼 알게 되었다. 그래서 나중 그를 통일부 장관으로 기용했다.

김선일 씨의 죽음을 접하고 마음이 괴로웠다. 내 탓인지 모른다는 자책감이 들었다. 국가가 국익을 위한다는 명분으로 국민을 희생시켜도 되는가? 정답을 찾을 수 없었다. 국민 전체의 이익을 위해 젊은이들을 징집해 전쟁터로 내보내는 일을 지금까지 모든 국가가 다 해 왔다. 인류 문명이 아직 그런 수준에 있는 것이다. 언젠가는 그런 일을 할 필요가 없는 세상이 올까? 확신할 수 없다. 목숨을 걸고 그 먼 이라크까지 자원해서 간 우리 군

인들이 너무나 고맙고 미안했다. 그 마음을 전하고 싶어서 자이툰 부대를 한 번 방문했다. 그때 예고도 없이 나를 덥석 껴안고 번쩍 들어 한 바퀴 돌렸던 젊은 병사를 나는 잊지 못한다. 그들과 작별하고 뒤돌아 나오는데 저절로 눈물이 났다. 큰 사고 없이 임무를 완수해 준 것을 정말 고맙게 생각한다.

모든 대통령에게 한미 관계는 쉽지 않은 과제이다. 한미 관계는 바람직하지 않은 부분이 많다. 그것을 바로잡으려고 할 때는 매우 신중하게 전략적으로 접근해야 한다. 얼마나 긴 시간을 두고 어떤 순서로 해결할 것인지 살펴야 한다. 어떤 문제는 뻔히 알면서도 손대지 말고 가야 한다. 나는 한미 관계에 큰 변화가 필요하다고 생각했지만, 서로가 마음 상하지 않도록 합의해서 점진적으로 변화시켜 가는 전략을 선택했다. 주한 미군 재배치, 용산기지 이전, 전시작전통제권 환수, 이라크 파병 등 모든 중요한 문제들을 그런 전략에 입각해 관리했다. 하루아침에 남남이 되는 게 아니라 5년, 10년 뒤에도 좋은 관계를 유지하면서 서서히 바꾸어 나가는 것이 현명하다고 생각한다. 대한민국은 국제 무대에서 미국의 힘을 빌려야 할 일이 많다. 경제적으로도 미국과 원만하게 지내야 한다. 마른 나뭇가지 부러뜨리듯이 할 수는 없다. 차근차근 변화를 이루어 나가면, 언젠가는 옳지 않은 전쟁에 대한 파병 요청을 거절해도 자연스럽게 받아들여지는 시대가 올 것이다.

북미 관계는 한반도 정세와 남북 관계에 결정적 영향을 준다. 북한 핵 문제는 본질적으로 북미 관계에서 발생한 것이다. 대한민국이 주도해서 해결하기는 어렵다. 한반도 분쟁과 평화의 직접 당사자이면서도 전혀 주도권을 행사할 수 없는 모순적 상황 때문에 5년 내내 심한 가슴앓이를 했다. 북한과 미국에 대해서 화가 날 때도 많았다. 그 분노를 밖으로 드러낼 수 없다는 것이 더 큰 스트레스였다. 상황에 따라 매번 다른 모습으로 나타나지만, 북핵 문제의 본질과 구조에는 변함이 없다. 체제 위협을 느끼는 북한이 핵무기를 지렛대로 삼아 그 위협을 항구적으로 해소하려 한다는 것이다. 김대중 대통령도 그랬지만, 나도 이것을 직시하고 대화를 통한 평화적 해결이라는 원칙을 일관되게 견지하면서 환경이 호전되기를 기다렸다. 그 5년 동안 미국 행정부는, 북한에 대한 무력 공격이나 일정 수준을 넘는 압박과 제재를 한국 정부가 순순히 수용하지 않는다는 것을 분명히 알았다. 한반도 평화를 깨뜨리는 어떠한 모험에도 한국 정부가 단호하게 반대한다는 것을 경험을 통해 확인했다.

북에 대해서도 마찬가지로 일관된 원칙을 견지했다. 흔히 당근과 채찍 이론을 말하는데, 이것을 너무 강조하면 자칫 판을 깨는 강경론으로 흐를 수 있다. 나는 위험한 채찍은 쓰지 않는다는 원칙을 확고하게 밝혔고 그런 원칙을 견지했다. 내 카드를 노출시키지 않음으로써 상대방이 나의 행동을 예측할 수 없게 만드는 것도 때론 좋은 협상 전략일 수 있다. 하지만 그런 전략은 이익을 나누는 협상에서나 쓸 수 있다. 민족과 국가의 운명이 걸린 중대사를 협상할 때는, 상대방이 나의 행동을 예측할 수 있게 해 주어야 한다. 그렇게 해야 나도 상대방의 행동을 예측할 수 있다. 북핵 문제 협상은 본질적으로 이익을 다투는 것이 아니라 위험을 제거하기 위한 협상이다. 이런 문제를 다룰 때는 불확실성을 증폭시키는 전략을 피해야 한다고 생각했다.

참여정부는 두 번째 남북 정상회담을 성사시킬 때까지 정확한 예측을 토대로 상황을 관리하고 신뢰를 구축했다. 화를 내고 싶을 때 화를 참았고, 상호주의를 내세워 북과 강하게 부딪치고 싶었을 때도 절제했다. 미국과도 참을 땐 참고 밀어붙일 땐 밀어붙이면서 신뢰를 쌓아 나갔다. 남측을 믿고 미국과 대화해도 되겠다는 믿음을 북에 주려 했고, 미국에게도 한국을 믿고 북과 대화를 해도 되겠다는 믿음을 주려고 노력했다. 한국 정부가 어느 한쪽으로 기울어 버리면 불신 때문에 진솔한 대화를 할 수 없다.

여기서 신뢰는 상대방의 인격에 대한 신뢰, 도덕성에 대한 신뢰가 아니라, 상대방이 나에 대해서 불안감을 갖지 않도록 해 주는 것이다. 북이 가장 두려워하는 것은 흡수통일이나 무력 공격이다. 무력 공격을 하지 않을 것이며 흡수통일을 할 생각도 없다는 점을 확실하게 했다. 2002년에 북핵 문제가 불거졌을 때 미국 쪽에서 "칠 수 있다"는 말이 나왔다. 이럴 때 북이 선택할 수 있는 대안이 무엇일까? 죽을 각오로 정면 대결하는 것 하나뿐이다. 이렇게 해서는 신뢰를 구축할 수 없다.

2003년 초, 당선자 시절에 다시 '북폭설'이 나왔다. 나는 그것이 단지 '설'일 뿐 실행할 수 없는 일이라고 생각했다. 하지만 그렇다고 해서 그 '설'을 무시할 수는 없었다. 국민들이 불안해했고 한국과 지금 거래하거나 한국에 투자하려던 외국인들이 영향을 받았기 때문이다. 그래서 "북에 대한 폭격은 있을 수 없는 일"이라고 공개적으로 말했다. 보수 언론과 전문가들이 한미동맹을 해치는 경솔한 발언이라고 비판했다. 그러나 나는 대통령의 말이 필요한 시점이라고 판단했다. 국민과 외국 투자자들의 불안을 고려할 때 그것이 전혀 현실성 없는 소문이라는 것을 대통령 말고 누가 말해야 한다는 말인가. 나는 내가 대통령으로 있는 한 북한에 대한 전쟁 행위가 없도록 하겠다는 뜻을 분명히 밝혔다. 부시 대통령의 군사 참모들은 내 말을 제대로 해석했을 것이다. 그것은 미국이 한국 정부의 동의 없이 북한을 폭격하려 할 경우 미군 비행기가 한국 땅 어디에도 착륙할 수 없다는 것, 미군이 한국군의 지원을 받으면서 작전을 펼칠 수 없다는 것을 의미했다.

이것을 두고 자꾸 한미 간의 갈등이라고 하는 사람들이 있었다. 그래서 미국 쪽에도 필요한 메시지를 보내면서 분위기를 잘 관리했다. 주한 미군 사령부에 가서 악수하고 사진도 찍었다. 늘 기분이 좋았던 것은 아니지만 우리 현실에서는 그렇게 하는 게 맞는 일이라 생각했다. 나는 '평화적 해결' 또는 '외교적 해결'이라는 소극적 원칙으로는 부족하다고 보았다. 봉쇄와 압력도 거기 포함되기 때문이다. 그래서 2003년 5월 처음으로 미국을 방문해 정상회담을 할 때, 여러 우여곡절을 겪어 가면서 부시 대통령에게 '대화를 통한 해결'이라는 표현을 받아 냈다. '평화적 해결'과 '대화를 통한 해결'은 엄청난 차이가 있다.

그러나 부시 대통령은 노골적이고 공개적으로 북한과 김정일 위원장을 비난하고 인격적으로 모욕하는 발언을 그만두지 않았다. 북미 관계가 험악해지면서 남북 관계 개선에도 제동이 걸렸다. 2005년 2월 10일, 급기야 북한의 핵보유 선언과 6자회담 무기한 불참 선언이 나왔다. 다시 부시 대통령을 만나 평화적 해결 원칙을 재확인했다. 6월 17일 정동영 통일부 장관이 김정일 위원장을 만나 문제를 풀었다. 김정일 위원장은 "한반도 비핵화는 김일성 주석의 유훈"이라고 말했다. 결국 북한 핵 폐기와 안전보장, 한반도의 항구적 평화 체제 구축 등 중요한 내용을 담은 6자회담 참가국들의 9·19공동성명을 이끌어 냈다.

그렇게 해서 다시 제자리를 잡아 가는가 싶었는데, 이번에는 미국이 마카오 소재 방코델타아시아 은행의 북한 계좌를 동결한 'BDA(Banco Delta Asia) 사건'이 터졌다. 그러자 북한은 장거리 미사일 발사 시험에 이어 2006년 10월 초 지하 핵실험을 했다. 북한은 이 모든 것을 하나하나 정치적 외교적 무기로 사용했다. 대한민국 대통령으로서 내가 할 수 있는 것은 국민들의 불안감을 누그러뜨리고 북쪽과 회복하기 어려운 갈등을 만들지 않으면서 상황을 관리해 나가는 일뿐이었다. 다행히 주식시장과 금융시장은 별로 흔들리는 기색이 없었다. 당사자이면서도 북한과 미국이 벌이는 위험한 승부에 대해서 주도적 대응을 할 수 없는 대한민국 정부의 처지에 대해서 다시 한 번 깊은 무력감과 분노를 느꼈다. 이 구조에서 벗어나지 않으면 우리 힘으로 한반도 평화와 남북의 공동 번영을 열어 나갈 수 없다는 사실을 새삼 확인했다.

미국 행정부는 매번 강력한 제재를 해야 한다고 주장했다.

북한을 얕잡아 보면서 고립시키고 압박하는 일에 협조하라고 요구했다. 나는 그런 현실성 없는 제재와 압박보다는 대화를 통한 해결이 효과적이니 채찍보다는 당근을 사용하자고 미국 행정부를 설득했다. 핵 폐기와 북한 체제의 안전보장, 북미 수교, 경제 지원, 평화협정 체결과 같은 현안을 하나로 묶어 일괄 타결하는 것이 우리의 방침이었다. 무척 힘든 줄다리기였다. 그런데 북한이나 미국보다 더 버거운 상대가 국내 여론이었다. 한국의 보수 신문들은 미국 네오콘보다 더 강경했다. 한나라당은 한술 더 떴다. 야당이 국회에서 더 강한 압박과 실질적인 제재를 요구하면서 대통령을 비판하면 보수 언론들은 그것을 머리기사로 다루어 부정적인 여론을 조성했다. 그렇게 만들어 낸 여론조사 결과를 들이대면서 또 대통령과 정부를 흔들었다.

만약 그들이 요구하는 대로 했다면 상황이 어떻게 되었을까. 북한에 대한 증오와 대결주의를 조장하는 정치인과 언론인들, 도대체 무슨 생각을 하는 사람들인지 알 수가 없었다. 한반도와 동북아시아의 평화를 어떻게 만들겠다는 것인지, 아무 대책도 없이 정서적 반감과 증오만 생산하는 그 사람들을 상대하는 것이 북한과 미국 행정부를 상대하는 것보다 훨씬 힘들었다. 다행히 제2차 남북 정상회담을 성사시켜서 김대중 대통령이 한반도 평화와 남북의 공동 번영을 위해 조성해 준 토대 위에서 한 걸음 더 진도를 나가는 정도로 임기를 마무리했다. 그러나 보수 정권이 들어선 이후 이 모든 것이 물거품이 되고 말았다.

16 한미 자유무역협정

2006년 초 한미 자유무역협정(FTA) 협상 개시를 선언했다. 이것은 대북송금특검법 수용, 이라크 파병, 대연정 제안에 이어 정치적 지지층이 등을 돌리게 만든 네 번째 선택이었다. 즉흥적으로 한미 FTA 협상을 시작한 것처럼 비판하는 사람이 많았는데, 사실 그런 것은 아니었다. 대통령 취임하고 반년이 채 지나지 않은 시점에서 이미 FTA를 적극 추진하기로 기본 방침을 정했다. 그런데 2005년 가을 전국농민회총연맹이 주도한 쌀 수입개방 저지 전국농민대회가 격렬한 시위로 번졌고 시위대와 경찰이 충돌하는 과정에서 농민 두 분이 사망하는 비극적 사건이 생겼다. 경찰관들도 여럿이 다쳤다. 국민의 생명과 안전을 지키는 것이 가장 중요한 임무인 대통령으로서 미안하고 가슴이 아팠다. 국가인권위원회가 이 사고의 책임이 경찰에 있다는 조사 결과를 발표했다. 그것을 받아들여 국민에게 사과하는 기자회견을 했다. 서운해진 경찰관들 사이에서 시위대의 불법을 비난하는 목소리가 있다는 것을 알았다. 그래도 국가 공권력은 특수한 권력이니만큼 더 엄격한 기준을 적용해야 한다는 입장을 밝혔다. 시위대의 불법 행위가 있다고 해도 공권력은 법을 잘 지키면서 대처하는 것이 옳다고 생각했다.

처음에는 '조금 만만한 상대'와 FTA를 추진했다. 그런데 일본과는 서로 요구하는 것이 너무 달라 협상을 중단할 수밖에 없었다. 그다음 캐나다와 협상했다. 김현종 통상교섭본부장이 한·캐나다 FTA를 통해서 미국을 끌고 오겠다고 했다. 이것이 계기가 되어 한미 FTA를 본격적으로 연구하기 시작했는데, 한번 해볼 만하다는 결론을 얻었다. 경제정책적 판단 말고 다른 이유가 더 있었다. 나는 국민들에게 새로운 도전을 권하고 싶었다. 의욕이 지나쳤는지는 모르겠지만, 나는 우리나라가 세계사의 흐름을 타고 과감한 도전을 할 필요가 있다고 생각했다.

개방 전략은 아무리 정밀하게 연구하고 분석해도 위험과 불확실성을 완전히 제거할 수 없다. 선택의 폭도 좁다. 불확실한 미래를 향해 위험을 안고 뛰어들거나, 불확실하기 때문에 위험을 회피하는 것. 이것 둘뿐이다. 세계경제의 흐름을 보면 장기적으로 FTA를 회피하기는 어려울 것 같았다. 적어도 낙오를 면하려면 그 불확실성을 안고 뛰어들어야 하는 것 아닌가. 어차피 뛰어들 것이라면 남보다 먼저 해야 앞서갈 수 있는 기회를 포착할 수 있지 않겠는가. 그렇게 생각했다.

나는 우리 국민의 역량을 믿었다. 산업화와 민주화를 다 이루어 낸 우리의 현대사를 볼 때 국민들이 FTA에 내포된 위험과 불확실성을 감당해 갈 수 있다고 믿었다. 이런 믿음이 없었다면 한미 FTA를 추진하기로 결심하지 못했을 것이다. 가장 마음에 걸리는 것이 농업이었다. 우리 농민들은 나이가 많다. 은퇴하려는 농민들은 은퇴할 길을 열어 주고 다른 국가정책으로 안정된 삶을 꾸려 나갈 수 있도록 돕는 한편, 계속 농사를 지을 사람들은 세계 일류 수준으로 농사를 짓도록 하는 것이 농민을 위해서도 국민경제를 위해서도 바람직하다고 생각했다.

한미 FTA에 반대한 진보주의자들의 이론과 견해를 나는 존중한다. 그러나 그분들은 사실을 있는 그대로 보지 않는 면이 있다고 생각한다. 우리는 과거의 사실을 토대로 현재를 이해하고 미래를 예측한다. 개방과 관련된 진보주의자들의 주장은 사실로 증명되지 않은 것이 많았다. 예컨대 1980년대 초반 '외채망국론'이 있었다. 나도 그런 강연을 하고 다녔다. 책 읽고, 팸플릿도 읽었다. 논리의 일관성은 있지만 우리나라 현실에 꼭 맞는 것은 아니었다. 그분들은 세계무역기구(WTO) 가입도 반대했다. 만약 WTO에 가입하지 않았더라면 한국 경제는 어떻게 되었을까? 선진국 클럽이라는 OECD 가입도 그렇다. 나도 야당 시절 안줏거리처럼 비판했다. 그런데 OECD 가입 자체가 잘못이었다고 말할 수는 없지 않은가. 그 후에도 서비스업과 유통업이 더 개방되었고 한·칠레 FTA도 했다. 여러 부작용과 어려움이 생기기는 했지만 우리는 그런 문제들을 대체로 다 해결하면서 오늘날까지 왔다.

진보 진영에서는 "개방을 했기 때문에 외환 위기를 당했다"고 말한다. 물론 그런 점이 없지는 않았다. 그러나 그것은 개방 자체의 문제라기보다는 준비가 부실한 개방이 야기한 문제로 볼 수도 있다. 외국 자본이 들어오는 것이 다 좋은 것만은 아니지만 그것이 우리 국민을 노예로 만든다는 논리는 옳지 않다. 대우자동차를 GM이, 삼성자동차를 르노가, 기아자동차를 현대자동차가 인수했다. 그때 외국 자본이 두 회사를 인수하지 않았다면 공장 문을 닫는 것 말고 다른 무슨 대책이 있었을까? 만약 정부가 국민 돈으로 부도난 회사를 인수했다면 국민들이 가만히 있었겠는가. 이런 사실을 제대로 살피지 않고 주장하는 것은 공부하는 사람들의 자세도 아니고, 정치하는 사람들의 자세도 아니라고 생각한다.

이익을 나누는 협상에서는 완전히 만족스러운 결과를 얻을 수 없다. 한미 FTA 협상 결과를 우리 국민 모두가 반기지는 않았다. 손해를 보는 국민이 있기 때문에 국회의 비준 동의를 받는다. 비준 여부를 토론하는 동안 피해 보는 국민에게 보상하는 길을 찾고 부작용을 극복할 방법을 찾는 것이다. 자동차 분야 협상 결과에 대해 오바마 대통령과 미국 국회의원들이 불만을 제기하면서 비준을 늦춘 것은 미국 국민도 협상 결과에 완전히 만족하지 않는다는 사실을 보여 준 것이다. 협상을 통한 합의는 원래 그런 것이다.

한미 FTA를 반대하고 비판한 시민 단체와 언론인, 정치인, 지식인들은 이 문제에 대해 나와는 다른 견해를 가지고 있었다. 나는 그분들의 생각을 인정하고 존중하며, 그들이 진정 나라의 미래를 걱정한 애국자임을 의심하지 않는다. 격렬한 반대 운동이 국익을 손상했다고 생각하지도 않는다. 이정우 청와대 정책실장과 정태인 국민경제비서관 등 나와 함께 일하다가 나가서 반대 운동에 앞장선 분들에 대해서도 서운해하거나 원망하지 않았다. 강한 애국심이 없다면 그렇게 할 수 없는 일임을 잘 알고 있었다.

그러나 사실에 의거하지 않은 비판과 오해에 대해서는 분명하게 짚고 넘어갔으면 한다. 이른바 '한미 FTA 협상 개시를 위한 4대 선결 조건'이라는 것이다. FTA 반대론자들은 협상을 구걸하기 위해 한국 정부가 미리 무릎을 꿇고 국익을 해치는 중대한 양보를 한 것처럼 주장했다. 진위 논란이 들끓었다. 2006년 7월

21일 청와대에서 대외경제장관회의를 소집했다. 여기에서 진위 논란은 불필요한 것이라면서 '4대 선결 조건'이라는 용어 사용을 수용하겠다고 말했다. '4대 선결 조건'이란 영화 스크린쿼터 축소, 미국산 쇠고기 수입 재개, 건강보험약가 제도 현행 유지, 그리고 자동차 배기가스 기준 적용 유예 등 미국의 요구 네 가지를 말한다. 이것들은 대부분 오래된 통상 현안이었다. 두 나라의 통상 담당자들은 FTA와는 상관없이 이미 오랜 기간 이 문제들을 두고 협상해 왔다.

나는 이 네 가지 문제와 관련하여 국익을 해치는 어떤 부당한 양보를 한 적이 없다는 것을 분명히 밝혔다. 이 문제들과 관련하여 양국 통상 담당자들 사이에는 많은 말과 문서가 오고 갔다. '4대 선결 조건'이라는 표현이 들어간 정부 공문서도 있었다. 미국 통상 담당자들은 한미 FTA 협상 과정에서 이런 문제들이 자기네가 원하는 방향으로 풀릴 것으로 기대하는 마음이 있었다. 한국 통상 담당자들도 협상 과정에서 일정한 양보를 할 수 있다고 생각했을 것이다. 그러나 협상 개시를 조건으로 삼아 미리 양보한 것은 없다. 이것이 진실이다.

쇠고기는 30개월 미만 뼈 없는 살코기만 통관을 허용하는 쪽으로 이미 합의가 되어 있었다. 고인이 된 박홍수 농림부 장관이 외교부와 재정경제부의 모진 공격을 받으면서도 끝내 이 빗장을 열지 않았다. 약가 제도 문제는 협상 개시 선언 이후 취임한 유시민 보건복지부 장관이 당시의 네거티브 리스트를 포지티브 리스트로 바꾸었다. 보험급여 제외 의약품 목록(네거티브 리스트)에 들지 않은 모든 의약품에 대해 급여를 하는 제도에서, 가격과 효능이 인정된 의약품 목록(포지티브 리스트)에 한정해 보험급여를 하는 제도로 전환한 것이다. 그는 FTA 협상이 한창 진행되던 와중에 입법예고를 하고 그대로 관철시켰다. 협상 개시 선결 조건으로 미리 양보했다면 이런 일들은 일어날 수 없는 것이었다. 스크린쿼터와 자동차 배기가스 기준 문제 역시 어차피 양국 간에 논의할 수밖에 없는 문제였다. 지금도 오해하는 분이 있다면 내 말을 믿고 오해를 푸시기 바란다. 내가 대통령으로 있던 대한민국은 '굴욕 외교'를 하는 나라가 아니었다.

17 남북 정상회담

2006년 11월 23일 김만복 국정원장에게 임명장을 주었다. 그는 국정원 역사상 최초의 국정원 출신 원장이었다. 따로 말할 것이 있는 것 같다는 문용욱 부속실장의 보고를 받았기에 임명장 수여식이 끝난 뒤 집무실로 불렀다. 그런데 그가 한 장짜리 간단한 보고서를 불쑥 내밀었다. 남북 정상회담을 추진하겠다는 것이었다. 열린우리당 이화영 의원이 앞장을 섰고 총리직에서 물러난 이해찬 의원도 중국 등지를 오가면서 분위기를 조성하려고 애쓴다는 이야기를 듣기는 했다. 말리지는 않았지만 되기도 어렵다고 생각해서 그냥 내버려 두고 있던 참이었다. 북핵 문제도 있는데 무슨 정상회담을 하느냐고 했더니 김만복 원장은 핵 문제도 정상회담 의제로 삼을 수 있다고 주장했다. 성과를 기대할 수 없는데 갔다 와서 국민들한테 무슨 얘기를 할 거냐고 물었다. 그랬더니 일단 만나기만 하면 무슨 성과가 있어도 분명히 성과가 있을 것이라고 김정일 위원장의 특징에 대한 설명을 장황하게 늘어놓았다. 더 토론할 문제가 아니라고 생각해서 큰 기대를 하지 않고 허락했다. "할 테면 한번 해 보시오." 예상했던 대로 반년이 넘도록 아무런 진전이 없었다.

2007년 7월 9일 김만복 원장이 급한 보고가 있다고 했다. 북한 노동당 김양건 통일전선부장이 북으로 오라고 연락해 왔다는 것이었다. 그동안 가끔 북으로 편지를 보냈다는 등의 보고를 하더니, 나름대로 열심히 노력해서 진도를 나간 모양이었다. 그는 남북 정상회담을 평양에서 하자는 북측의 제안을 가지고 돌아왔다. 제3국에서 하는 방안을 검토하다가 회담 장소 같은 것은 사소한 문제라고 생각해서 평양에 가기로 결정했다. 8월 27일로 날을 잡았다. 그런데 북한에 대홍수가 나는 바람에 길이 다 무너지고 사람이 죽고 해서 10월 2일로 바꾸었다.

노란 페인트로 표시해 둔 군사분계선을 아내와 함께 걸어서 넘었다. 좋은 결과를 내야 한다는 부담 때문에 감회를 느낄 마음의 여유가 없었다. 김만복 국정원장은 김정일 위원장이 나와 비슷한 데가 있어서 만나면 큼직한 성과도 있을 것이라고 했다. 둘 모두 격식에 얽매이지 않고 솔직하게 이야기하며, 준비된 주제를 책 읽듯이 하는 것이 아니라 머릿속에 다 정리해 놓은 다음 순서에 구애 받지 않고 그때그때 대화의 흐름에 따라 이슈를 끄집어내고 정리하는 스타일이라는 것이었다. 그러나 나는 그런 기대를 하지 않았다. 국가 정상들의 정치 협상에서는 스타일이 아니라 정치 상황이 중요하다. 공통의 소망이 있다고 해도 객관적

어서오십시오
여기서부터는 파주시 입니다
Welcome to Paju
후방10m

상황의 제약을 넘어서지 못하면 좋은 성과를 내기 어렵다. 비슷한 점보다 다른 점이 더 중요한지도 모른다. 김정일 위원장은 절대적이고 유일한 권력자였다. 그러나 나는 아니었다. 내게는 대체로 예측할 수 있는 카드밖에 없었지만 그는 그렇지 않을 수 있었다. 무언가 기대 이상의 소득을 얻을 가능성은, 그가 나와 다른 지위를 가지고 있다는 데 있었다.

그동안 남북 정상회담을 하지 못한 것은 6자회담의 진전이 없기 때문이었다. 북한과 미국은 여러 번 태도를 바꾸었다. 그러나 우리는 일관된 입장을 유지했다. 그래서 정상회담이 이루어질 수 있었던 것이다. 대선용으로 만들었다느니 하는 야당과 보수 언론의 억측은 뻔히 알면서도 그렇게 덮어씌워 본 것일 뿐이다. 진짜 그렇게 믿고 말했다면 무지하거나 어리석은 사람들이라고 할 수밖에 없다. 누가 주도한 것이냐는 질문도 별 의미가 없다. 상황이 정리되어 정상회담을 할 수 있게 되었고, 남북 모두 그것을 필요로 했기 때문에 그렇게 된 것이다. 누가 주도했다고 말할 수가 없다.

국민의 기대가 컸다. 정상회담을 정례화하고 경제협력과 평화 정착을 위한 협의체를 만들라는 요구도 나왔다. 그런데 남북은 정부의 성격이 달라서 이런 합의를 하기가 쉽지 않다. 평화 정착과 경제협력 강화를 위한 합의는 할 수 있을 것으로 봤다. 사실 한나라당의 전신인 정당들이 집권하고 있었던 시절에도 우리 정부가 북한과 많은 합의를 했다. 1988년 7·7선언과 1991년 남북기본합의서만 가지고도 마음만 통하면 무엇이든 다 할 수 있다. 그런데도 잘 안 되었던 것은 신뢰가 없었기 때문이다. 문제는 입장의 차이가 아니라 신뢰의 결여였다. 적극적으로 무엇을 이루려고 진심으로 노력했는가? 상대방의 신뢰를 얻기 위해 우리가 성의를 다했는가? 필요할 땐 양보를 하고 타협을 했느냐? 이것이 문제였다. 야당은 정상회담을 위해 물밑에서 퍼 주기를 한 것 아니냐고 주장했다. 보수 언론이 이것을 지속적으로 받아썼다. 똑같은 수준으로 책임지지 않을 말을 한 것이다. 분명히 말하지만 뒷거래 같은 것은 없었다.

정상회담 첫날 김영남 최고인민회의 상임위원장을 만났다. 그는 남쪽과 접촉할 때는 늘 하는 대로 무려 45분 동안이나 예의 그 장황한 이론을 펼쳐 놓았다. 대부분은 한국 정부의 태도를 질책하는 내용이었다. "왜 우리 민족끼리 하자고 해 놓고 계속 외세의 영향을 받느냐?" "그렇게 하니까 남북 경제협력이 지체되고 합의도 지켜지지 않는 것이다." "앞으로 어떻게 남북 협력을 할 수 있겠느냐?" 우리로서는 감당하기 버거운 것들이었다. 게다가 남에서 온 방문자들이 북에서 '성지'(聖地)라고 하는 곳을 참배할 수 있도록 규제를 풀라든가, 국가보안법을 없애라든가, 그런 문제를 가지고 시종일관 훈계조 연설을 했다. 가만히 듣고 있기가 무척 힘이 들었지만, 꾹꾹 눌러 가며 참았다.

듣기도 힘들었지만 대응하기는 더 어려웠다. 또박또박 논리적으로 대응해 줘야 할지, 잘 들었다는 수준으로 대강 넘어갈 것인지 판단하기 어려웠다. 다음 날 김정일 위원장도 똑같은 이야기를 하면 실제 회담은 언제 할 것인지, 여간 걱정이 아니었다. 잘 들었다고, 북측 입장이 그렇다는 것을 잘 알겠다고만 했다. 그러면서 가벼운 농담처럼 받아쳤다. "항상 우리 민족끼리 해결하자고 하면서 평화협정 문제는 왜 자꾸 우리를 빼려고 합니까?" 그러고는 한마디 못을 박아 두었다. "내일 김정일 위원장께서 하실 말씀을 미리 하신 것으로 알겠습니다. 내일도 이런 식이라면 보따리를 싸야 할지 모르겠습니다." 그것으로 면담을 끝냈다.

다음 날 오전 김정일 위원장을 만났다. 나더러 먼저 이야기를 하라고 했다. 내가 우리 쪽에서 준비한 여러 의제를 망라해 30분짜리 기조 발언을 했다. 다행히 김정일 위원장은 김영남 위원장이 한 말들을 반복하지 않고 곧바로 몇 가지 실질적인 문제를 제기했다. "무슨 선언을 하자고 하는데 '7·4공동성명'부터 여러 선언들이 지금 보면 그냥 종잇장에 불과한 것 아닙니까?" 또 그는 "우리 민족끼리 하려는 자주성이 없다"고 했다. 특구 신설에 대해서도 부정적이었다. "정치적으로 이용만 당하고 실질적으로 이득을 본 것이 없었으니 기왕에 시작한 개성공단이나 잘해서 마무리한 다음에 생각해 봅시다."

회담이 꽉 막혀 버렸다. "이럴 거면 뭣 하러 오라고 했을까?" "논쟁이나 하자고 오라 한 것은 아닐 텐데." 온갖 생각이 다 들었다. 오전에는 경제협력을 포함해서 어느 것 하나 매듭을 지은 게 없었다. 그런데도 북측은 대강 끝난 것 아니냐는 분위기였다. 오전 회담에서 한 가지 느낀 것이 있었다. 개혁·개방이라는 말에 대해 북측이 큰 거부감을 가지고 있다는 사실이었다. 준비해 간 그대로 말을 하기는 했는데, 부딪쳐 보니 그 메시지가 문제였다는 생각이 들었다. 우리 쪽 수행원 오찬장에서 마이크를 들었다. "우리가 개혁·개방이라는 용어를 너무 일방적으로 한 것 같은데 그래서는 안 되겠습니다. 북의 입장에서 생각하면서 역지사지하는 자세로 대화합시다." 오찬장 곳곳에 북측 관계자들이 있는 만큼, 그 말이 그대로 김정일 위원장에게 보고될 것을 기대했다.

그게 도움이 되었는지는 모르겠지만, 오후 회담은 전혀 다르게 진행되었다. 김정일 위원장은 언제 그랬냐는 듯이 오전에 안 된다고 했던 문제까지 다 풀어 버렸다. 꺼내는 의제마다 좋다고 했다. 회담은 실질적으로 네 시간 정도 한 셈인데, 의제 가운데 미리 합의한 것은 거의 없었다. 그런데도 핵 문제에서부터 평화 선언, 각종 경제협력, 이후 회담에 관한 문제까지 일사천리로 합의가 이루어졌다. 다른 정상회담과는 달리 통역이 필요 없었고 정서적으로도 통하는 점이 많아서 나중에는 '가족적 분위기'를 방불케 하는 장면도 나왔다.

분위기가 매우 화기애애해졌을 때 배석했던 이재정 통일부 장관이 베이징 올림픽 공동 응원단 구성과 백두산 관광 문제를 제기했다. 준비한 의제 목록에 없는 것들이었다. 원래는 나한테 말하면 내가 받아서 의제로 제기해야 의전에 맞는 것인데 그가 그냥 말을 꺼냈다. 회의 의전에 따르려면 김정일 위원장이 김양건 통일전선부장(통전부장)한테 말해서 합의문에 반영하는 절차를 밟아야 했다. 그런데 김 위원장은 이 모든 절차를 생략하고 합의 사항을 메모하던 김만복 국정원장에게 바로 말을 건넸다. "김 원장, 그것도 합의문에 넣으시오." 김양건 통전부장이 남측 제안인데 이렇게 수정해야 하겠다고 하면 그것도 바로 김만복 원장에게 넘겨 버렸다. 이렇게 해서 결과적으로 매우 효율적인 회담이 되었다. 오찬 때 말한 진심이 잘 전달되어서 북측의 의구심이 풀린 것인지, 아니면 김정일 위원장이 일단 확 밀어붙여 놓은 다음에 풀어 나가는 스타일이라 그렇게 된 것인지는 모르겠다. 그러나 어쨌든 남과 북 모두 상대방의 진심을 믿고 협상했던 것은 분명하다.

김정일 위원장은 듣던 대로, 거침없이 말하는 사람이었다. 그리고 국정 전반을 아주 소상하게 꿰고 있었다. 개혁이니 개방이니 하는 문제에 대해서 자기의 소신과 논리를 아주 분명하게 체계적으로 표현했다. 해주특별지대 문제가 나오자 해주의 특성과 사회경제 상황을 정확하게 설명했다. 안변 이야기가 나오니 조선공업단지로서 안변이 가진 입지 조건과 강점에 대해 체계적으로 설명했다. 회의 때는 다른 참모들을 밖에 머물게 하고 김양건 부장 한 사람만 배석시켰다. 무슨 일이든 시원시원하게 판단하고 결정했다. 식사를 하면서 참모들을 다루는 태도에는 절대권력자의 모습이 역력했다. 나는 김정일 위원장이 대화할 수 있는 사람, 충분히 이야기하면 말이 통하는 사람이라는 느낌을 받았다. 본질 문제는 주장을 굽히지 않겠지만, 실무적인 문제는 유연하게 결정해 나갈 수 있는 사람이다. 그는 북에서 만난 모든 사람 가운데 가장, 그리고 홀로 유연했다. 다른 사람들은 대단히 경직되어 있었다.

김 위원장이 갑자기 체류 연장을 제안했다. 전혀 예상하지 못한 일이라 조금 당황했다. 회담을 더 하자는 말인지, 아니면 다른 일정을 더 하라는 것인지 의도가 분명하지 않았다. 그래서 대답을 하지 못하고 머뭇거리자 그가 말했다. "그거 결정 못합니까?" 내가 대답했다. "큰 것은 내가 결정해도 작은 것은 내가 결정 못합니다." 나중 언론에서 그것을 두고 상당히 전략적인 대답

이었다고들 해석했는데, 실제로는 무슨 전략에 따른 게 아니라 평소 습관 그대로 이야기한 것이었다. 청와대에서 의사 결정을 할 때도 큰 선택은 내가 했지만 작은 것은 그렇지 않았다. 대통령은 작은 문제에 대해서 개인 의견을 말하지 않는 게 좋다. 남북 정상회담과 관련한 일정과 의전 문제도 내가 결정할 문제가 아니었다. 예를 들어 군사분계선을 걸어서 넘을 것인지 자동차를 타고 넘을 것인지 결정할 때 나는 관여하지 않았다. 체류 연장은 일정과 관련한 문제니까 내가 결정하기 전에 의전팀과 상의해야 한다고 생각했을 뿐이다. 그냥 정직하게 사실대로 이야기했는데, 결과적으로 제법 괜찮은 대답이 되었다.

회담에서 공을 가장 많이 들였던 것이 '서해평화협력특별지대'였다. NLL 문제는 경제협력과 군사적 보장 문제의 최대 걸림돌이었다. NLL은 그 지위에 대한 남북의 주장이 서로 달라 충돌 위험이 상존하는 곳이다. 실제로 충돌이 일어났고 희생도 있었다. 그대로 두면 앞으로도 충돌이 일어날 수밖에 없다. 목숨을 걸고 지켰다고 자랑만 할 것이 아니라 평화를 정착시킬 대안을 내야 했다. NLL 문제를 근본적으로 해결하지 못하더라도 최소한 분쟁 발생을 막는 대책은 세워야 하는 것이다. 그래서 근본적인 문제는 뒤로 미루고 먼저 평화 정착과 경제협력 방안을 다루었다. NLL에 관계없이 필요한 협력을 하면서 이곳을 평화지대로 만들면 분쟁을 예방하고 양측 모두 이익을 얻을 수 있다는 관점에서 미리 논리를 세우고 사업 계획을 만들었다. 통일부, 산자부, 건교부, 해양수산부 등 모든 관련 부처를 동원해 여러 차례 합동 회의를 열었다. 일일이 보고를 받으면서 사업 제안을 만들었고,

북측을 설득하는 데도 심혈을 기울였다. 그런데도 오전에 이 문제가 풀리지 않자, 우리 측에서 오후 회담을 강력히 요청했고 결국 합의를 만들어 낸 것이다. 이것이 두 번째 정상회담의 가장 중요한 성과였다고 생각한다. 정권이 바뀌었다고 해서 남북 모두에게 큰 이익이 되는 이 합의를 없었던 것으로 되돌린 결정은 아무리 생각해도 어리석은 일이었다.

18 국정원장 독대 보고

내가 대통령이 되기 전에도 정치 개혁과 민주화는 많이 이루어졌다. 그러나 국가권력 내부의 권위주의와 사회적 특권 구조는 아직 정리되지 않았다. 1987년 6·10민주항쟁 이후 우리 국민은 독재의 잔재를 차근차근 청산했다. 참여정부 시절에 맞닥뜨린 것은 권력 스스로의 개혁, 권력의 권위주의와 특권적 구조를 해체하는 마지막 과제였다. 그 중심에 있는 것이 권력기관의 정치적 중립화와 언론 개혁이었다. 권력기관의 정치적 중립화와 관련하여 가장 중요한 것이 국가정보원과 검찰이었다. 국세청도 문제가 있었다.

많은 사람들이 나를 힐난했다. 왜 바보같이 권력기관을 다 풀어 주었느냐고. 바보라서 그랬던 것이 아니다. 대한민국의 발전을 위해서는 꼭 필요한 일이라서 그랬던 것이다. 나는 제왕적 대통령이 되기를 거부했다. 장관과 공무원들, 여러 헌법기관과 정부 기관들이 자기 책임 아래 자주적이고 자율적으로 국민을 위해 일하는 나라를 만들고 싶었다. 대통령이 권력기관을 사조직처럼 이용하는 제왕적 대통령의 시대를 확실하게 마감하고 싶었다. 그래서 그렇게 한 것이다.

임기 내내 한 번도 국정원장의 독대 정보 보고를 받지 않았다. 정례 보고든 수시 보고든 독대 보고는 없었다. 국정원장의 보고를 받을 때는 관련 장관이나 청와대 참모를 반드시 배석시켰다. 대통령이 국정원장의 독대 보고를 받으면 대통령은 저절로 제왕이 된다. 국정원의 보고는 안보 정책과 대북정책에 국한되지 않는다. 국정원법 규정이야 어떠하든, 국정원은 정치, 정부, 사회, 문화, 언론, 기업 등 사회 전체에 관한 정보를 수집하는 방대한 조직을 보유하고 있다. 잘 훈련 받은 요원들이 습관적으로 정보를 수집한다. 대통령이 국정원장과 독대해서 다른 누구도 모르는 정보를 보고 받는다는 사실이 알려지면 국정원의 정보 집중력은 더욱 강해진다. 대통령에게 보고되기를 바라는 정보를 자발적으로 국정원에 제공하기 때문이다. 그러면 국정원의 정보 수준은 더욱 높아지고 권력은 강화된다.

예를 들어 장관들의 업무 성과와 주요 정책, 그리고 그에 대한 평가가 보고에 포함된다고 하자. 장관들은 국정원장 독대 보고에 그런 내용이 있다는 사실을 알게 된다. 부처의 고위 공무원들은 그 보고 내용을 좋게 만들기 위해 자진해서 국정원 조정관에게 비공개 정보를 제공한다. 그러면 장관들은 불안해진다. 자신이 어떤 평가를 받았는지 몰라서 불안하다. 대통령이 자기보다 더 많은 것을 안다고 생각해서 불안하다. 정책의 옳고 그름을 따지기보다는 대통령의 심기를 헤아리는 데 골몰하게 된다. 국무회의에서 대통령의 말을 받아적게 되고 대통령이 깊은 검토 없이 말한 단순한 의견도 대통령의 '깊은 뜻이 담긴 지침'으로 받아들인다. 보고를 할 때 대통령의 눈치를 살핀다. 다양한 현안을 다루는 관계장관회의에서도 토론을 하거나 대통령의 이해도를 높이는 창의적인 보고를 하기보다는 대통령의 선입관이나 고정관념에 부합하는 보고를 하게 된다. 이렇게 되면 분권이니 자율이니 하는 것은 모두 빛 좋은 개살구로 전락하고 만다.

국정원장 독대 보고의 부작용은 여기서 끝나지 않는다. 국정원은 독대 보고를 무기로 삼아 더욱 넓고 깊게 정보를 수집한다. 국정원의 보고서는 모든 다른 기관의 보고서를 능가하게 된다. 그럴수록 대통령은 점점 더 국정원 보고에 의존하게 된다. 나중에는 대통령이 국정원을 지휘하는 것이 아니라 국정원이 정보의 힘으로 대통령을 조종할 수도 있다. 그런데 국정원의 판단이 늘 옳은 것은 아니다. 권력을 집중하려는 속성이 발동하면 정보를 왜곡하고 대통령의 판단을 흐리게 할 수도 있다. 그러나 국정원 보고에 의존하는 대통령이라면 이미 그런 왜곡을 알아차리기 어렵게 된다. 대통령이 나라를 엉뚱한 곳으로 끌고 갈 위험이 커지는 것이다. 제왕적 대통령은 그 자체로 민주주의와 어울리지 않을 뿐만 아니라, 국정을 파탄의 구렁텅이로 몰아넣을 수도 있다.

인권 운동과 시민운동을 했던 고영구 변호사를 초대 국정원장으로 기용한 것은 이런 생각 때문이었다. 그는 내 생각을 잘 이해하면서 업무를 수행했다. 후임 김승규 원장과 김만복 원장 때도 독대 정보 보고는 받지 않았다. 국정원 스스로도 대통령 한 사람을 위한 정보기관에서 국가를 위한 정보기관으로 변신하기 위해 많은 노력을 한 것으로 안다. 야당 정치인 뒷조사를 하거나 반정부 세력을 위축시키기 위해 국정원 조직을 활용하는 행위는 대한민국 대통령이 결코 해서는 안 될, 국가와 국민을 모독하는 추악한 짓이라고 생각했다. 그래서 국정원을 정치적으로 활용하지 않았다. 다시 대통령이 되어도 그렇게 할 것이다.

19 검찰 개혁의 실패

권력기관의 정치적 독립 또는 중립화와 관련하여 국가정보원 못지않게 심각한 것이 검찰 조직이었다. 김대중 대통령이 취임했을 때 민변이 국민의 정부 개혁 과제를 제안했는데, 첫 번째가 검찰의 정치적 독립이었다. 얼마 가지 않아 민변이 국민의 정부에 대한 실망감을 공개적으로 표명했다. 그 주된 이유가 검찰 개혁을 제대로 하지 않았다는 것이었다. 김대중 대통령은 임기 내내 검찰의 정치적 독립 요구를 외면했다는 비판에 시달렸다.

대통령에 취임하기 전부터 검찰 인사 개혁안을 준비했다. 그런데 당시 검찰 수뇌부가 사실을 왜곡하면서 인사 개혁에 대한 검사들의 불만을 부추겼다. 나는 검찰의 정치적 중립화를 공개적으로 추진하기 위해, 취임 직후인 2003년 3월 9일 세종로 정부청사에서 텔레비전 방송이 생중계되는 가운데 평검사들과 토론했다. 검사들의 인사에 대한 오해와 불만을 해소하는 것과 함께, 젊은 검사들이 정치적 독립의 충정을 토로하면 공감을 표시하고 필요한 약속을 하려고 했다. 검사들이 미리 모여 준비를 해서 나온다고 들었다. 토론을 시작하자 검사들이 처음부터 인사 문제를 이야기하기에 설명할 것은 설명하고 해명할 것은 해명함으로써 어느 정도 정리를 했다. 그런데 다른 검사가 또 인사 문제를 제기해서 다시 마무리를 하고 나면 또 다른 검사가 또 제기하고 해서, 그래서 결국 인사 이야기에서 뱅뱅 돌다가 토론이 끝나고 말았다. 대표로 토론에 나오면서 대통령 앞이라고 주눅 들지 말고 인사 문제를 제대로 충언하라는 주문을 받은 모양인데, 결국 돌아가면서 준비해 온 말만 되풀이했던 것이다.

무척 실망스러운 결과였다. 그러나 검사들이 대통령과 공개적으로 논쟁하는 것을 온 국민에게 보여 줌으로써, 적어도 내가 검찰을 정치적으로 악용할지 모른다는 우려를 해소하는 효과 정도는 있었다. 나는 검찰의 중립을 보장한 것에 대해 자부심을 느낀다. 국가 발전을 위해서는 그렇게 하는 것이 옳다고 생각한다. 그러나 대통령이 검찰의 정치적 독립을 보장하면 검찰도 부당한 특권을 스스로 내려놓지 않겠느냐는 기대는 충족되지 않았다. 검찰은 그렇게 하지 않았다. 아쉬운 일이다.

검찰 개혁의 두 번째 과제는 검찰권 행사에 대한 민주적 통제였다. 사실 검찰은 아무런 견제를 받지 않는 권력이다. 기소독점권을 가지고 있어서 기소권을 부당하게 행사하거나 행사하지 않을 위험이 있다. 검찰의 과거사를 보면 그런 일들이 무수히 많았다. 특히 검사와 검찰 직원들의 불법 비리는 검찰 스스로 수사하고 기소하지 않는 한 아무도 할 사람이 없다. 그런데 검찰과 같은 권력기관이 자기 자신의 불법행위를 엄정하게 수사하고 기소할 리 없다. 검찰은 권위주의 시대 인권 탄압에도 앞장섰다. 수사기관이 무고한 사람을 불법감금하고 고문해서 자백을 받아 낸 것을 뻔히 알면서도, 그 자백을 근거로 아무 증거도 없이 간첩이나 이적 단체로 기소한 사건이 부지기수였다. 참여정부가 만든 과거사 관련 위원회에서 진상 조사를 해서 법원에 재심을 권고한 사건이 많았다. 그 피해자들이 재심을 신청해서 줄줄이 무죄 판결을 받았다. 그런데도 그 사건을 만든 장본인이었던 검찰은 과거사 정리와 그에 대한 반성을 끝까지 거부했다. 국정원과 경찰청 등 다른 권력기관들이 모두 위원회를 만들어 진상 조사를 하고 국민 앞에 사과했지만 검찰만큼은 오불관언이었다.

검찰 조직에 대한 민주적 통제를 위해서 두 가지 제도 개혁을 추진했다. 하나는 검찰과 경찰의 수사권 조정이었다. 다른 하나는 고위공직자비리수사처(공수처)를 만들어 수사권을 주는 것이었다. 고위 공직자의 불법행위에 대해서는 공수처가 수사를 하여 검찰에 이첩해 기소하게 하고, 만약 검찰이 부당하게 기소를 하지 않으면 법원이 기소를 강제하도록 재정신청을 하게 하는 제도이다. 공수처가 수사 대상으로 삼는 고위 공직자에는 검사들도 포함된다. 두 법안 모두 열심히 공을 들였지만, 여야 정당과 국회의원들이 협조해 주지 않았다. 한나라당은 무조건 반대했다. 검찰은 조직의 역량을 총동원해 국회에 로비를 했다. 털어서 먼지 나지 않기가 어려운 것이 정치인이라 그런지, 행정자치위원회와 법제사법위원회 국회의원들이 미적미적 심의를 미루었다. 여당 국회의원들도 큰 노력을 하지 않았다. 국회의원이 공수처의 수사 대상이 된다는 것이 나쁜 영향을 미쳤는지도 모르겠다. 결국 검경 수사권 조정도 공수처 설치도 모두 물거품이 되고 말았다. 공수처 수사 대상에 국회의원을 포함시킨 것이 제일 큰 문제였다면, 국회의원을 빼고서라도 제도 개혁을 했어야 옳았다.

검찰 개혁을 제대로 추진하지 못한 가운데, 검찰은 임기 내내 청와대 참모들과 대통령의 친인척들, 후원자와 측근들을 집요하게 공격했다. 검찰의 정치적 독립을 추진한 대가로 생각하고 묵묵히 받아들였다. 그런데 정치적 독립과 정치적 중립은 다른 문제였다. 검찰 자체가 정치적으로 편향되어 있으면 정치적 독립을 보장해 주어도 정치적 중립을 지키지 않는다. 정권이 바뀌자 검찰은 정치적 중립은 물론이요 정치적 독립마저 스스로 팽개쳐 버렸다. 검경 수사권 조정과 공수처 설치를 밀어붙이지 못한 것이 정말 후회스러웠다. 이러한 제도 개혁을 하지 않고 검찰의 정치적 중립을 보장하려 한 것은 미련한 짓이었다. 퇴임한 후 나와 동지들이 검찰에서 당한 모욕과 박해는 그런 미련한 짓을 한 대가라고 생각한다.

국세청도 비슷한 문제를 안고 있다. 나는 대통령으로 일하는 동안 정치적 반대자를 탄압하는 일에 국세청을 동원하지 않았다. 야당 정치인을 후원하는 기업이라고 해서 세무조사를 한 적도 없었다. 정치적 세무조사를 하지 못하게 했고 기업에 대한 정기세무조사나 특별세무조사도 정치적 오해가 생기지 않도록 객관적이고 엄격한 기준을 따르게 했다. 국세청 스스로 이런 문화와 관행을 축적해 나가면 될 것으로 보았다. 그러나 이것 역시 착각이었다. 대통령이 정치적 중립과 투명성을 보장하려는 뜻이 없을 때 국세청과 같은 관료 조직은 하루아침에 정치권력의 하수인으로 전락하고 만다.

청와대를 떠난 후 정치인 노무현을 후원했던 기업인들이 숱하게 특별세무조사를 당했다. 검찰 수사까지 받아 회사가 망하는 지경으로 가는 것도 보았다. 다르게 했더라면 이런 사태를 막을 수 있었을까? 내가 과연 잘못한 것일까? 민주주의 교과서가 말하는 그대로 헌법과 법률에 따라 권력을 운용하려 했던 나의 선택이 어리석었던 것일까? 아니다. 내가 대통령으로 있으면서 권력기관을 정치적으로 악용했더라도, 영구 집권을 하지 못하는 한 언젠가는 마찬가지 수모를 겪었을 것이다. 만약 그랬다면 항변할 자격조차 없었을 것이다. 국세청과 검찰에게 당한 수모보다 더 아프고 슬픈 것은, 올바른 이상을 추구한 행위를 어리석은 짓으로 모욕하는 세태, 그런 현실을 보는 것이다.

20 정치권력과 언론 권력

20년 정치를 하는 동안 언론과는 늘 불편한 관계였다. 정치인과 언론은 어느 정도 관계가 불편해야 정상이다. 그런데 『조선일보』를 위시한 보수 신문들은 '특별하게' 불편한 관계였다. 그들은 임기 내내 대통령과 정부를 공격했다. 나는 그 신문들과 끝없이 싸웠다. 그들은 몇 백만 부의 발행 부수로 표현되는 막강한 미디어의 힘으로 나를 공격했다. 논리의 힘, 사실의 힘, 진실의 힘이 아니었다. 그러나 나는 그 싸움에서 대통령의 권력을 무기로

쓰지 않았다. 국민이 언론과 싸우는 데 쓰라고 그 권력을 준 것이 아니었기 때문이다. 나는 정치인의 권리, 시민의 권리만 가지고 싸웠다. 사실의 힘, 논리의 힘, 진실의 힘만으로 싸웠다. 그렇게 해서는 도저히 이길 수 없다는 것을 알고 있었다. 하지만 당당하게 살기를 원하는 한, 피할 수 없는 싸움이었다. 역사적으로 정치적으로 의미 있는 싸움이었다. 그렇게 믿었기에, 패배했지만 끝까지 포기하거나 굴복하지 않았다.

독재 시대 그 신문들은 국가권력에 종속되어 있었다. 정부가 준 보도 지침을 충실하게 따랐고, 그 대가로 여러 가지 특권을 받으면서 성장했다. 언론의 사회적 책임을 제대로 수행하려고 눈물겹게 노력하고 희생을 감수한 기자들이 그 시대 언론의 역사를 빛나게 했지만, 이 신문사들은 부당한 기득권의 성벽 안에서 정치권력과 유착했다. 그런데 민주화가 이루어지면서 정치권력의 지배에서 벗어난 보수 신문들은 시장(市場) 권력과 유착되었고 그 자신이 새로운 사회적 권력이 되었다. 민주주의가 제공하는 언론 자유의 과실을 먹으면서, 누구의 견제도 받지 않고 어떤 비판도 허용하지 않는 절대 권력이 된 것이다.

나는 언론과의 관계에서 두 가지를 감당하려고 했다. 하나는 정치권력과 언론의 유착 관계를 단절하는 일이었다. 다른 하나는 언론이 누리는 부당한 특권을 인정하지 않는 것이었다. 인수위원회(인수위) 시절 기자가 사무실에 들어와 몰래 서류를 집어 간 사건이 있었다. 기자들의 무리하고 일방적인 취재 활동 때문에 일을 제대로 할 수 없었다. 정부 기능을 보호하는 차원에서 취재 관행을 개선해야 한다고 생각했다. 먼저 그릇된 기자실 풍토를 바꾸고 가판 구독 문제를 정리하려 했다. 기자들의 정부 사무실 무단출입을 막고 공무원이 언론의 취재에 응하는 데도 원칙과 절차를 만들었다. 언론 일반과 마찰을 빚지 않을 도리가 없었다. 더 용의주도하고 유연하게 했어야 한다는 지적을 많이 받았다. 그러나 돌이켜 보아도 다른 무슨 방법이 있었을지 모르겠다. 정말 많은 상처를 받았다. 지난날에는 '조중동'과 보도 내용의 진실성을 가지고 대결했지만, 대통령이 되고 나서는 모든 언론사와 갈등 관계에 들어갔다. 이것은 내게 숙명과도 같은 것이었다.

언론에 대한 가장 큰 불만은 책임 의식 부족이다. 대통령을 비판하는 것은 상관없다. 그러나 사회적 공론의 장을 열고 공정한 토론의 장을 여는 책임을 팽개쳐서는 안 된다. 정부의 언론 정책을 비판할 때에도 최소한 사실에 관한 정부의 주장은 함께 보도해 주어야 한다. 그런데 사실에 대해서까지 정부의 주장을 봉쇄하는 것을 옳지 않다고 말했더니, 그 말은 아예 소개도 해 주지 않았다.

언론은 시민의 권력이어야 한다. 시민을 대신해 정치권력과 시장 권력을 감시하고 제어함으로써, 권력이 시민의 권리와 가치를 침해하지 못하도록 하는 것이 언론의 사명이다. 그리고 정치권력과 시장 권력을 차지하기 위한 경쟁이 공정하고 투명하게 이루어지도록 공론의 장을 관리하는 것이 언론의 역할이다. 그런데 보수 신문들은 과거에는 권력의 하수인 노릇을 하다가, 거기에서 풀려난 다음에는 이 권력 저 권력과 유착하고 제휴했다. 노태우 대통령과 제휴해서 가다가 김영삼 후보로 옮기면서 노태우 대통령을 일방적으로 망가뜨렸다. 그다음에는 이회창 카드를 쥐면서 김영삼 대통령을 완전히 밟아 버렸다. 공정한 심판이라는 본연의 역할을 내던지고 권력의 대안과 결탁해 직접 그라운드로 뛰어든 것이다.

김대중 대통령은 보수 진영의 분열에 힘입어 당선되었는데, 임기 내내 조중동과 갈등을 겪었다. 조중동은 절치부심 5년 뒤를 기약했는데 내가 대통령이 되자 아예 내놓고 편을 갈라서 싸웠다. 이 신문들은 스스로 정치의 주체가 되었다. '잃어버린 10년'이라는 터무니없는 거짓을 퍼뜨려 마침내 보수 세력의 역정권교체를 이루어 냈다. 지금 보수 정권과 유착해 갖가지 이익을 누리고 있지만, 상황이 달라지면 노태우 대통령과 김영삼 대통령을 짓밟았던 것처럼 이명박 대통령도 짓밟을 것이다. 나는 그들에게 말하고 싶었다. "당신들은 선수가 아닙니다." 나는 묻고 싶었다. "당신들은 누구입니까? 정치권력입니까? 시장 권력입니까? 시민 권력입니까?" 나는 지극히 상식적인 소망을 가졌을 뿐이다. 제대로 된 언론이 시민 권력으로서 제 역할을 할 수 있도록 하고, 또 그렇지 못한 언론은 시장 권력의 대리인이나 정치권력의 대리인으로 그 본질을 드러내도록 투명하게 만들어 가는 것, 이런 정도를 바랐을 뿐이다. 이것이 잘못인가. 이것이 지나친 욕심인가?

민주주의 발전을 위해서 가장 중요한 당면 과제는 언론이 제자리를 찾는 것이다. 언론의 부당한 특권, 정치권력과 언론 권력의 유착을 반드시 해체해야 한다. 그래서 이 싸움을 포기할 수 없었다. 왜 언론과 싸워서 상황을 어렵게 만드느냐는 질책을 많이 받았다. 그러나 맞서 싸우지 않았다고 해서 무엇이 달라졌을까? 내가 싸우지 않았다고 해서 그들이 참여정부를 공정하게 대했을까? 그들은 내가 굴복하기를 원했다. 최소한의 원칙도 일관성도 없이 마구잡이로 공격했다. 저항하지 않고 매달려 다녀서 귀여움을 받을 것으로 생각한다면 큰 오산이다.

가장 막강한 권력은 언론이다. 선출되지도 않고 책임지지도 않으며 교체될 수도 없다. 언론은 국민의 생각을 지배하며 여론을 만들어 낸다. 그들이 아니라고 하면 진실도 거짓이 된다. 아무리 좋은 일도 언론이 틀렸다고 하면 틀린 것이 된다. 정부의 정책은 대부분 복잡한 인과관계를 가진 것인데, 언론이 효과가 없다고 하면 정말로 효과가 없어지게 된다. 대통령과 정부만 그런 것이 아니다. 정당과 시민 단체의 주장도 언론이 비위에 맞지 않는다고 외면해 버리면 아무 힘도 쓰지 못하게 된다.

성숙한 민주 사회의 언론이라면 민주적 토론과 의사 결정을 하는 내부 구조가 있어야 한다. 이런 것이 있어야 스스로 통제 받지 않는 권력이 되는 위험을 제어할 수 있다. 이런 것이 없으면 시민을 위한 권력이 아니라 자기 자신을 위한 권력이 된다. 누구도 그런 권력을 견제하지 못한다. 그 어떤 신념과 용기를 가진 정치인도 감히 도전할 엄두를 낼 수 없게 된다. 나는 할 수 있는 모든 방법으로 신문 독자인 국민들에게 직접 호소하려고 시도했다. 단순한 감정싸움이나 화풀이가 아니었다.

어떤 분은 언론과 싸웠다고 질책했지만 다른 분들은 내가 언론 개혁을 제대로 하지 못했다고 질책했다. 상식적 통념이 현실과 다른 경우가 많은데 언론 개혁 문제가 대표적이다. 대통령에게는 언론을 개혁할 수단이 없다. 그것은 대통령의 일이 아니다. 내가 대통령으로서 개혁하려 한 것은 정치권력과 언론 권력의 관계였다. 나는 언론 권력과의 유착을 단절했다. 언론 권력의 부당한 특권에 굴복하지 않았다. 그러나 언론 자유를 탄압한 적은 결코 없었다. 언론중재위원회를 통해 정정 보도 청구를 하거나 법원에 민사소송을 낸 것을 가지고 언론 탄압이라고 한 것은 그들 스스로도 믿지 않는 엄살에 불과하다. 내가 대통령이던 5년 동안 대한민국 언론인들은 세계 최고 수준의 언론 자유를 누렸다. 그들은 자기네가 하고 싶은 모든 일을 다했다. 나는 다만, 언론 앞에서 비굴하지 않은 당당한 대통령이고자 했다. 그뿐이다.

21 대연정 제안

대통령에 당선되고 난 직후 제주도로 휴가를 갔다. 그런데 선거 사흘 후인 2002년 12월 22일 정동영, 신기남, 천정배, 추미애, 송영길, 이강래 등 23명의 민주당 국회의원들이 민주당 해체를 요구하는 성명을 발표했다. 원로인 조순형 상임고문도 들어가 있었다. 그들은 또한 민주당 지도부의 사퇴와 동교동계, 후단협에 대한 심판을 주장했다. 성명을 낸 몇몇 의원들이 제주도로 전화를 했다. 나는 민주당 해체에 반대한다는 의견을 말했다. 민주당을 혁신해 국민의 지지를 받으려고 노력해야지 불쑥 당을 해체하라는 것이 말이 되느냐고 말했다. 해체론은 수면 아래로 잠복했다. 이때부터 민주당은 소위 '리모델링' 또는 당 혁신을 둘러싼 길고 지루한 내부투쟁에 휩쓸려 들어갔다.

특별위원회를 만들어 논의를 시작했지만 민주당의 개혁은 쉽게 이루어지지 않았다. 나는 대통령이 되었지만 총재가 아니었다. 내 말을 따르는 국회의원들은 몇 되지도 않았다. 그러니 내 생각대로 할 방법이 없었다. 나는 경선 후보 시절 제왕적 대통령이라는 문제를 극복하기 위한 대안으로 시대적 흐름을 형성했던 '당정분권론'을 적극 받아들였다. 우리 정치의 지도 체제가 잘못되었다고 보았기 때문이다. 지난 시기 대통령들은 총재로서 여당의 재정권과 인사권, 공천권을 모두 장악했다. 그것을 무기로 삼아 소속 국회의원들의 투표 행위까지 철저하게 통제했다. 그런데 대통령제의 모범이라는 미국에서는 대통령과 의회가 분리되어 있다. 대통령이 여당을 지배하는 것은 권위주의 시대의 낡은 유산이다. 미국식 정당 제도로 갈 수가 없다면 당정 분리라도 해서 정당과 의회에 자율권을 주는 것이 옳다고 생각했다.

대의 민주주의는 본질적으로 정당정치이다. 개인이 아니라 정당이 집권한다. 당연히 정당도 내부에서 민주주의를 실천해야 한다. 민주적 정당에 필요한 것은 대통령을 겸한 제왕적 총재가 아니라 분권적, 수평적, 개방적 리더십이다. 이것이 내 지론이었다. 당 총재가 대통령 후보가 되면 총재직을 떠나게 하고, 당선되어도 총재를 겸임하지 못하게 하자는 것이었다.

후보가 당권을 갖지 않으면 당이 선거운동을 열심히 하지 않을 것이라는 반론이 있었다. 1971년 대선 때 그런 일이 있었다고 한다. 그러나 그 선거에 진 것은 박정희 대통령과 공화당의 관권선거와 부정선거 때문이었지 신민당의 후보와 당권이 분리

된 탓은 아니었다. 이런 주장은 계보 정치, 보스정치를 변경할 수 없는 현실로 간주할 때만 성립할 수 있는 논리라고 생각했다. 만약 대통령 후보가 총재를 겸하면서 공천권을 지렛대 삼아 당을 통제하는 권위주의 체제가 아니라면, 선거운동이 후보의 당권 보유 여부에 큰 영향을 받을 이유가 없다고 본 것이다.

정당은 민주적으로 운영해야 한다. 나는 정당 운영을 민주화하려고 오랫동안 노력했지만, 1997년 국민회의에 입당해 김대중 총재를 모시고 정치를 하는 동안은 이 소망을 접어 두었다. 정권 교체와 한반도 평화, 서민을 위한 정책을 원했기에 김대중 총재를 지지했을 뿐 정당 민주화와 관련해서는 큰 기대를 하지 않았다. 김대중 대통령의 임기 동안에 한 번도 이 문제를 제기하지 않았다. 그러나 내가 대통령이 되는 과정에서는 적극 이 문제를 제기했다. 대통령이 되었으니 평소 생각을 그대로 실천하겠다고 마음먹었다. 그래서 민주당을 개혁하는 문제는 내가 나서기보다는 민주당 당원과 국회의원들에게 맡겨 두었다.

취임하고 보니 국회는 한나라당이 과반수를 장악한 여소야대 국회였다. 그래도 대화하고 타협하면서 국정을 운영할 수 있을 것이라 생각하고 야당 지도자들을 부지런히 만났지만 쉽지 않았다. 한나라당은 처음부터 나를 대통령으로 인정하지 않으려는 기색이 완연했다. 한나라당은 대북송금특검법안을 단독 처리했고 김두관 장관 해임건의안을 통과시켰다. 윤성식 감사원장 인준을 부결시켰다. 한나라당 국회의원들은 국회만 열리면 차례로 나서서 대통령을 인신공격하는 발언을 쏟아 냈다. 국회의원 총선은 자꾸 다가오는데, 여소야대에서 벗어날 전망은 보이지 않았다. 한나라당은 대통령 선거에서 두 번 연속 패하고서도 확고한 지지율 1위를 유지했다. 총선에서 지고 나면 어떻게 국정을 운영해야 할지 앞이 전혀 보이지 않았다. 당선될 경우 야당이 과반수를 가진 국회를 어떻게 상대할 것인지 질문을 받은 적이 있다. 그래서 프랑스식 동거 정부에 대해서 공부하고 생각했다. 여소야대 국회의 연장을 예고하는 17대 총선을 앞두고 이 고민을 본격적으로 시작했다.

2003년 여름 민주당이 분당되었다. 당 개혁안을 놓고 대립을 거듭하다가 마침내 회의장에서 폭력 사태가 벌어져 40여 명의 개혁파 국회의원들이 민주당을 탈당한 것이다. 나는 민주당의 개혁이 순조롭게 이루어져 개혁당과 한나라당 탈당파, 시민사회 세력을 통합한 전국정당으로 거듭나 주기를 원했다. 대통령이 영남 출신인 만큼 국민들이 보기에 만족할 만한 혁신을 하면 지역 구도를 조금은 무너뜨릴 수 있을지 모른다는 기대도 했다. 많은 사람들이 내가 민주당을 분당시키고 열린우리당을 만들었다고 비난했다. 그것은 진실이 아니다. 민주당 개혁이 불가능하다는 판단을 내린 정치인들이 민주당을 나와서 신당을 만들겠다고 했을 때 내가 그것을 수용했을 뿐이다. 지역주의 타파, 깨끗한 정치, 정당 민주주의 실현을 내건 열린우리당의 가치와 지향이 옳다고 보아서 그 신당을 지지했을 뿐이다. 내가 그런 정당을 원한 것은 분명하지만, 열린우리당 창당 주역들이 대통령의 지시나 배후 조종을 받았던 것은 아니었다. 그들은 그들 나름으로 정치적 위험을 감수하면서 창업을 한 것이다. 대통령이 지지할 것이라는 기대가 그들에게 힘과 용기를 준 것은 인정할 수 있다.

해가 바뀌어 2004년이 왔지만 총선 전망은 지극히 어두웠다. 열린우리당이 과반수는 고사하고 제1당이 될 가능성도 전혀 없었다. 커다란 위기였다. 나는 이 위기를 기회로 반전시킬 수 있는 방안을 탐색했다. 그것이 프랑스식 동거 정부 또는 책임총리제였다. 다시 여소야대 국회가 만들어지면 총리를 국회의 다수 연합이 추천하게 하고 내각을 지휘할 실질적 권한을 주는 것이다. 거저 주려는 것은 아니었다. 독일식 국회의원 선거제도 또는 중대선거구제로 국회의원 선거구제를 바꾸는 것을 조건으로 하려 했다. 이렇게 하면 우리 정치를 지역 구도가 아닌 정책 구도로 재편하는 제도적 환경을 만들 수 있다고 보았다. 만약 이렇게만 된다면 권력을 한번 잡는 것보다 훨씬 큰 정치적 진보를 이룰 수 있다고 생각했다. 대화와 타협의 정치 문화는 덤으로 따라올 것이었다.

그런데 총선을 불과 한 달 앞두고 예기치 못했던 탄핵을 당했다. 탄핵 이야기는 취임 직후부터 나왔다. 그래서 야당들이 대통령을 압박하려고 그런 말을 하는 것이지 정말로 탄핵을 발의하고 의결할 생각이 있다고 보지는 않았다. 그런데 실제 그 일이 일어났다. 탄핵 사건이 없었다면 2004년 제17대 총선은 야당이 이겼을 것이다. 열린우리당이 100석을 확보하기도 어려웠을 것이다. 그랬다면 나는 선거구제 변경과 권력 분점을 두고 야당에 협상을 제안했을 것이다. 야당 다수 연합이 총리를 세우고 내각을 구성해 내치(內治) 분야를 맡고 대통령은 외교와 국방 분야만 맡는 프랑스식 동거 정부가 만들어질 수도 있었다고 생각했다.

그래서 2003년 4월 2일 국회에서 한 시정연설에서 이런 구상을 내비쳤다. "특정 정당이 특정 지역에서 2/3 이상의 의석을 차지할 수 없도록 선거법을 개정한다면 17대 국회에서 과반수 의석을 차지하는 정당 또는 정치 연합에게 내각의 구성 권한을 이양하겠다"고 말했다. 그러나 정치권에서는 아무도 진지하게 받아들이지 않았고 어떤 반향도 일어나지 않았다.

내가 너무 낭만적이고 이상주의적이었던 것 같다. 동거 정부로 권력을 분점하여 국정을 운영하는 문제를 검토하면서, 나를 지지했던 국민과 정치인들이 이것을 이해하고 용인해 줄지 여부를 깊이 살피지 않았다. 게다가 열린우리당이 총선에서 대승을 거두어 버렸다. 협상을 할 기회가 아예 사라져 버린 것이다. 그런데 총선 1년 만에 치른 2005년 4월 국회의원 재보궐선거에서 열린우리당이 참패하면서 여대야소 국회가 여소야대로 뒤집어졌다. 이 국면을 어떻게 극복해야 하나 고민하다가 그만 내 논리에 다시 빠져 버렸다.

참모들한테 대연정 구상을 이야기했더니 몇 사람을 제외하고는 반대하지 않았다. 그들은 아마도 내가 앞으로 검토해야 할 이슈를 제안한 것으로 여유 있게 받아들였던 것 같다. 대통령이 제안했지만 시간을 두고 검토한 결과 좋지 않다고 해서 문제제기를 취소한 일이 종종 있었기 때문이다. 이해찬 총리, 문희상 열린우리당 의장, 정동영 통일부 장관, 문재인 민정수석 등 당과 정부와 청와대 핵심 인사 8인이 가끔 만나 국정 현안을 논의하곤 했는데, 마침 총리 공관에서 그 모임을 한다고 하기에 거기 가서 내 생각을 말했다. 다들 이게 무슨 이야기인지 뜨악해하는 분위기였다. 제대로 토론하지도 않았고 대놓고 비판하는 사람도 없었다. 나중에 들은 말이지만 이해찬 총리가 모든 참석자들에게 이 이야기는 없었던 것으로 하고 누구에게도 말하지 말라고 신신당부를 했다고 한다. 그렇게 운만 떼어 놓고 생각을 가다듬고 있는데, 어느 신문이 이것을 특종 보도해 버렸다. 내가 8인 회의에서 한 말을 상세하게 보도한 것이다. 의심은 갔지만 누가 누설했는지 확인하지는 못했다. 그때 아이디어 차원에서 한번 이야기해 본 것으로 덮을 수 있었다. 청와대의 정무 분야 수석들도 대부분 그렇게 하자고 했다. 그런데도 나는 열린우리당 당원들에게 공개서한을 보내고 2005년 8월 KBS 〈국민과의 대화〉에 나가서 대연정을 공식 제안했다. 지역 구도를 해소하고 대화와 타협의 정치 문화를 만드는 데 필요하다면 권력을 반이 아니라 통째로 내놓겠다고 말했다.

좋은 아이디어라고 생각했지만 사실은 좋은 아이디어가 아니었다. 탄핵 사건 때문에 총선에서 진 한나라당과 민주당은 내가 하는 모든 일에 고도의 술수가 숨어 있다고 보았다. 대연정 제안을 완전 무시하고 일절 대응을 하지 않았다. 열린우리당 국회의원과 지지자들도 이해할 수 없다는 반응을 보였다. 내가 잘못 생각했다. 청와대 참모들은 대통령이 하려는 일을 대놓고 반대하기가 어려운 법이다. 게다가 일이 그렇게 터져 나올 것이라고 예상하지 못했기에 즉각적인 반대 의사를 밝히지 않았다. 그런데도 나는 아무 말이 없는 것을 찬성으로 간주했다. 내 불찰이었다. 나는 생각의 함정에 빠졌다. 연립정부를 구성하는 것은 합당과는 전혀 다른 개념이고, 권력과 선거구제를 주고받으면 어느 쪽도 손해가 없다고 생각했지만, 우리 쪽 사람들은 합당과 연정을 구분하지 않았다. 그래서 "당신 혼자 잡은 정권인가? 당신 혼자 넘겨줄 것인가?" 이렇게 되묻고는 차갑게 돌아서 버렸다. 아차 싶었지만 이미 늦었다. 권력과 정치를 보는 국민의 시선과 의식이 나와 다를 수 있다는 점을 깊이 생각하지 못했던 것이다.

대연정 제안은 완전히 실패한 전략이 되고 말았다. 그렇지 않아도 불편했던 열린우리당과의 관계가 더 심하게 뒤틀렸고 대통령의 정치적 입지까지 흔들리고 말았다. 뿐만 아니라 여당의 가장 유력한 대통령 후보감이라고 할 수 있는 사람이 당을 깨자고 하는 데까지 갔다. 결국 대연정 제안이 이런 행동에 간접적으로 영향을 주었으니 실로 뼈아픈 실책이 아닐 수 없었다. 그렇지만 대연정을 해서라도 선거구제를 고치려고 욕심을 부렸던 이유만큼은 분명히 밝혀 두고 싶다. 어떤 문제는 적절한 시점이 되어 저절로 고쳐지기도 한다. 잠시 덮어 두었다가 적당한 시기에 전격적으로 해결할 수 있는 것도 있다. 하지만 누군가 그것을 사회적 의제로 만들어 공론을 일으키고 노력하지 않으면 결코 해결되지 않는 문제도 많이 있다. 선거제도가 바로 그런 경우라고 생각한다.

우리의 선거제도는 모두 1987년 6월항쟁 이후 '1노 3김'의 합의에 의해 만들어졌다. 지금도 그때 만든 틀이 그대로다. 결선투표가 없는 단순다수제 대통령 선거. 역시 결선투표가 없는 국회의원 소선거구제와 빈약한 비례대표 의석. 그리고 영호남을 축으로 하는 지역 대결 구도. 이 모두가 그때 만들어진 것이다. 개선된 것이라고는 비례대표 의석을 정당 지지율로 나누기 위해

도입한 1인2표제 하나뿐이다. 그것도 국회가 만든 게 아니라 헌법재판소의 위헌 결정 덕분에 겨우 도입할 수 있었다. 20년 넘게 우리의 정당과 정치인들은 이 구조 속에서 경쟁하고 대립해 왔다. 선거의 승패도, 국회에서 벌어지는 정당 간의 대립도 모두 지역 대결 구도를 벗어나지 못했다. 모든 전문가와 언론과 국민들이 이것을 질타하면서 정책 대결을 주문하지만 소용이 없다. 현행 제도를 고수하는 한 앞으로도 소용이 없을 것으로 생각한다.

1등만 살아남는 소선거구제가 이성적 토론을 불가능하게 만드는 지역 대결 구도와 결합해 있는 한, 우리 정치는 한 걸음도 앞으로 나아갈 수 없다. 정치가 발전하지 않은 나라가 선진국에 진입한 예가 없다. 이것은 단순한 정치 문제가 아니라 국가의 미래가 달린 과제이다. 국민의 삶을 좌우하는 중요한 문제는 모두 최종적으로는 정치로 수렴되기 때문이다. 영남에서는 모든 인재와 자원이 한나라당으로 몰린다. 호남에서는 민주당으로 몰린다. 그 지역에서는 다른 정당을 통해서 국회에 진출하는 것이 사실상 불가능하다. 그 반작용으로 충청도에서도 지역당이 끈질긴 생존력을 유지했다. 수도권 유권자들 사이에서도 부모와 자신의 출신 지역에 따라 투표하는 경향이 강하게 나타난다. 정책 개발보다는 다른 지역 정당과 지도자에 대한 증오를 선동하는 것이 훨씬 효율적인 선거운동 방법이 된다. 정책의 차이가 감정싸움으로 번지고, 감정싸움은 몸싸움으로 전환된다. 모든 정당에서 강경파가 발언권을 장악한다. 대화와 타협의 정치가 발붙이기 어렵다. 국회의원을 대폭 물갈이해도 소용이 없다. 이것이 내가 20년 동안 경험한 대한민국 정치의 근본 문제였다.

성숙한 민주주의, 대화와 타협의 정치를 이루려면 사람만이 아니라 제도도 바꾸어야 한다. 지역감정을 없애지는 못할지라도 모든 지역에서 정치적 경쟁이 이루어지고 소수파가 생존할 수 있는 제도적 환경을 만들어야 한다. 그래야 인재와 자원의 독점이 풀리고 증오를 선동하지 않고도 정치를 할 수 있다. 나는 지금도 여전히, 국회의원 선거구제를 바꾸는 것이 권력을 한번 잡는 것보다 훨씬 큰 정치 발전을 가져온다고 믿는다. 독일식 권역별 비례대표제가 제일 좋겠지만, 대도시에서 한 선거구에 여러 명을 뽑고 작은 도시와 농촌에서는 지금처럼 하나만 뽑는 도농복합선거구제라도, 한나라당이 받아들이기만 한다면 차선이 될 수 있다고 생각한다.

어떤 학자들은 김대중 대통령 당선 이후 지역주의 문제가 크게 완화되었다고 주장하지만 사실은 그렇지 않았다. 영남 출신인 노무현이 호남에 근거지를 둔 정당의 후보로 나와 대통령에 당선되었기에 일시적으로 그런 것처럼 보였을 뿐이다. 지역대결 구도를 선동하기만 하면 본거지에서 정치적 이익을 얻을 수 있도록 만드는 제도가 존속하는 한, 누구도 이 문제를 해결하지 못할 것이다. 2007년 9월, 비서실 이름으로 이런 문제 의식을 담은 책을 냈다. '한국정치, 이대로는 안 된다'라는 제목이었다. 정무를 담당한 정태호, 소문상, 윤건영 비서관 등이 수고를 했다.

임기 막바지에 '원포인트 개헌'을 제안했다. 대통령 4년 중임제를 도입하고 국회의원과 대통령 선거가 비슷한 시기에 치러지도록 주기를 조정하는 제한적 개헌을 하자는 것이었다. 대통령 선거와 국회의원 선거의 주기가 일정하지 않은 것이 여러 가지 문제를 야기한다고 생각했다. 이때도 가장 많이 들었던 말이 "안 되는 것을 뻔히 알면서 자꾸만 왜 문제제기를 하느냐"는 것이었다. 정말 힘들었다. 야당과 언론은 아예 토론도 하지 않고 담합해서 덮어 버렸다. 끔찍한 일이었다. 마치 옛날 민주화 운동 시절 당연한 상식이 거부되고 무시당하는 것을 보면서 느꼈던 것과 비슷한 정도의 좌절감을 느꼈다.

22 원칙 잃은 패배

2007년 12월 제17대 대통령 선거에서 이명박 후보가 530만 표 차로 대승을 거두었다. 이런 대통령 선거는 처음 보았다. 엄청난 득표의 격차가 문제가 아니다. 선거 과정과 양상이 예전의 선거와 현저하게 달랐다. 지난 시기 대통령 선거에서는 정권 교체와 같은 민주주의 가치, 역사의 정통성, 권위주의 해체, 법치주의의 실현, 사회의 공정성과 투명성, 그런 것들이 주제가 되었다. 2002년 대선에서도 이회창 후보가 '반듯한 사회'를 주장했고 나는 '상식이 통하는 사회', '떳떳한 국민, 당당한 나라'와 같은 가치를 선거 구호로 내걸고 선거전을 했다.

그런데 이번에는 "이것이 잘못되었다", "무엇을 바로잡고 발전시키겠다", "무엇을 개혁하겠다", 이런 것이 없었다. 국가의 주요 과제, 예컨대 남북 관계나 평화 정책과 같은 문제들이 전혀 쟁점이 되지 않았다. 토론회에서도 질문을 받고 답변을 하고, 그렇게 진행은 되었지만 쟁점으로 부각되는 것 없이 다 그냥 넘어

갔다. "경제 잘하는 솜씨 좋은 대통령이다." 이런 주장만 들렸다. 지도자의 도덕성 검증도 흐지부지 지나갔다. 대통령 선거에서 국가와 역사의 중요 과제가 제출되고 국민과 함께 토론하고, 그렇게 해서 탄생한 새 정부가 그 과제 해결을 위해 노력하는, 그런 과정이 아예 생략되고 말았다.

선거에 나온 후보는 누구나 자기 자랑을 하기 마련이다. 하지만 정말 중요한 것은 정당과 후보의 정체성이다. 진보냐 보수냐, 이것이 중요하다. 그런데 진보 보수 이전에 더 중요한 것이 원칙을 아는 정치인인지 신뢰할 수 있는 사람인지 여부이다. 일관성 있고 믿을 수 있는 사람이라야, 진보든 보수든 가치가 있는 것이기 때문이다. 왔다 갔다 해서 그 사람의 말을 도저히 믿을 수 없는 경우에는 정체성 평가를 할 수가 없다. 아예 심사 대상이 될 수 없는 것이다.

대통합민주신당의 참패를 보면서 생각했다. 정치에도 인간적 신뢰가 있어야 한다. 노무현과 차별화를 하려면 차별화할 가치가 있어야 할 것이다. 무엇을 잘못했다고 지적하고 무엇 때문에 차별화해야겠다고 이야기를 해야 한다. 그래야 발전할 수 있다. 그렇게 한다면 차별화를 당해도 억울할 것이 없다. 정치에는 그런 것이 있기 마련이다. 그런데 인기가 없으니까, 당신 지지율이 떨어졌으니 차별화해야 되겠다고 해서는 차별화하는 사람도 얻을 것이 없다. 이것은 또한 인간적인 배신이다. 정당도 정치인도 원칙과 신뢰성, 일관성이 있어야 믿음을 얻을 수 있다. 그것이 기본이다.

참여정부를 계승하겠다면서 후보 경선에 출마한 세 사람이다 실패했다. 한명숙, 이해찬, 유시민, 다 훌륭한 재목들이다. 그 사람들의 지지도가 오르지 않은 것에 대해서 항상 미안했다. 임기 말로 가면서 인기 없는 대통령이 부담이 된다고 하기에 열린우리당 당적을 정리했다. 17대 총선 때 나는 당정 분리 원칙에 따라 공천에 관여하지 않았다. 당무에 간섭한 적도 없다. 당에서 요구하는 것은 다 해 주었다. 2007년 2월 전당대회에서 순조롭게 지도부를 합의추대하고 대통합을 결의하도록 도와 달라고 해서 반대하는 사람들을 설득하면서까지 그렇게 해 주었다. 그런데도 결국 당을 만든 주역들이 먼저 탈당을 했다. 끝내는 열린우리당을 없애 버렸다. 지역 분열 구도를 극복할 전국정당의 꿈도 물거품이 되고 말았다.

17대 대통령 선거를 치르는 과정에서 열린우리당이 사라지고 대통합민주신당이 그 자리에 들어왔다. 18대 국회의원 총선을 치르면서 대통합민주신당이 사라지고 민주당이 자리를 잡았다. 대통령 선거를 앞두고 유력한 예비 후보를 영입하려는 시도가 있었다. 처음에는 고건 전 국무총리, 그다음에는 정운찬 서울대 총장, 그리고 손학규 전 경기도지사, 문국현 유한킴벌리 대표 등이 물망에 올랐다. 다른 사람은 결국 다 포기했고 문국현 대표는 창조한국당을 만들어 대선에 나왔다. 이들을 영입하려는 시도에 대해서 나는 여러 차례 부정적인 의견을 말했다.

사실 인물만 보면 모두 능력 있는 분들이다. 그분들을 개별적으로 비판하려 했던 것이 아니다. 민주주의와 선거, 정치에서 무엇이 본질적으로 중요한지를 말하고 싶었을 뿐이다. 정치는 아무나 할 수 있지만 누구나 잘할 수 있는 일이 아니다. 다른 분야에서 훌륭한 업적을 이룬 사람이 정치에 들어와서는 능력을 발휘하지 못하는 경우가 많았다. 민주주의 사회에서도 정치가 아름다운 정책 경쟁인 것만은 아니다. 동시에 살벌한 권력투쟁이기도 하다. 대통령이 되려는 사람은 정책 비전도 있어야 하지만 권력투쟁을 수행하는 데 필요한 리더십도 가지고 있어야 한다. 그런데 누가 그런 사람인지 알 수 없다. 권력투쟁의 현실에 과감하게 뛰어들어 비전으로 타인을 설득하고 국민을 감동시키는 능력을 입증해 보여야, 비로소 국민이 그 사람을 지도자로 신뢰하고 정치인들이 따르게 된다. 높은 대중 인지도나 호감도만 믿고 밥상이 다 차려지기를 기다리는 자세로는 대통령이 되기 어렵다. 그런 점을 말하려고 했다. 내가 그분들을 인격적으로 비판하려 한 것이 아니었다.

17대 대통령 선거는 정당정치와 선거의 기본 원리가 다 무너진 선거였다. 노무현이 잘못해서 이명박 정권을 탄생시켰다는 비난을 숱하게 들었다. 대통령이 인기가 없으면 여당 후보가 불리하다는 상식에 비추어 옳은 비판이다. 미안하고 할 말이 없다. 내가 말하고자 하는 것은 내 잘못이 없다는 말이 아니다. 모든 패배는 쓰라리다. 그러나 원칙을 잃은 패배는 더욱 쓰라리다. 원칙 있는 승리가 가장 좋다. 원칙을 지키면서 지는 것과 원칙을 어기면서 이기는 것 중에 어느 것이 나은지는 상황과 시각에 따라 다를 것이다. 그러나 가장 나쁜 것이 원칙을 지키지 못하면서 패배하는 것이라는 데는 누구나 공감할 것이다. 그 선거에는 사실상 여당 후보가 존재하지 않았다. 참여정부의 공과를 다 책임지겠다는 후보가 아무도 없었다. 근거도 없는 '경제파탄론' 앞에서 먼저 반성한다고 말해 버렸으니 무엇을 가지고 선거를 할 것인가. 원칙을 지키면서 패배하면 다시 일어설 수 있다. 그러나 원칙을 잃고 패배하면 다시 일어서기 어렵다. 나는 이기든 지든, 매 순간 원칙을 지키면서 선거에 임하는 것이 중요하다는 말을 하고 싶었다.

23 청와대를 떠나다

2008년 2월 24일, 청와대에서 보낸 마지막 밤. 참여정부에서 차관급 이상 공직을 지낸 분들을 모두 한자리에 모아 아내와 함께 저녁 대접을 했다. 내가 대통령으로 일할 수 있도록 도와준 고마운 사람들이었다. 많은 분들이 기차를 타고 귀향길을 동행해 줄 예정이라는 보고를 받았다. 퇴임 인사를 하면서, 내일 꼭 함께 가지 않아도 괜찮다고 말했다. 천천히 시간 날 때 오셔도 된다고 했다. 고향으로 돌아갈 결심을 하고 집도 지어 놓았지만, 막상 일이 닥치자 은근히 걱정이 되었다. 찾아오는 사람이 너무 많아도 곤란하겠지만, 너무 적으면 외롭고 적적하지 않을까 하는 근심도 있었다.

임기를 마치고 정치와 작별한다고 생각하니 허전한 마음도 없지 않았지만 설레는 기분도 들었다. 이젠 아홉 시 뉴스와 아침 신문을 가슴 졸이지 않고 볼 수 있겠구나. 귀찮고 하기 싫었던 화장을 할 필요가 없고, 아침마다 거울을 보며 머리카락을 만지지 않아도 되겠구나. 안도감이 밀려왔다. 대통령은 국민의 삶과 국가의 미래가 걸린 어려운 문제에 봉착할 때가 많다. 국민 여론이 찬반으로 격렬하게 대립하는 문제도 더 미룰 수 없을 때는 어느 쪽이든 결정을 해야 한다. 그럴 때는 내가 의사 결정권을 쥔 권력자라는 것을 실감한다. 이 권력의 이면에는 국민 누구에겐가 억울하고 불행한 일이 생기면 모두가 대통령 잘못인 것처럼 느끼게 만드는 부담감이 놓여 있다. 비가 오지 않아도, 비가 너무 많이 내려도, 다 내 책임인 것 같았다. 아홉 시 뉴스를 보고 있으면 어느 것 하나 대통령 책임 아닌 것이 없었다. 대통령은 그런 자리였다.

각본에 따라 주어진 배역을 하는 연기자가 된 것 같은 때도 있었다. 가는 곳마다 카메라가 따라다닌다. 국민의 눈을 편안하게 하기 위해서 대통령은 분장을 하고 의상을 갖추고 참모들이 만들어 놓은 행사에 가야 한다. 가끔은 내가, 내가 아닌 다른 사람인 것처럼 느껴졌다. 청와대를 나온다는 것은, 이 모든 것들에서 해방된다는 것을 의미했다. 깊은 안도감과 퇴임 후 삶에 대한 설렘을 가슴에 품고 청와대의 마지막 밤을 편안하게 보냈다. 그리고 다음 날 아침, 이명박 대통령 취임식에 참석한 다음 기차를 타고 고향으로 돌아왔다. 사법연수원에 다니기 위해 봉하를 떠난 지 32년 만의 귀향이었다.

4부

작별

1 귀향

대통령을 하는 동안 국가 균형 발전을 이루려고 많은 노력을 했다. 가장 중요한 것은 사람들이 서울을 떠나 지방으로 가는 것이다. 서울과 수도권은 너무 집중되어 비좁으니까 지방으로 가자는 것인데, 앞장서서 그런 말을 한 사람이 서울이 좋다고 눌러앉아 있을 수는 없었다. 지방을 살기 좋게 만들기 위해 "나도 갑니다!" 떳떳하게 말하고 싶었다. 부산 근처 경남 일대의 은퇴자 마을 카탈로그를 구해 보면서 살 곳을 찾았다. 여러 곳을 봤지만 선뜻 결정하기가 어려웠다. 그런데 2006년 3월 나이지리아를 방문했을 때, 아내가 봉하로 가는 것이 좋지 않겠느냐고 제안했다. 일정이 없어 하루 종일 호텔에서 시간을 보내면서 궁리를 한 모양이었다. 듣고 보니 고향을 두고 뭐 하러 다른 곳을 찾느냐는 생각이 들었다. 귀국해서 귀향을 검토하기 시작했다. 그래서 나고 자란 고향으로 돌아오게 된 것이다.

마음의 갈등이 없지는 않았다. 고향에서 나는 배척 받았다. 한 번도 아니고 몇 번이나 정치적으로 배척 받았던 곳에 돌아가야 하는가? 그런 고민이 있었다. 이제 정치를 하지 않으니까 마음 편하게 가도 되겠다는 생각이 들었지만, 다른 한편 정치를 그만두기는 했지만 이웃 사람으로서 설득할 문제는 계속 설득해야 하는 게 아닌가 하는 생각도 했다. 내가 고향에 돌아가 사는 것이 지역주의를 극복하고 국민 통합을 이루는 작은 도움이라도 되기를 바라는 마음도 있었다. 실제 그런 효과가 있기는 했다. 2008년 4월 민주당 최철국 의원은 홍보물에 내 사진을 쓰고 노무현 대통령 고향이니 민주당 후보를 뽑아 달라고 호소했다. 그러나 전국 정당을 지향했던 열린우리당은 이미 사라지고 없었다. 시주를 하려고 절에 왔는데 절은 없어지고 암자만 하나 있다며 씁쓸하게 웃었다. 그 암자가 민주당 최철국 의원이었다. 그는 2008년 4월 김해시에서 노무현을 앞세우고 선거전을 해서 국회의원 재선에 성공했다.

집이 아직 완공되지 않은 상태였다. 나무를 옮겨 심고 실내 공간 배치를 바꾸는 공사를 벌이는 등 크고 작은 일이 많았다. 그런 와중에 봄이 왔다. 무언가 시작해야 했다. 봄을 그냥 보내면 1년을 그냥 보내야 할 것 같았다. 농촌이 잘살아야 좋은 사회다. 나는 평소 그렇게 믿었다. 제일 먼저 화포천 청소에 손을 댔고, 봄이 올 무렵 친환경 농사를 시작했다. 마을 환경 개선과 봉화산 숲 가꾸기에도 힘을 썼다. 너무나 소박한 출발이었다. 이 소박한 일들이 내 운명을 바꿀 것이라고는 상상도 하지 못했다. 대통령으로는 성공하지 못했지만 시민으로서, 은퇴한 전직 대통령으로서는 꼭 성공하고 싶었을 뿐이었는데.

2 봉하오리쌀

고향을 생태 마을로 만들고 싶었다. 농사가 주업이니까, 첫 번째는 친환경 농사였다. 먼저 오리농법을 들여왔다. 처음에는 하기 어렵다고 다들 반대했다. 진영읍 일대는 이미 오래전부터 개발 바람 투기 바람이 불었다. 대통령으로 있으면서 규제를 더 풀지 못하게 하고 농지를 그대로 묶어 두었다. 그런데 농지 60% 이상이 부재지주 소유였다. 내 땅도 아닌데 친환경 농업 하자고 투자를 할 필요가 있느냐면서 모두들 난색을 표했다. 농업용수도 좋지 않은데 농사 망하면 누가 책임지느냐고 했다.

내가 책임진다고 했다. 쌀 안 팔리면 그것도 책임지겠다고 했다. 내가 여기 사는데, 앞으로 택지를 어떻게 개발하겠는가. 친환경 농업을 해서 고품질 브랜드로 부가가치를 높여 보자. 내가 팔아 주겠다. 오리도 내가 풀어 주고 가두고 할 테니까, 일단 한번 해 보자. 그렇게 권했다. 겨우 논 2만 5,000여 평에 오리농법을 들여왔다. 오리농법은 일손이 많이 드는 탓으로 다른 곳에서는 포기하는 추세였다. 그러나 봉하 들판은 습지라서 내가 어렸을 때는 야생 오리가 많이 날아왔다. 그래서 다른 데는 몰라도 여기는 오리농법이 된다고 우겼다. 반대가 여간 아니었다. 하필이면 조류 인플루엔자까지 번져서 위험이 더욱 컸다. 나는 오리가 조류독감에 걸리면 그때 살처분하고 우렁이를 넣으면 된다며 그대로 밀고 갔다. 다행히 조류 인플루엔자는 잦아들었고 농사는 성공했다. 다른 곳에서는 거의 다 포기했는데 우리는 난관을 돌파했다.

'봉하오리쌀'이라는 브랜드를 만들었다. 캐릭터 디자인을 공모했다. 오리쌀이 불티나게 팔렸다. 처음에 김정호 비서관이 대표를 맡은 '영농법인 봉하마을' 실무자들은 내 캐릭터 쓰는 것을 조심스러워했다. 포장지 디자인 심사를 할 때 노무현 캐릭터를 쓰라고 했다. 내 이름과 신뢰를 걸겠다고 했다. 다른 건 몰라도 품질에 대한 검증은 절대 양보하지 말라고 못을 박았다. 친환경 농업을 한다 해 놓고 약 치면 안 되는 것이다. 누가 몰래 논둑에 제초제를 쳐서 풀이 누렇게 변한 사건이 일어났다. 불러다 혼을 냈다. 그 뒤로는 그런 일이 없었다. 다른 동네 사람이 장비 끌고 오는 것을 보면 달려가서 말렸다. 그렇게 해서 봉하쌀 브랜드의 신뢰를 지켜 낸 것이다. 농사에도 제일 중요한 것이 바로 원칙과 신뢰가 아닌가 싶다.

첫해에는 봉하 들판의 논 중에서 10%만 오리농법에 참여했다. 수익률이 높았다. 40kg 나락 수매가가 5만 원이었는데, 우리는 6만 5,000원에 냈다. 태풍이 없었다. 농약도 치지 않았다. 큰 풍작은 아니었지만 전년도보다 수확은 10% 늘었고 가격은 30% 올랐다. 실질소득이 50%나 늘어난 것이다. 그러자 다른 마을 사람들이 자기네도 하겠다고 나섰다. 그렇게 해서 2009년도에는 오리농법과 우렁이농법을 쓰는 친환경 농사 면적이 열 배로 커졌다. 작목반 인원은 14명에서 50명으로 늘었다. 생산량도 전년도 50톤에서 열 배 수준으로 증가할 전망이었다. 농법도 단순히 제초제와 살충제를 치지 않고 비료를 적게 쓰는 수준을 넘어 토착미생물을 배양하고 천연 생물 약재를 만들어 뿌리고 해서, 더욱 수준 높은 생태 농업을 하는 쪽으로 진전되었다. 국내 전문가뿐만 아니라 일본 오리농법 최고 전문가도 모셔 와 교육을 받았다.

첫해 벼농사를 하면서 가공할 곳이 없어서 큰 애를 먹었다. 인근의 미곡종합처리장(RPC)을 열흘 정도 빌려서 눈치 봐 가면서 근근이 도정했다. 다른 쌀과 섞이면 품질관리가 되지 않기 때문에 도정 작업이 매우 중요하다. 남의 RPC를 빌려서 하자니 포장을 하는 데도 애로가 많았다. 재배 면적이 열 배나 넓어지면 반드시 독자적인 RPC를 확보해야 한다. 그래야 친환경 쌀 브랜드의 독자성과 신뢰성을 유지할 수 있다. 경상남도와 김해시를 겨우 설득해서 마을 주민 자부담으로 확보한 부지에 친환경 쌀 방앗간을 만들기로 했다. 건조, 보관, 도정, 포장을 모두 독자적으로 할 수 있는 소형 RPC를 짓는 것이다. 백미뿐만 아니라 현미도 공급하기로 했다.

3 화포천, 둠벙, 무논

봉화산 숲 가꾸기를 시작했다. 내가 대통령을 할 때 산림청이 전국 수십 곳의 숲을 '웰빙숲' 시범 지역으로 지정했는데 봉화산도 거기 들어 있었다. 우리나라는 삼림 녹화에 성공했지만 숲을 가꾸지 않아서 접근이 어렵고 경제적 가치도 없다. 나무가 우거진 마을 뒷산 숲을 가꾸면 일자리가 많이 생기고 숲의 경제적 가치도 올라갈 것으로 보았다. 자꾸 늘어나는 봉하마을 방문객들이 수월하게 드나들면서 삼림욕을 즐기고 야생화 탐사를 하고 산나물도 캐고 열매도 따고 새를 관찰할 수 있도록 마을숲 생태학습장을 만들려고 했다. 시간이 좀 걸려도 이렇게 숲 가꾸기 성공 사례를 만들면 다른 지역으로 확산시킬 수도 있을 것 같았다. 김해시에서 간벌(間伐) 계획을 마련했고 많은 자원봉사자들이 함께 해 주었다. 처음 봉하에 와서는 이 사업을 아주 열심히 챙겼다.

그러나 숲 가꾸기 사업은 지지부진했다. 간벌 작업은 산 주인의 동의 없이도 할 수 있었지만 시설물을 설치하거나 새로 나무를 심는 것은 산주 허락 없이는 할 수 없다. 산도 부재지주가 많았는데 투기 목적으로 산을 구입한 사람들은 그 산을 사라고 하면서 협조해 주지 않았다. 이렇게 나오면 아무 대책이 없다. 무슨 돈이 있어 산을 산다는 말인가. 일대 임야를 아예 공원으로 지정하면 모를까. 웰빙숲 만들기는 어려워 보였다.

미리 계획했던 숲 가꾸기와 달리 하천 습지 화포천을 생태하천으로 복원하는 사업은 뒤늦게 착안했다. 청와대에 있으면서 어릴 때 기억만 가지고 건설교통부에 화포천 습지 보존과 치수계획을 만들라 했더니 하수종말처리장을 세우고 천변 저류지를 조성하기 위해 대규모로 사유지를 매입하는 등 3,400억 원 정도 들어가는 사업을 설계해 왔다. 그런데 지주들이 개발 제한을 강력하게 반대했고 주민들도 습지 보호구역 지정에 공감하지 않아서 아쉽게도 무산되고 말았다. 퇴임하고 와서 다시 보니 화포천은 내 생각보다 훨씬 중요한 하천 습지였다. 그래서 봉하마을 인근 화포천부터 생태 하천으로 복원하는 소박한 계획을 새로 만들었다. 매일 아침 자전거를 타고 나가 화포천을 살폈다. 낙동강과 합류되는 모정까지 가면 두 시간 반 정도가 걸렸다. 참모들이 새벽부터 나를 따라다니느라 무척 고생을 했다. 청와대에서 타던 전기 배터리 자전거를 탔다. 중도에 배터리가 떨어지는 바람에 경호실 차로 배터리를 가져온 적도 있었다.

처음 왔을 때 화포천은 그야말로 끔찍한 상태였다. 화포천 유역 공단에서 불법 방류한 공장 폐수, 끝없이 흘러드는 생활 오수와 축산 폐수, 불법 투기한 대형 폐기물과 낚시 쓰레기까지, 화포천은 그야말로 숨이 막혀 죽어 가고 있었다. 김해시장

과 경남지사에게 말해서 청소부터 시작했다. 화포천 바닥에 버려진 불법 그물과 지천에서 떠내려온 쓰레기를 끝도 없이 치웠다. 1톤 화물차로 100대가 훌쩍 넘었다. 본산공단에서 흘러 들어와 봉하마을 농수로에 쌓인 슬러지에서 악취가 났다. 친환경 농사를 하자면서 방치할 수가 없어 농어촌공사에 지원 요청을 했다. 준설한 슬러지가 15톤 덤프트럭으로 100대가 넘었다. 퍼낼 데가 없어서 큰 논을 빌려 임시로 쌓아 두었다가 겨우 처리했다. 화포천 곳곳에 불법으로 설치한 그물이 깔려 있었다. 어느 날은 삼강망에 팔뚝만 한 잉어가 수십 마리 들어 있는 것을 발견했다. 버려져 뻘에 묻힌 삼강망을 35개나 제거했다. 그렇게 하자 낙동강 잉어가 화포천을 거쳐 얕은 농수로까지 올라와 산란을 했다. 볼 만한 풍경이었다. 어디 화포천만 이렇겠는가. 온 나라가 다 이럴 것이다. 대통령을 하면서 강의 지천과 실개천, 습지들이 이토록 처참한 상태에 있다는 사실을 제대로 몰랐다니, 부끄럽기 짝이 없었다.

청소도 중요하지만 오염을 예방하는 것이 더 중요하다. '화포천 지킴이'를 만들어 불법 어로와 밀렵, 불법 경작, 쓰레기 투기를 지속적으로 감시하고 단속했다. 화포천에서 낚시하는 사람을 모아 '화포천을 사랑하는 낚시 동호회'를 만들려고 했다. 낚시인들은 좋은 자리를 잡으려고 없는 길을 만들면서 다닌다. 고무보트를 타고 가서 몇 차례나 낚시인들을 만났다. 내가 직접 설득하기도 했다. 낚시할 권리를 줄 테니 청소도 하고 단속도 하면서 화포천 물을 당신들이 지키시오. 이렇게 했지만 잘되지 않았다. 결국 행정 당국이 화포천 전체를 낚시 금지 구역으로 지정했다.

낚시인들은 원망했겠지만 어쩔 수 없었다.

화포천 덕분에 습지 공부를 제법 많이 했다. 습지 생태를 개선하기 위해서는 담수 기간을 늘리고 갈수기에도 어느 정도 수위를 유지해야 한다. 갈수기에 물이 없으면 습지가 마른 땅으로 변해 중간 중간 섬이 생긴다. 그러면 새들이 여기서 잠을 자지 못한다. 살쾡이, 너구리, 들고양이가 와서 잡아먹기 때문에 새들이 다들 주남저수지에서 자면서 화포천으로 출퇴근하고 있었다. 이 문제를 해결하려고 화포천 하류에 자동으로 문을 여닫는 수중보를 만드는 방안을 생각했다. 홍수 때는 다 열어서 물이 빠지게 하고 갈수기 때는 막아서 수위를 1m 정도 높임으로써 천변 저습지를 유지하는 것이다. 이렇게 하면 갈수기에 천변 습지를 찾는 겨울철새들에게 피난처를 줄 수 있다.

화포천에 임시 물막이 공사를 해 물을 담고 살펴보았다. 겨울철새들이 귀신처럼 알고 두 주 만에 만 마리 정도가 왔다. 새들이 낮에는 논에서 먹이 활동을 하고 밤에는 물이 많은 안전지대에서 잤다. 봉하 들판 낮은 곳의 논바닥에 물을 담아 무논을 만들었더니, 철새들이 논에서 그냥 자기도 했다. 볼 만한 풍경이었다. 어디에다 자동 수중보를 만드는 것이 좋을지, 겨울철 갈수기에 수위를 얼마나 높이면 좋을지 알아보기 위해 여러 차례 자전거 답사를 했다. 재원을 마련하기 위한 아이디어도 짜냈다. 화포천은 2급 지방하천이라 국비 지원을 받지 못한다. 국가하천 낙동강을 살리려면 지천을 살려야 하는데, 지천 살리는 사업은 국비 지원을 받을 수 없게 만든 것이 잘못이다. 그러나 제도를 바꾸기는 어렵고 시간이 많이 걸린다. 그래서 하천형 습지가 잘 보존된 화포천 일부 구간이라도 습지생태공원으로 지정하는 사업을 우선 추진하기로 했다.

마침 창원에서 람사르 세계습지총회가 열렸다. 내가 대통령 하면서 유치했고 퇴임하면 자원봉사도 하겠다고 했는데, 여러 상황이 여의치 않아 약속을 지키지 못했다. 그 대신 고향 마을에서 습지 보존을 직접 실천하기로 했다. 논 습지의 생물 종 다양성을 복원하는 것이었다. 먼저 옛날 논 둠벙이 있던 자리를 복원해 보았다. 물이 샘솟는 곳에 다섯 군데 둠벙을 팠다. 논에 사는 수생곤충이나 어류는 봄에 비가 오면 강에서 지천으로, 그리고 수로와 도랑을 거쳐 논까지 들어온다. 논물을 뺄 때나 월동할 때는 둠벙에 숨는다. 거기서 월동한 다음 봄이 되어 논에 물이 들어오면 또 나간다. 그런데 관개시설이 좋아지면서 둠벙을 다 없애 버렸다.

둠벙을 복원했다. 둠벙을 파고 도랑과 논두렁을 넓고 높게 만들었다. 요즘 논두렁은 너무 낮고 좁다. 기계로 농사를 지으니 옛날처럼 지게 지고 논두렁 걸을 일이 없다. 조금이라도 더 심으려고 논두렁을 낮고 좁게 만든 것이다. 논두렁콩도 요즘은 심지 않는다. 논두렁이 논두렁이 아니라 땅 경계선처럼 가늘어졌다. 그런데 논두렁에서 산란하는 곤충이 있다. 도랑도 넓고 깊게 파야 미나리도 자라고 미꾸라지도 살 수 있다. 거기에 반드시 둠벙이 있어야 한다. 낙동강, 화포천, 농수로, 도랑, 둠벙, 그리고 논이 복합적으로 연결된 습지 생태계를 복원해서, 낙동강 잉어가 저습지와 논으로 들어와 산란하던 옛날의 수생태계를 다시 보고 싶었다. 가능한 일이라 생각했다. 자연 생태계가 복원된 농촌에 아이들이 찾아와 할아버지 할머니와 지내다 가는 날을 꿈꾸었다.

람사르 환경재단 지원을 받아서 논습지 체험 캠프를 스무 차례 넘게 열었다. 처음에는 시험 삼아 했는데, 나중에 유치원생들이 단체로 왔고 가족 단위 참가자가 늘어났다. 반응이 매우 좋았다. 아이들이 수생곤충을 채집해서 기록하고 그림을 그렸다. 건평 형님이 구속된 다음 날 마지막 방문객 인사를 한 후로는 집 밖으로 거의 나가지 않았다. 그래도 집에서 내다보면 겨울철새가 많이 보였다. 내가 외출을 하지 않으니까, 집에서라도 보라고 김정호 비서관이 열심히 무논을 만들어 기를 쓰고 철새를 불러 모으는 것 같았다. "우리 잘하고 있습니다. 한번 나와 보세요." 새를 불러 모아 시위를 한 것이다. 기특하고 고마웠다. 새벽에 사람이 없을 때 잠깐씩만 가끔 나가 보았다.

겨울 무논에는 떨어진 볍씨도 있지만 풀씨도 많다. 이런 것들은 물에 뜨면 새들에게 좋은 먹이가 된다. 가을걷이 끝난 논에 '올미'라는 길쭉한 다년생 풀의 알뿌리가 있는데 청둥오리와 큰기러기가 이것을 아주 좋아한다. 겨울철새들이 무논 상태에서 잡초의 씨앗과 뿌리를 제거하는 것이다. 물이 있으면 풀이 자란다. 먹을 것을 찾아 새들이 부지런히 자맥질한다. 새들이 똥을 싸면 천연비료가 된다. 자연의 순환이 힘을 쓰면 화학비료를 쓰지 않아도 된다. 논습지는 평생을 두고 연구할 가치가 있는 프로젝트였다.

4 장군차

봉화산 숲 가꾸기, 화포천 습지 복원, 그리고 봉하 들판 생태농업. 이 세 가지가 주요 사업이었다. 그런데 그 못지않게 알려진 것이 장군차 심기 사업이다. 장군차 심기는 수익을 내기 위해서가 아니라 마을 경관 가꾸기를 위해 시작한 일이었다. 전국 최초로 재배를 시작한 진영 단감은 한때 특산물로 유명했지만 요즘은 수지가 맞지 않아 포기하는 농가가 많다. 그런데 보상을 받고 폐원하고 나면 대체 작목이 없다. 부재지주가 다른 유실수를 심지 못하게 한다. 나중에 지상권 다툼이 생기는 것을 싫어해서 경작자에게 폐원 보상비를 줘서 내보내고는 늙고 병든 감나무를 그대로 방치하는 것이다. 흉물스럽지만 어떻게 할 수가 없다. 마을 뒤쪽 장군차나무 심은 곳은 거의 다 부재지주 땅이었다. 흉한 폐원을 그대로 두고 보기 어려웠기 때문에 거기다 장군차를 심기 시작했다. 아무 권리도 주장하지 않고, 차나무도 모두 주겠다고 설득해서 겨우 심을 수 있었다.

장군차는 좀 특별한 품종이다. 하동과 보성에서 나는 유명한 우리 차는 대개 중국 소엽종이다. 약간 개량한 일본 차도 그렇다. 잎이 작고 그물맥이 좁다. 그런데 김해 쪽 장군차는 인도 대엽종이다. 전해 오는 설화에는 가야 김수로왕의 왕비 허황옥이 인도 아유타국에서 시집올 때 가지고 온 종자라고 한다. 인도 대엽종은 타닌이 많아서 발효가 잘된다. 중국 소엽종은 주로 볶거나 쪄서 차를 만든다. 반면 장군차는 타닌 성분이 많아 발효차를 만드는 데 적합하며 옛날에는 황차라고 부르기도 했다. 장군차

라는 이름의 유래는 고려 시대로 거슬러 올라간다. 충렬왕이 김해에 와서 차나무가 크다고 감탄하면서 '장군수'라는 이름을 준 데서 유래했다고 한다.

내가 마을 사업을 하면서 찍은 사진이 인터넷에서 인기를 끌었던 모양이다. 한동안 그런 줄도 모르고 있었다. 자전거 타는 사진은 주로 화포천 관련 활동과 관계가 있다. 논바닥에 앉아 막걸리를 마시거나 장화를 신고 다니는 사진은 벼농사 아니면 화포천 청소와 관련된 것이다. 숲 가꾸기 사진도 제법 있었다. 어떤 기자가 우연히 내가 쉼터에서 담배를 물고 있는 사진을 찍어 내보냈다. 나가지 말아야 할 사진이 나간 경우였다. 손녀와 아이스크림 먹는 사진은 나가지 말아야 할 것은 아니지만 조금 쑥스러운 장면이었다. 농사짓고 숲 가꾸고 개울 청소하면서 사는 사람이라면 누구나 그런 모습으로 다닌다. 이상할 것이 전혀 없다. 다만 대통령 지낸 사람이 그렇게 하고 다니니까, 사람들이 신기하게 여기지 않았나 싶다.

5 국가기록물 사건

봉하에 온 지 얼마 지나지 않아 사람들이 찾아오기 시작했다. 처음에는 나를 좋아하는 사람들이 오더니 시간이 지나면서 그냥 구경 삼아 오는 사람이 더 많아졌다. 평일에도 수천 명이 봉하마을을 찾아왔다. 주말과 휴일에는 1만 명이 넘었다. 신혼여행을 오기도 하고 가족 휴가로 오기도 했다. 관광버스 회사가 손님을 모집해서 오기도 했다. 일부 언론에서 '봉하 아방궁'이라는 말을 퍼뜨린 탓인지, 어떤 사람들은 이게 무슨 아방궁이냐고 했다. 낮에는 방문객 인사를 하느라고 무슨 일을 할 수가 없었다. 귀향을 결심했을 때는 상상도 하지 못했던 일이다. 마냥 좋은 것만은 아니었다. 대통령 임기를 마쳤다고 해서 정치적 대립과 갈등에서 풀려나는 것이 아니었는데, 내가 너무 낙관적이고 낭만적이었던 것 같다. 불편한 일들이 자꾸 생기기 시작했다. 아직 전직 대통령 문화라는 게 없는 나라에서 미국이나 유럽 전직 국가원수들처럼 산 것이 문제였던 것 같다.

2007년 12월 28일 이명박 당선인이 청와대를 방문했다. "전직 대통령을 예우하는 문화 하나만큼은 전통을 확실히 세우겠습니다." 그는 내게 이렇게 말했다. 내가 부탁하지도 기대하지도 않은 말이었다. 그 말을 듣는 순간 자존심이 상하기는 했지만 진심으로 받아들이고 감사 표시를 했다. 시간이 흐르면서, 은근히 정말로 그래 주면 좋겠다는 기대를 하기도 했다. 하지만 그것은 믿을 만한 약속이 아니었다.

나는 이명박 후보의 대통령 당선을 국민의 뜻으로 알고 받아들였다. 대통령 선거 과정에서 엄정 중립을 지켰다. 소위 'BBK 의혹'과 '도곡동 땅 문제' 등 정치적인 문제에 대한 검찰 수사에도 전혀 관여하지 않았다. 그가 나에게 어떤 원한을 품을 이유는 전혀 없다고 생각했다. 물론 이명박 대통령을 조금 불편하게 만든 것이 없지는 않았다. 예컨대 이명박 당선인의 인수위가 만든 정부조직법 개편안에 대해서, 정보통신부나 과학기술부, 여성가족부, 통일부가 왜 생겼는지 조목조목 말하면서 정부조직법 개정안 서명 공포를 거부했다. 내 소신과 다른, 잘못된 것이라고 생각하는 법안에 내 서명을 남기는 것은 옳지 않다고 생각했다. "새 정부의 가치를 실현하는 법은 새 대통령이 서명 공포하는 것이 맞다"는 입장을 밝혔다. 그렇지만 서명을 실제로 거부한 것은 아니었다. 정부조직법 개정안이 국회에서 늦게 의결되는 바람에 내가 퇴임할 때까지 정부에 송부되어 오지도 않은 것으로 기억한다. 그것 말고는 이명박 대통령을 불편하게 만든 일은 없었다고 생각한다.

그러나 이명박 대통령은 그렇지 않았던 모양이다. 그는 취임하자마자 임기가 아직 남아 있던 공공 기관과 공기업, 문화 언론 분야 단체의 기관장들을 몰아냈다. 소관 부처와 감사원, 검찰 등 모든 권력기관을 총동원해서 그렇게 했다. 봉하 들판에 오리를 푼 지 얼마 지나지 않았던 2008년 6월 12일에는 마침내 나를 겨냥한 공격을 시작했다. 청와대는 내가 사저로 가져온 대통령 기록물을 모두 반환하라고 요구했다. 퇴임하면서 청와대 문서관리 시스템이었던 'e-지원' 사본을 봉하 집으로 가지고 왔는데 그것이 불법이라는 것이었다.

예전 대통령들은 재임 중 기록을 제대로 남기지 않았다. 얼마 되지 않는 기록물도 퇴임할 때 폐기하거나 사저로 가지고 나갔다. 가장 중요한 역사 기록이 모두 없어진 것이다. 박정희 대통령은 무려 18년 집권했지만 3만 8,000여 건의 공식 문서와 영상 기록 말고는 거의 아무것도 남기지 않았다. 김대중 대통령이 처음으로 3만여 건의 전자기록과 15만 건 정도의 문서 기록을 포함해 20여 만 건의 기록물을 남겼다. 그 이전 다른 대통령들이 남긴 기록은 없는 것이나 마찬가지였다. 나는 대통령 기록물을 국가가 관리하도록 하는 법률을 만들어 대통령기록관을 설립했고, 전자기록을 포함하여 모두 826만 건의 기록물을 대통령기록관에 넘겨주었다. 그중 일부는 특별한 절차를 밟지 않으면 나 말고 누구도 볼 수 없는 지정 기록물이었다. 임기 막바지에는 직접 이 작업에 매달리기도 했다.

나는 봉하마을 사업과 더불어 시민들이 참여할 수 있는 쌍방향 토론 사이트 '민주주의 2.0'을 열었다. 대통령 하면서 느끼고 배운 것을 일반 국민들과 토론하면서 공유하고 싶었다. 참여정부와 함께했던 학자들과 손잡고 연구재단을 만드는 계획도 가지고 있었다. 국정 운영 경험을 토대로 국가의 미래를 연구하고 책을 쓰는 것이 젊은 전직 대통령으로서 해야 할 당연한 도리라고 믿었다. 그런 작업을 하는 데 내 자신이 만든 대통령 기록물을 볼 필요가 있었다. 대통령 기록물은 법에 따라 내가 언제든지 열람할 권리를 가지고 있었다. 그런데 국가기록원이 자료 열람 편의를 제공하지 않았다. 온라인 열람권을 보장하기 위한 준비를 하는 데 1년 넘게 시간이 걸린다고 하면서, 장차 어떻게 열람 편의를 제공할 것인지 계획을 제시하지도 않았다. 거의 모든 기록물이 'e-지원 시스템'에 담겨 있었기 때문에, 어쩔 수 없이 시스템 전체를 복사해 봉하로 가지고 왔다.

2008년 3월 정상문 총무비서관이 김백준 총무비서관을 만나 경위를 설명하고 이해를 구했다. 4월에도 문재인 비서실장이 류우익 대통령실장과 여러 차례 전화로 협의하고 양해를 부탁했다. 봉하로 가져온 'e-지원 시스템' 사본은 다른 어떤 통신망과도 연결되어 있지 않았고 그럴 계획도 없었다. 그런데도 청와대는 민감한 인사 자료나 국정 운영의 기밀을 담은 자료를 내가 가지고 간 것인 양, 이 사본을 이용해서 이명박 대통령의 일을 방해할 수 있는 것인 양, 황당무계한 주장을 계속 언론에 흘렸다. 그리고 마침내 이것을 "국가 기록물 불법 유출"이라고 하면서 공개적으로 반환을 요구했다. 국가기록원은 이호철 민정수석과 김충환 비서관 등 관련 실무자들을 고발하겠다고 했다.

6월 14일 이명박 대통령에게 전화를 했다. 그는 "보도를 보고 알았다"면서 "불편이 없는 방법을 찾도록 챙겨 보겠다"고 했다. 이때도 전직 대통령을 잘 모시는 문화를 만들겠다고 하면서 부속실장을 통해 연락을 주겠다고 말했다. 그런데 아무 연락이 없었다. 다시 전화를 했지만 연결시켜 주지 않았다. 담당 수석이 설명할 것이라는 부속실장의 전갈이 왔다. 그렇지만 우리 쪽에서 여러 차례 전화를 해도 통화를 할 수 없었다. 믿을 수 없는 상황이었다. 그러는 사이 익명의 '청와대 핵심 관계자'가 언론을 통해 온갖 말을 퍼뜨렸다. 7월 16일 이명박 대통령에게 편지를 보냈다. 그간의 상황을 설명하고 선처를 부탁했다. 'e-지원 시스템' 사본이 든 봉하마을 컴퓨터 하드웨어를 뜯어내고 봉인해 차에 싣고 성남시 국가기록원 대통령기록관에 갖다주었다.

나는 그 편지에 이렇게 썼다. "모두 내가 지시해서 생겨난 일입니다. 나에게 책임을 묻되, 힘없는 실무자들을 희생양으로 삼는 일이 없도록 해 주시기 바랍니다. 기록은 국가기록원에 돌려드리겠습니다." "공작에는 밝으나 정치를 모르는 참모들이 쓴 정치소설은 전혀 근거 없는 공상 소설입니다. 그리고 그런 일이

기록에 달려 있는 것은 더욱 아닙니다.” “저는 두려운 마음으로 이 싸움에서 물러섭니다. 하느님께서 큰 지혜를 내리시기를 기원합니다.”

그러나 청와대 관계자와 한나라당 대변인은 “도둑이 장물 돌려줬다고 절도죄가 없어지느냐”고 했다. 뉴라이트전국연합이 참모들과 나를 중앙지검에 고발했다. 중앙지검 첨단범죄수사부가 조사를 시작했다. 검찰은 급기야 영장을 청구해 일반 자료는 물론이요, 나 혼자만 볼 권리가 있었던 지정 기록물까지 다 들여다보았다. 대통령 기록물 관리에 관한 법률은 힘을 잃었다. 거기 이명박 대통령이 관심을 가져야 할 그 무슨 특별한 것이 있을 리 만무했다. 검찰은 10월 이전에 관련자 소환 조사까지 다 마쳤지만 무혐의 처분도 하지 않고 기소도 하지 않은 채 세월을 보냈다.

6 수렁에 빠지다

나쁜 소식이 연이어 날아왔다. 이명박 정부가 출범하기 무섭게 부산상고 동문 정화삼 씨가 월급 사장으로 있던 제주도 제피로스 골프장에 대한 세무조사가 시작되었다. 이해찬, 한명숙 총리 주변에 대한 국세청과 검찰의 수사 동향이 포착되었다. 국세청이 오랜 후원자였던 태광실업 박연차 회장에 이어 내가 허리 수술을 받았던 우리들병원 이상호 원장과 김수경 수도약품 회장 부부를 세무조사했다. 나중에는 창신섬유 강금원 회장도 세무조사했다. 그 모든 조사의 최종 표적은 노무현이었다. 나하고 개인적으로 친분이 있는 많은 기업들이 모두 세무조사를 받았다. 심지어 내가 자주 가던 식당도 세무조사를 당했다.

국세청 세무조사는 여러 건의 고발과 검찰 수사로 이어졌다. 그때마다 모든 언론들이 '노 전 대통령 측근' '참여정부 고위 인사'의 연루 가능성을 보도했다. 날마다 난도질을 당하는 느낌이 들었지만, 그저 당하는 것 말고는 아무런 대처 방법이 없었다. 12월 들어 건평 형님과 박연차 회장이 구속되었다. 박연차 회장은 내가 아주 어려웠던 시절 알게 된 정치적 후원자였다. 정치자금법이 느슨하기 짝이 없었던 그 시절에, 그는 나를 후원하면서도 일절 민원을 넣지 않았다. 늘 돈에 쪼들리던 내게는 무척 고마운 사람이었다. 건평 형님이 구속된 직후 나는 봉하 방문객 인사를 그만두었다. 해가 바뀌자 오랜 세월 나와 함께 정권 교체와 지역주의 극복을 위해 협력했던 이강철 시민사회수석이 구속되었다. 안희정 씨가 또다시 검찰의 수사 대상이 되었다.

외출을 하지 못하게 되었다. 책을 읽고 글을 쓰는 것 말고는 할 수 있는 일이 없었다. 2008년 10월부터 시작했던 책 작업에 매달렸다. 주제는 '진보주의 연구'였다. 처음에는 비공개 연구 카페를 열어 온라인 집단 협업을 하려고 했다. 참여정부 청와대와 내각, 국정과제위원회에서 일했던 학자 30여 명과 일을 시작했다. 방문객 인사를 그만두었고 사저로 찾아오려는 사람들의 접견도 끊었다. 겨울 내내 가끔씩 학자들을 집으로 불러 모았다. 성경륭 국가균형발전위원장, 김병준 정책실장, 이정우 정책실장, 조기숙 홍보수석, 김창호 국정홍보처장, 윤태영 비서관, 양정철 비서관, 신미희 행정관, 노사모 이송평 씨와 자주 이야기를 나누었다. 이 모임을 할 때는 며칠 전부터 가슴이 부풀어 올라 잠을 이루지 못했다. 읽고 메모하고 또 읽으면서 새벽까지 토론 준비를 하곤 했다. "월급은 못 주어도 차비는 드릴 테니 자주 오세요." 헤어질 때마다 그렇게 말했지만, 딱 한 번밖에 차비를 주지 못했다. 검찰 수사가 본격적으로 나를 겨냥한 2009년 4월에는 이 작업마저 중단할 수밖에 없었다.

박연차 회장을 구속한 검찰은 2008년 연말부터 매일 수사 상황을 브리핑함으로써 나를 옥죄기 시작했다. 봉하에 집을 지으면서 박 회장에게 빌린 돈의 차용증, 조카사위 연철호가 관련되었다는 500만 달러, 정상문 총무비서관을 통해 집에서 받은 100만 달러 등이 차례차례 언론에 공개되었다. 박정규 민정수석, 이광재 의원이 잇달아 구속되었다. 그런 와중에 정상문 총무비서관이 봉하에 왔다. 보통 때와 달리 나를 먼저 보지 않고 아내와 이야기하고 있다고 했다. 예감이 좋지 않아 가 보았다. 정 비서관은 돌처럼 굳은 얼굴이었다. 아내가 울고 있었다. 앞이 캄캄했다. 땅이 꺼지는 것 같았다. 어디에 썼는지 물었더니 내가 모르는 빚이 있어서 그걸 갚는 데 썼다고 했다. 무슨 빚인지는 끝내 말하지 않았다. 그때만 해도 미국에 있는 아이들에게 쓴 것인지 몰랐다. 정 비서관은 검찰에 가서 그 돈을 자기가 받아 쓴 것으로 할 작정이었다. 4월 7일 검찰이 정 비서관을 체포했다. 의혹 제기 차원을 넘어 실제 수사가 시작된 만큼 이제 사실을 밝히고 국민들에게 사과해야 한다고 생각해서 홈페이지에 글을 올렸다.

"지금 정상문 전 비서관이 박연차 회장으로부터

돈을 받은 혐의로 조사를 받고 있습니다. 그런데 혹시 정 비서관이 자신이 한 일로 진술하지 않았는지 걱정입니다. 그 혐의는 정 비서관의 것이 아니고 저희들의 것입니다. 저희 집에서 부탁하고 그 돈을 받아서 사용한 것입니다."

정상문 비서관 구속영장이 기각되었다. 그러나 4월 9일 강금원 회장이 구속되었다. 그는 뇌종양을 앓고 있어서 수술을 받아야 하는 상황이었지만 법원이 영장을 발부했다. 병보석 신청을 했지만 법원이 허가하지 않았다. 그다음 날은 검찰이 조카사위 연철호를 체포했다. 4월 11일 아내가 부산지검에 가서 조사를 받았다. 같은 날 건호가 귀국했다. 텔레비전 화면 속에서 건호가 탄 차와 따라붙는 기자들의 차가 보였다. 공항 입국장에서 사진을 다 찍었는데도 그렇게 하고 있었다. 어디에서 자고 밥을 먹어야 다음 날 대검중수부에 가서 조사를 받을 텐데……. 건호가 어디로 가는 것인지 걱정이 되었다. 기자들의 카메라가 흉기로 보였다. 미국에서도 기자들이 건호 집을 포위하는 바람에 손녀가 남의 집에 피신했다고 들었다. 건호는 열흘 동안 여섯 번이나 소환 조사를 받았다. 처남도 검찰에 불려 갔다.

4월 19일 검찰이 정상문 비서관을 다시 체포했다. 법원은 구속영장을 발부했다. 이번에는 대통령 특수활동비를 횡령한 혐의가 더해졌다. 그는 내가 퇴임한 후에도 자신이 집사 역할을 해야 한다고 생각했다. 나는 연금 범위에서 살면 된다고 생각했지만, 그는 그것이 불가능하다고 믿었던 모양이다. 그래서 특수활동비를 떼서 몰래 쌓아 두었던 것이다. 그가 내게 이야기한 적이 없었기에 나는 언론에 보도되고 나서야 그 사실을 알게 되었다. 그는 내 친구였다. 그의 평소 성품으로 미루어 나를 위해서 한 일이라고 짐작했다. 그러나 더 무슨 변명을 할 것인가. 홈페이지에 급히 글을 올렸다.

> "더 이상 노무현은 여러분이 추구하는 가치의 상징이 될 수 없습니다. 자격을 상실한 것입니다. 저는 이미 헤어날 수 없는 수렁에 빠져 있습니다. 여러분은 이 수렁에 함께 빠져서는 안 됩니다. 여러분은 저를 버리셔야 합니다. 적어도 한 발 물러서서 새로운 관점으로 저를 평가해 보는 지혜가 필요합니다."

이명박 대통령에게 청원서를 썼다. 검찰 수사팀 교체를 요청했다. 전직 대통령의 명예는 이미 존재하지 않았다. 나는 피의자의 권리라도 지키고 싶었다. 편지 말미에는 '제16대 대통령'을 빼고 이름만 썼다. 쓰기는 했는데 보내지는 않았다. 모양이 좋지 않고 국민들이 좋게 받아들이지도 않을 것이며 보내 봐야 아무 소용도 없을 것이라며 참모들이 강력하게 반대했기 때문이다.

> "그동안 참여정부 사람들이나 그들과 혹시 무슨 관계가 있는지 의심이 갈 만한 기업들은 조사할 만큼 다 조사하지 않았습니까? 그리고 이미 많은 사람이 감옥에 가지 않았습니까? 이미 제 주변에는

사람이 오지 않은 지 오래됐습니다. 저도 오지 말라고 했습니다. 이전에는 조심을 한 것입니다. 그런데 이제는 조심을 하지 않아도 아무도 올 사람이 없게 되었습니다. 저는 이미 모든 것을 상실했습니다. 권위도 신뢰도, 더 이상 지켜야 할 아무것도 남아 있지 않습니다. 저는 사실대로, 그리고 법리대로만 하자는 것입니다. 제가 두려워하는 것은 검찰의 공명심과 승부욕입니다. 사실을 만드는 일은 없어야 합니다."

"이제 저는 한 사람의 보통 인간으로 이 청원을 드립니다. 형사 절차에서 자기를 방어하는 것은 설사 그가 극악무도한 죄인이거나 역사의 죄인이거나를 가리지 않고 인간에게 보장되어야 하는 최소한의 권리입니다. 제가 수사에 대응하고, 이 청원을 하는 것 또한 한 사람의 인간으로서 누려야 할 최소한의 권리라는 점을 양해해 주시기 바랍니다."

다음 날 수백 대의 카메라 사이를 걸어 유시민 장관이 왔다. 오지 말라고 했었지만 막상 오니까 반가웠다. 그다음에 이해찬 총리와 한명숙 총리도 왔다. 옛날이야기를 하면서 오랜만에 웃었다. 다들 위로의 말을 해 주었지만 위로가 되지 않았다. 검찰이 기소를 하면 그것으로 일단락이 될 것이고, 시간이 좀 지나고 나면 다시 농사일을 하러 나가도 될 것이라고 했다. 그런 날이 올 것 같지 않아서 아무 말도 할 수 없었다. 아내와도 대화가 거의 없었는데, 그분들이 왔을 때는 오랜만에 함께 밥을 먹으면서 눈을 맞추고 이야기를 나누었다.

집 안뜰에도 나갈 수 없게 되었다. 마을 곳곳에 기자들의 카메라가 진을 친 지는 이미 오래였다. 이제는 부엉이 바위와 사자 바위에도 스물네 시간 카메라를 세워 두었다. 집 뒤 화단에 잠시 나간 것이 방송 뉴스에 나왔다. 비 오는 날 아내가 우산을 쓰고 마당에 나갔다가 또 찍혔다. 침실과 거실 창을 카메라가 겨냥하고 있어서 창문을 열 수조차 없게 되었다. 집이 아니라 감옥이었다. 아이들도, 친척들도, 친구들도 아무도 올 수 없게 되었다. 먼 산을 볼 수도 하늘을 볼 수도 없었다. 모든 것이 내 불찰에 기인한다 할지라도, 창문을 열고 안마당을 걸으며 하늘을 볼 자유까지 빼앗는 것은 너무나 잔인한 일이었다. 홈페이지에 호소문을 올렸다. 김경수 비서관이 기자들과 협상을 해서 사자 바위와 부엉이 바위에서 취재진을 철수시켰다.

7 노무현의 실패는 노무현의 것이다

4월 30일 아침 여덟 시. 봉하마을을 떠나 버스를 타고 서울 대검찰청에 갔다. 참여정부에서 함께 일했던 총리와 장관들, 청와대 참모들이 와서 배웅해 주었다. 하지 말라고 했는데도 사람들이 버스를 향해 노란 국화를 던졌다. 봉하에서 검찰청사까지 5시간 20분 내내 취재 차량과 방송 헬기가 따라왔다. 문재인, 전해철 두 변호사가 조사에 입회했다. 건호가 관련되었다는 500만 달러, 아내가 받아 쓴 3억 원과 100만 달러, 그리고 정상문 비서관이 횡령했다는 12억 5,000만 원. 문제는 이 세 가지였다. 500만 달러는 순수한 투자 거래이며 퇴임한 후에 알고 건호가 손을 떼도록 했다는 사실을 밝혔다. 3억 원과 100만 달러에 대해서도 알게 된 경위와 사용처를 진술했다. 특수활동비 12억 5,000만 원은 내가 알지 못한 일이었다. 모두 진실 그대로 이야기했다.

검사들이 대질을 한다면서 박연차 회장을 조사실로 데리고 왔다. 그를 원망하는 마음도 없었고 비난할 수도 없었다. 100만 달러 사용처에 대해서는 추후에 내역을 제출하기로 했다. 조사가 끝나고 며칠 안에 다 작성해서 제출했다. 새벽 두 시에 대검찰청을 나왔다. 그때까지 사람들이 노란 풍선을 들고 서 있었다. 밤새 차를 달려 집으로 돌아왔다. 내 생애 마지막 외출이었다. 검찰이 신속하게 기소할 것으로 보고 틈틈이 진술 준비를 했다. 그런데 검찰이 기소를 하지 않고 시간을 보냈다. 언론 보도는 계속되었다. 아내를 다시 소환한다는 말이 돌았다.

아무도 진실에 관심을 가지지 않았다. 노무현은 600만 달러 뇌물을 받은 사람으로 돼 있었다. 자기 잘못을 아내한테 떠넘긴 못난 남편이 되어 있었다. 회갑 선물로 박연차 회장이 주었다는, 내 회갑 때는 알지도 보지도 못했던 소위 '명품 시계'가 언론에 보도되었다. 나는 파렴치한 사람이 되고 말았다. 검찰 소환 조사는 끝이 아니라 시작이었다. 이 모든 것이 언제 끝날지, 앞으로 무슨 일이 더 있을지 알 수 없었다.

이명박 대통령의 청와대와 검찰, 조중동을 비롯한 보수 언론은 나의 실패를 진보의 실패라고 조롱했다. 노무현의 인생만

이 아니라 부림사건 변론을 맡았던 이래 내가 했던 모든 것을 모욕하고 저주했다. 민주화 운동과 시민운동, 그리고 대통령직 5년을 포함한 정치 20년, 그 모든 것에 침을 뱉었다. 재판이 다 끝날 때까지 그런 일이 끝없이 되풀이될 것이다. 그들은 나의 실패를 진보의 실패로 만들 것이다. 나는 처음부터 이것이 가장 두려웠다. 그래서 수십 년 동안 나를 도와주고 나와 함께 무엇인가를 도모했던 분들을 향해 말했다. 노무현의 실패가 진보의 실패는 아니라고. 노무현은 이미 정의니 진보니 하는 아름다운 이상과 어울리지 않는 이름이 되었다고. 노무현은 헤어날 수 없는 수렁에 빠졌으니 노무현을 버리라고.

많은 사람들이 나를 버렸다. 노무현 때문에 도매금으로 피해를 보았다는 분노, 노무현이 진보의 미래를 망쳤다는 원망을 쏟아 냈다. 노무현이 죽어야 진보가 산다고 했다. 누구를 원망할 것인가. 그런 말을 들으니 더 미안했다. 내가 그분들을 그렇게까지 아프게 한 줄은 몰랐다. 그런데도 어떤 사람들은 끝까지 나를 버리지 않았다. 그들은 나의 잘못, 나의 실패, 나의 좌절까지도 이해하며 변함없이 사랑한다고 말했다. 고마웠지만 그럴수록 더 그런 분들을 볼 면목이 없었다.

전직 대통령의 명예를 지키려고 하지 않았다. 내가 인정한 사실만으로도 그것은 이미 불가능하게 되었다. 나는 시민의 권리, 피의자의 권리라도 지키려 했을 뿐이다. 그것이 내게 중요한 일이어서가 아니라, 알고 범죄를 저지른 것과 주변 관리를 잘못해서 사고가 난 것은 다르기 때문이었다. 그런 차이가 내게 무슨 의미가 있는 것은 아니었다. 그러나 노무현을 믿고 사랑하고 도와주었던 사람들에게는 큰 의미가 있다고 생각했다. 복잡하게 하지 말고 다 내가 한 것이라고 나서지 못한 것도, 바로 그 생각 때문이었다. 하지만 이 모두가 부질없는 짓이었다.

모든 것이 내 책임이었다. 대통령을 하려고 한 것이 분수에 넘치는 욕심이었다. 세상을 조금이라도 바꾼 지도자가 되려고 한 것이 나의 역량을 넘어서는 일이었음을 뒤늦게 깨달았다. 주변 사람들이 원망스러웠지만 원망할 수가 없었다. 나는 야망이 있어서 스스로 준비하고 단련했지만, 그들은 나로 인해 아무 준비 없이 권력의 세계로 끌려 들어왔다. 내가 욕심을 부리지 않았다면 그들이 고초를 겪는 일도 없었을 것이다. 가난하고 억눌린 노동자들을 돕겠다고 소박하게 시작했던 일이 이렇게 끝나리라는 것을 꿈에라도 생각했다면, 애초에 정치를 시작하지 않았을 것이다.

고향에 돌아와 살면서 해 보고 싶었던 꿈을 모두 다 접었다. 죽을 때까지 고개 숙이고 사는 것을 내 운명으로 받아들일 준비를 했다. 재판 결과가 어떠하든 이 운명을 거역할 수 없다고 생각했다. 20년 정치 인생을 돌아보았다. 마치 물을 가르고 달려온 것 같았다. 세상을 조금이라도 바꾸었다고 믿었는데, 돌아보니 원래 있던 그대로 돌아가 있었다. 정말로 세상을 바꾸는, 사람 사는 세상을 만드는 길이 다른 데 있었던 것은 아니었을까? 대통령은 진보를 이루는 데 적절한 자리가 아니었던 것이 아닐까? 그렇다면 도대체 누가, 무엇으로, 어떻게 세상을 바꾸는 것일까?

8 마지막으로 본 세상

평소보다 조금 일찍 눈을 떴다. 거실로 나왔다. 어제 저녁 건호와 함께 집 뒤뜰과 주변 잡초를 뽑았다. 겨울에 발을 수술한 후로 아내는 걸음이 불편해 건호와 내가 주로 했다. 오랜만에 맥주를 마시며 모자의 정을 나누느라고 늦게 잠자리에 들었던 탓인지, 아내는 아직 곤히 자고 있었다. 늘 쓰던 거실 컴퓨터를 켜고 여러 날 간직해 왔던 생각을 가만가만 자판을 눌러 가며 한 줄씩 적었다. 다 쓴 다음 바탕 화면에 저장했다.

너무 많은 사람들에게 신세를 졌다.
나로 말미암아 여러 사람이 받은 고통이 너무 크다.
앞으로 받을 고통도 헤아릴 수가 없다.
여생도 남에게 짐이 될 일밖에 없다.
건강이 좋지 않아서 아무것도 할 수가 없다.
책을 읽을 수도 글을 쓸 수도 없다.

너무 슬퍼하지 마라.
삶과 죽음이 모두 자연의 한 조각 아니겠는가?
미안해하지 마라.
누구도 원망하지 마라.
운명이다.

화장해라.

그리고 집 가까운 곳에 아주 작은 비석 하나만 남겨라.

오래된 생각이다.

자판 누르는 소리에 아내가 깬 것 같았다. 인터폰을 들어 경호관을 불렀다. 파일을 열어 문장을 손본 다음 수정한 글을 다시 저장했다. 회색 콤비를 걸치고 현관으로 나와 캐주얼 단화를 신었다. 꾸물거리다가는 건호나 아내가 따라나서려고 할지도 모른다. 현관에 경호관이 기다리고 있었다. 청와대에 있던 때부터 나를 많이 좋아했던 사람이다. 정문 경비를 하는 의경이 거수경례를 했다. 가볍게 답례하고 집 담장을 따라 걷는데, 담장 아래 잡초가 보였다. 어릴 때 뛰어다녔던 생가 고샅길이다. 잡초를 뽑아 길가에 던졌다.

봉화산 등산로 입구 마늘 밭에 마을 주민 박 씨가 있었다. 마늘 작황을 물어보았더니 신통치 않다고 했다. 정토원으로 가는 산길을 올랐다. 봉수대 근처까지 올라갔다가 발길을 돌렸다. 내려오다가 오른쪽 부엉이 바위로 갔다. 발아래 아내와 건호가 잠들어 있는 집과 복원 공사를 하는 생가터가 보였다. 손수건으로 땀을 닦았다. 손수건은 내가 몸에 지닌 유일한 것이었다. 담배가 있는지 물어보았더니 없다고 했다. 가져오라고 할지 묻기에 됐다고 했다. 아내의 지청구를 들어 가면서 수십 년 동안 담배를 수도 없이 끊었다 피웠다 했던 일이 떠올랐다. 정토원에 가서 선진규 법사가 계신지 보고 오라고 했다. 경호관이 돌계단을 뛰어 올라갔다. 앞으로 그에게 닥칠 일을 생각하니 인간적으로 미안했다. 그러나 곁에 두었다가는 더 큰일이 날 것 같았다.

봉하 들판을 내려다보았다. 고개를 들어 해가 떠오르는 남동쪽 하늘을 올려다보았다. 일출 시간이 지났지만 두꺼운 구름과 자욱한 아침 안개 때문에 아직 해는 보이지 않았다. 그러나 곧 태양이 솟을 것임을 나는 알고 있었다. 다리를 곧게 펴고 섰다. 태어나고 자랐던 고향 마을의 정겨운 산과 들을 찬찬히 눈에 담았다. 마지막으로 본 세상은 평화로웠다.

謹
당신의 뜻
편히 쉬세요 잊지 않겠습니다

무현
지 않겠습니다

謹弔

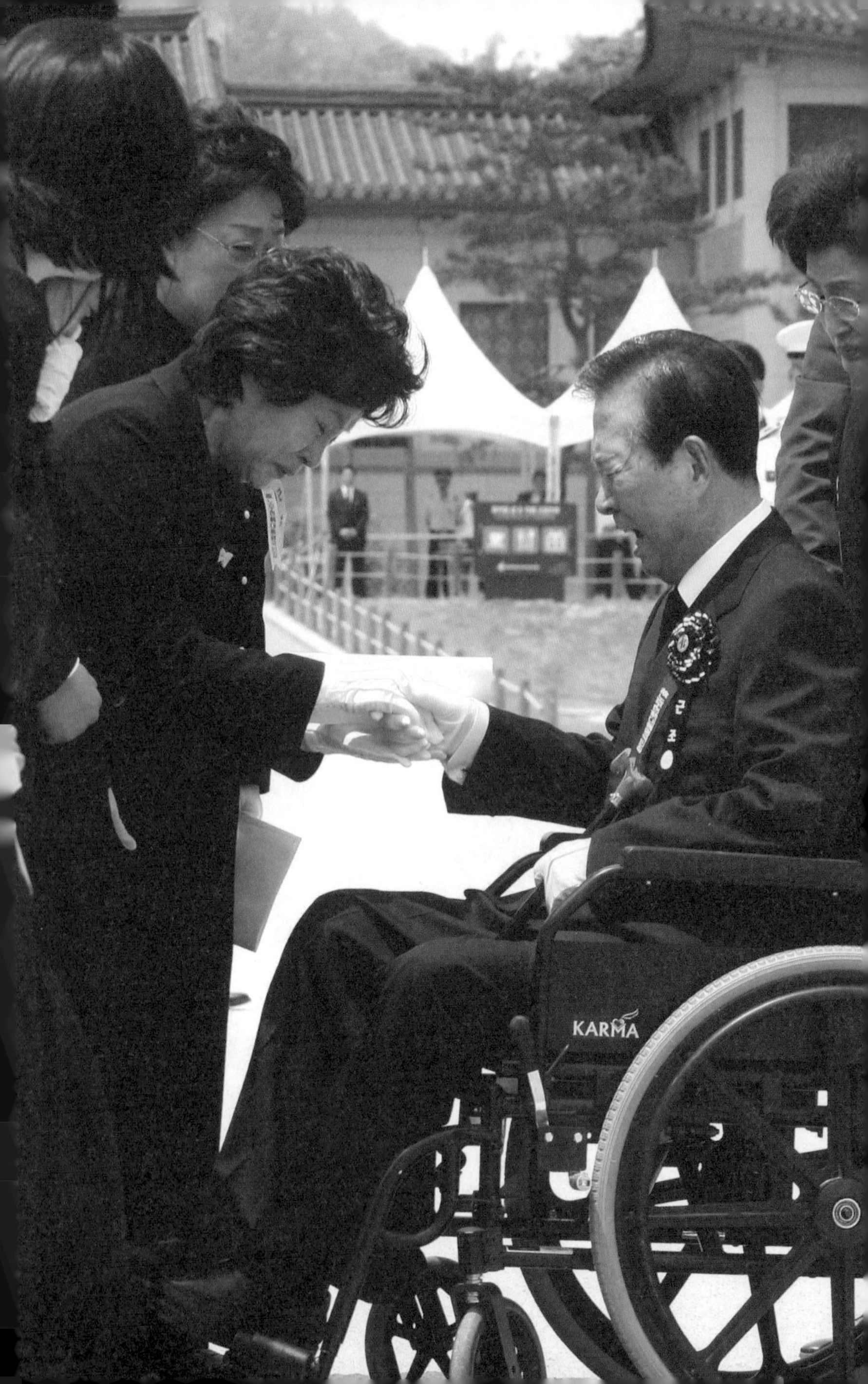
KARMA

에필로그

청년의 죽음

유시민

2009년 5월 23일, 해가 떠오르는 시각. 그는 똑바로 앞을 보면서 뛰어내렸다. 그의 몸은 두 번 바위에 부딪치면서 부엉이 바위 아래 솔숲에 떨어졌다. 마지막 길을 동행했던 경호관이 다시 찾아내기까지 30분 동안, 그는 거기 혼자 있었다. 다시는 눈을 뜨지 못했다. 말을 하지 못했다. 숨을 쉬지 못했다.

그가 이승의 마지막 잠을 혼자서 청했던 그 시각, 나는 제주도에서 친구들과 즐거운 시간을 보내고 있었다. 그가 혼자서 마지막 글을 수정해 컴퓨터에 다시 저장하고 봉화산 돌계단을 걸어 올라갔던 그 시각, 나는 편안하게 잠을 자고 있었다. 텔레비전 속보를 보고 누군가 전화를 하기 전까지, 나는 그가 떠났다는 사실조차 몰랐다. 김해로 가는 항공편 대기자 명단에 이름을 올리고, 커다란 선글라스로 눈을 가린 채 제주공항 대합실 구석에 쭈그리고 앉았다. 아무 생각이 나지 않았다. 어떤 말도 할 수가 없었다. 그저 눈물이 났을 뿐.

사람들이 많이 울었다. 봉하마을 분향소에서도 서울역 분향소에서도, 사람들이 울었다. 나도 울었다. 울면서 생각했다. 사람들이 왜 이렇게 많이 올까? 왜 저렇게들 우는 것일까? 국민장을 치른 엿새 동안 봉하마을에만 100만 명 넘는 조문객이 왔다. 전국 분향소에서 500만 명 넘는 국민이 조문했다. 대한문 시민 분향소 주변은 현실 공간이 아닌 것 같았다. 그렇게 좁은 곳에서, 그토록 많은 사람들이 똑같은 표정을 지은 채 하염없이 줄을 서서 기다리고, 구령에 맞추어 똑같이 두 번 절을 올리고, 그리고 저마다 눈물을 훔치며 빠져나가는 광경은 상상조차 해 본 적이 없었다. 노제를 치른 서울시청 광장은 탄식과 슬픔이 너울

대는 사람의 바다였다.

그의 몸은 물과 흙, 나무와 바람, 태양과 별들에게 돌아갔다. 남은 재 한 줌이 부엉이 바위가 비스듬히 내려다보는 곳, 작은 비석 아래 묻혔다. 그의 고통과 번민은 분향소에서 눈물을 쏟았던 사람들의 가슴으로 흩어졌다. 아주 작은 조각 하나가 내 마음에도 들어왔다. 살아 있는 그를 다시 만날 수 없는 것은 아니다. 디지털 신호가 움직이는 사이버 공간에 가면, 변함없이 활기찬 그가 우리에게 다가와 말을 건다.

서울역 분향소에 서서 눈을 감고 그를 생각했다. 처음 보았던 때부터 마지막 대화를 나누었던 날까지, 그와 함께했던 순간들을 하나하나 되짚어 보았다. 그는 어떤 사람이었던가? 그는 나에게 어떤 존재였던가? 그는 세상에 무엇을 남겼는가? 그는 왜 그렇게 떠난 것일까? 나는 무엇 때문에 이리도 아픈 것일까?

그는 자기 자신 말고는 아무것도 가진 게 없는 사람이었다. 물려받은 재산이 없었다. 화려한 학력도 없었다. 힘 있는 친구도 없었다. 고통 받는 이웃에 대한 연민, 반칙을 자행하는 자에 대한 분노, 정의가 승리한다는 것을 증명해 보이려는 열정 말고는 아무것도 없었다. 그는 연민과 분노와 열정의 힘만으로 가장 높은 곳까지 올라갔다. 처음에 혼자였던 그는 마지막에도 혼자였다. 높은 곳으로 올라가는 동안에도, 높은 곳에 머물러 있는 동안에도, 그는 자기를 사랑하는 사람들을 편안하게 놓아 두지 않았다. 끝없이 연민과 안타까움을 느끼게 만들었다. 그는 높은 곳에서 희열을 느끼지 못하는 것 같았다. 낮은 곳에서 고통 받는 사람들과 함께 있을 때에만 기쁨을 느끼는 듯 보였다. 그럴 때조차도, 함께 고통 받지 않으면 죄의식을 느끼는 사람이었다.

그런 그가, 나는 좋았다. 그가 혼자, 너무 외로워 보였기에 그에게 다가섰다. 하지만 그 외로움을 덜어 주지 못했다. 그가 회복할 수 없는 실패로 죽음보다 더한 고통을 받고 있었던 시간, 나는 곁에 없었다. 그가 절대 고독 속에서, 돌계단을 하나씩 밟으며 혼자 부엉이 바위에 오르게 버려두었다. 그를 외롭지 않게 하려고 내가 했던 모든 일들이, 오히려 그를 더 혹심한 고독에 몰아넣었는지도 모른다. 그가 혼자 떠났다는 것을 안 순간, 나를 사로잡은 감정은 짓누르는 죄책감이었다. 그런 감정 없이는, 지금도 그를 떠올릴 수 없다.

내가 아는 그는 연민과 부끄러움이 많은 사람이었다. 30대 중반을 넘긴 평범한 변호사 노무현을 양심수와 노동자를 돕는 인권 운동으로 인도한 것은 그 어떤 빛나는 이념도 아니었다. 정의와 생존권을 지키려고 싸우다 박해 받는 동시대인에 대한 소박한 연민이었다. 불의가 횡행하는 세상에서 혼자 안온한 삶을 누리는 것에 대한 미안함과 부끄러움이었다. 자신의 안위를 지키려고 시대를 외면하려 했을 때 가슴 밑바닥을 때린 수치심이었다. 그런 것들 때문에 그는 민주화 운동에 뛰어들었고 정치를 시작했다. 나에게 그는, 그가 하는 일에 힘을 보태지 않고는 부끄러움을 면할 수 없게 만드는, 그런 사람이었다.

만인의 인정을 받을 만큼 충분히 유능하고 지혜로운 대통령은 아니었을지 모른다. 그러나 그는 인권변호사로서, 민주화 운동가로서, 정치인으로서, 그리고 대통령으로서 많은 일을 해냈다. 전직 대통령으로서 시민으로서, 정치를 통해 다하지 못했던 일들을 마저 하려고 했다. 그랬던 그가 왜 그렇게 훌쩍 떠나야 했던 것일까? 이 질문을 떠올릴 때마다 주체하기 어려운 분노에 휩쓸리곤 했다. 절망감에 가슴이 무너지는 것 같았다. 검찰이 그를 정조준한 수사와 비열한 여론 재판을 시작했을 때, 그는 전직 대통령의 명예를 포기했지만 사실만은 지키려고 애썼다. 그것은 노무현의 명예를 지키기 위해서가 아니었다.

자기 자신 말고는 아무것도 없이 가장 높은 곳으로 오르는 동안, 그는 너무 많은 사람들의 사랑과 도움을 받았다. 그는 그 사람들을 생각했다. 대통령으로서 알고 범죄를 저지른 것과, 주변 관리를 제대로 하지 못해 사고가 난 것은 큰 차이가 있다. 그는 '사실'을 지킴으로써 자신을 사랑했던 사람들의 명예를 반이라도 지키고 싶었다. 그러나 그마저도 헛된 희망이었다. 누구도 '사실'과 '피의자의 권리'에 관심을 주지 않았다. 이명박 대통령과 정치 검사들과 언론은 그를 부패하고 파렴치한 인물로 만들었다. 민주주의, 인권, 정의, 국민 통합을 원해서 그를 사랑했던 모든 사람들에게도 침을 뱉었다. 이것이 죽음보다 고통스러웠기에 그는 외쳤다. "노무현을 버리셔야 합니다!"

그러나 여전히 그를 버리지 않는 사람들이 있었다. 설령 사람들이 모두 그를 버린다 해도 상황이 달라질 수는 없었다. 자신이 사라지는 것 말고는 모두를 이 수렁에서 건져 낼 방법이 없었다. 그래서 떠나 버린 것이다. 그가 떠난 현실을 나는 그렇게 받아들였다. 그러나 여전히 해결되지 않는 문제가 남아 있다.

이명박 대통령과 익명으로 언론에 등장했던 청와대 '핵심 관계자'들, 대검 중수부 검사들에게서 나는 '사악한 의도'를 보았다. 적개심과 분노가 일었다. 도저히 용서할 수 없을 것 같았다. 보수와 진보를 가릴 것 없이, 언론에 대해서는 어찌해 볼 수 없는 절망감을 느꼈다. 그는 언론의 부당한 특권, 언론의 '조폭적' 권력 행사, 언론인들의 오만에 공개적으로 항의하고 도전했던, 단 하나뿐인 정치인이었다. 그가 비참하게 눌려 죽어 버린 이 나라에서, 앞으로 또 그런 도전을 감행하는 정치인이 나올 수 있을까?

어느 언론사가 편을 들어주기를 바란 것은 아니었다. '사실'에 대해 최소한의 관심이라도 보여 주기를 원했을 뿐이다. 그러나 이 소박한 희망조차 눈길을 주는 언론이 없었다. '사실'에 대해 최소한의 예의도 지키지 않는 언론은 사람을 해치는 흉기가 된다. 그가 부엉이 바위에 오르기까지 모든 일들을 직접 간접 함께 체험한 끝에 내 마음에 남은 감정은 분노와 절망감이었다. 세상이 무서웠다. 사람이 싫어졌다. 민주주의, 자유, 정의, 진보, 조국, 이런 말을 들어도 더는 가슴이 설레지 않았다.

곳곳에서 너그럽고 후한 추도사가 나왔다. 하이에나가 우글대는 황량한 들판에서 그가 홀로 쫓기고 있을 때 동정의 눈길 한번 주지 않았던, 모든 것이 그가 자초한 일이라며 돌을 던졌던 사람들도 슬픈 표정을 지으며 그를 추도했다. 사랑할 만한 사람을 사랑했음을 인정받았지만 조금도 기쁘지 않았다. 그를 부엉이 바위로 오르게 한 주역들은 한 오라기의 후회도 내비치지 않았다. 그의 죽음 앞에 최소한의 예의도 지키지 않는 사람이 여전히 많다. 그들은 그가 살아 있을 때 그랬던 것처럼 떠난 후에도 여전히 그를 향해 침을 뱉고 돌을 던진다.

서울역 분향소에서 내 귀에 대고 낮고 강한 목소리로 속삭인 시민들이 있었다. "복수합시다!" "복수해 주세요!" "꼭, 복수할 겁니다!" 그들에게 정말 복수해야 하는 것일까? 마음을 먹는다면 복수할 수 있을까? 어떻게 하는 것이 진짜 복수가 될까? 그가 떠난 자리에 남겨진 이 질문에 나는 아직 대답하지 못하고 있다.

복수해서는 안 된다고 생각한다면, 또는 하고 싶어도 복수할 수 없다면, 그렇다면 그들과 화해해야 하는가? 그가 정치생명을 걸고 추구했던 '국민 통합'이 그런 사람들까지도 껴안는 것일까? 화해하기로 마음먹으면 화해할 수 있을까? 그렇다면 과연 어떻게 해야 화해할 수 있을까? 이 질문에 대해서도 아직 대답할 수 없다. 얼마나 더 시간이 흘러야 대답을 찾을 수 있을지도 지금으로서는 알 수 없다.

그가 남긴 말과 글을 정리하면서 끊임없이 자문해 보았다. 그는 세상에 무엇을 남겼는가? 나는 그와 어떻게 작별해야 하는가? 그는 '사람 사는 세상'을 꿈꾸었다. 그 꿈이 그를 대통령으로 만들었고, 그 꿈이 결국 그를 부엉이 바위에 오르게 했다. 5년 동안 나라의 대통령을 지낸 사람이지만, 마지막 순간까지 그는 '꿈 많은 청년'이었다.

2009년 5월 23일 아침 우리가 본 것은 '전직 대통령의 서거'가 아니라 '꿈 많았던 청년의 죽음'이었는지도 모른다. 1987년 6월항쟁은 우리 민주주의의 청춘이었다. 양김 분열과 3당합당, 정치인들의 기회주의와 시민들의 정치적 무관심을 거치며 모두가 중년으로 노년으로 늙어 가는 동안, 그는 홀로 그 뜨거웠던 6월의 기억과 사람 사는 세상의 꿈을 가슴에 품고 씩씩하게 살았다. 잃어버린 청춘의 꿈과 기억을 시민들의 마음속에 되살려 냈기에 그는 대통령이 되었다. 대통령이던 시절에도 대통령을 마친 후에도 그는, 꿈을 안고 사는 청년이었다.

연민의 실타래와 분노의 불덩이를 지니고 살았던 그는, 반칙하지 않고도 승리할 수 있다는 것을 증명하고 싶어 했다. 대한민국을 그런 믿음 위에 올려놓으려고 했다. 그 믿음이 국민의 마음에 뿌리를 내리지 못하는 한, 노무현이 대통령일지라도 그 시대는 '노무현 시대'일 수 없었다. 그는 대통령으로서 다 이루지 못했던 꿈을 마저 이루기 위해 전직 대통령으로서 시민으로서 포기하지 않고 노력했다. 그런데 자신의 존재가 그 꿈을 모욕하고 짓밟는 수단이 되고 말았다. 그것을 용납할 수 없었기에 그는 생명을 버렸다. 그가 생명을 던진 그 자리에, 이제 '사람 사는 세상'의 꿈만 혼자 남았다.

'사람 사는 세상'의 꿈이 그렇게 살아 있는 한, 그를 영영 떠나보내지는 못할 것 같다.

부록

HYOSUNG
12:00

자료 목록

1. 노무현 대통령 자신의 기록

『여보, 나 좀 도와줘』, 새터, 1994.
『노무현이 만난 링컨』, 학고재, 2001.
『노무현: 상식 혹은 희망』,「자전기록: 내가 선택한 길을 내 뜻대로 걸었다」, 행복한책읽기, 2002. 3.
『노무현의 리더십 이야기』, 행복한책읽기, 2002. 10.
『성공과 좌절』, 학고재, 2009. 9.
『진보의 미래』, 동녘, 2009. 11.
미공개 자필기록, 「오! 민주여! 사람 사는 세상이여!」, 1988.
미공개 구술기록, 〈통합의 정치를 향한 고단한 도전〉, 2001.
미공개 구술기록, 〈나의 정치역정과 참여정부 5년〉, 2007. 9.~2008. 1.
미공개 녹취기록, 〈봉하마을 방문객 인사〉, 2008. 8. 9, 8. 10, 8. 13.

2. 다른 사람의 기록, 취재 기록, 저서

강준만, 『노무현과 국민사기극』, 인물과사상사, 2001.
정혜신 외, 『노무현: 상식 혹은 희망』, 행복한책읽기, 2002.
유시민, 『노무현은 왜 조선일보와 싸우는가』, 개마고원, 2002.
참여정부 대통령비서실, 『있는 그대로, 대한민국』, 지식공작소, 2007.

참여정부 대통령비서실, 『한국정치, 이대로는 안 된다』, 역사비평사, 2007.

오연호, 『노무현, 마지막 인터뷰』, 오마이뉴스, 2009.

노무현재단, 『내 마음속 대통령』, 한걸음 더, 2009.

이백만, 『불멸의 희망』, 21세기북스, 2009.

미공개 취재기록, 〈권양숙 인터뷰〉, 2009. 12. 8.~12. 9.

미공개 취재기록, 〈김정호 인터뷰〉, 2009. 12. 8.

미공개 취재기록, 〈문재인 인터뷰〉, 2009. 12. 9.

미공개 취재기록, 〈원창희 등 인터뷰〉, 2009. 12. 10.

미공개 취재기록, 〈이재우 인터뷰〉, 2009. 12. 16.

미공개 취재기록, 〈노영옥 인터뷰〉, 2009. 12. 18.

노무현 대통령 연보

1. 유년과 성장

1946. 9. 1.	경남 김해시 진영읍 본산리에서 가난한 농부인 아버지 노판석 씨와 어머니 이순례 씨 사이에서 3남 2녀 중 막내로 태어나다.
1959	경남 김해시 진영읍 대창초등학교를 졸업하고 진영중학교에 입학하다.
1960. 2.	이승만 대통령 생일 기념 글짓기 행사에서 동급생들과 백지를 내다.
1961	부일장학생에 선발되다.
1963. 2.	진영중학교를 졸업하고 부산상고에 장학생으로 입학하다.
1966. 2.	부산상고를 졸업(53회)하고 어망 회사 '삼해공업'에 입사하다.
1966	봉하마을 뱀산에 토담집 마옥당(磨玉堂)을 짓고 고시 공부를 시작하다.
1966	울산 건설 현장에서 막노동을 하다 산업재해를 당하다.
1966. 11.	'사법 및 행정요원 예비시험'에 합격하다.

2. 도전과 성취

1968.3.	육군에 현역으로 입대하다.
1971.1.	강원도 인제에서 육군 상병으로 만기제대하다.
1971	3급(현 5급) 공무원 1차 시험과 사법 고시 1차 시험에 합격하다.
1973	권양숙 여사와 혼인하고 장남 건호를 얻다.
1973	맏형 영현 씨 교통사고로 사망하다.
1975	제17회 사법 고시에 합격하고 사법연수원 7기 연수생이 되다.
1975.8.11.	장녀 정연 태어나다.
1976	아버지 노판석 씨 사망하다.
1977.9.	대전지방법원 판사로 부임하다.
1978.5.	부산에 변호사 사무실을 열다.

3. 인권 변호사

1981	『부산일보』에 생활법률상담 연재를 시작하다.
1981.9.	부림사건 변론을 맡다.
1982	문재인 변호사와 공동 사무실(현 법무법인 부산)을 열다.
1982.5.	부산 미국문화원 방화 사건 변호를 맡다.
1984	부산공해문제연구소 이사를 맡다.
1985	부산민주시민협의회 상임위원으로 활동하다. 울산, 마산, 창원, 거제도와 경북 구미공단 등을 다니며

노동운동을 변론하다.

1986.5. '민주화를 위한 변호사 모임'의 모태가 된 정법회 창립에 참여하다.

1986.6. 송기인 신부 권유로 천주교 세례(세례명 유스토)를 받다.

1987.2. 고 박종철 군 추모 대회에서 연행되어 부산시경 대공분실에 구금되다.

1987.5. 민주헌법쟁취국민운동 부산본부 상임집행위원장을 맡다.

1987.9. 대우조선 고 이석규 씨 유족을 돕다가 '장례 방해', '제3자 개입'으로 23일간 구속되다. 변호사 업무 정지 처분을 당하다.

1987.11. 변호사 업무 정지 처분을 당하다.

1987.12. '양김 분열' 속에 치러진 제13대 대선에서 공정선거감시운동 부산본부장을 맡다.

1988.4. 제13대 국회의원에 당선(통일민주당, 부산 동구)되다. 국회 노동위원회에서 이상수, 이해찬과 함께 '노동위 3총사'로 활동하다.

1988.6. 변호사 업무 정지 해제되다.

1988.12. '제5공화국비리조사특별위원회'에서 '청문회 스타'로 각광받다.

1989.3. 제도 정치에 한계를 느끼고 의원직 사퇴서를 제출하다.

4. 통합의 정치

1990	3당합당에 반대, '작은 민주당'을 창당하다.
1990	민자당의 방송법 등 날치기 처리를 규탄하며 김정길, 이철, 이해찬 의원과 함께 의원직 사퇴서를 제출하다.
1991.9.	야권 통합을 주도하여 통합민주당 대변인이 되다.
1992.3.	제14대 총선(민주당, 부산 동구)에서 낙선하다.
1992	김대중 대통령 후보 청년특위 물결유세단장을 맡아 제14대 대선에 참여하다.
1993	지방자치실무연구소를 설립하다.
1993.3.	민주당 최연소 최고위원으로 당선되다.
1994	『여보, 나 좀 도와줘』를 출간하다.
1995.6.	부산시장(민주당) 선거에서 낙선하다.
1996.4.	제15대 총선(민주당, 서울 종로)에서 이명박, 이종찬 후보와 경쟁하여 3위로 낙선하다.
1996.11.	국민통합추진회의(통추)에 참여하다.
1997	SBS 라디오 '노무현 김자영의 뉴스대행진'을 진행하다.

5. 원칙과 소신

1997.11.	새정치국민회의에 입당해 김대중 대통령 후보를 위한 방송 연설을 하다.
1998	어머니 이순례 씨 사망하다.
1998.7.	제15대 종로구 보궐선거에서 당선되다.

1998	정치 업무 표준화 시스템 '노하우 2000'을 개발하다.
1999	부산 출마를 선언하고 종로 지구당을 포기하다.
2000.4.	제16대 총선(새천년민주당, 부산 북·강서을)에서 낙선하다.
2000.4.	대한민국 최초의 정치인 팬클럽 노사모(노무현을 사랑하는 사람들의 모임)가 탄생하다.
2000.8.	해양수산부 장관에 취임하다.

6. 신화를 만들다

2001.11.	『노무현이 만난 링컨』을 출간하다.
2001.12.10.	『노무현이 만난 링컨』 출간 기념회 및 후원회 행사에서 대통령 선거 출마를 공식 선언하다.
2002.3.	민주당 국민 참여 광주 경선에서 1위를 기록하며 노풍을 점화시키다.
2002.4.	국민 참여 경선을 통해 민주당 대통령 후보로 선출되다.
2002.10.	『노무현의 리더십 이야기』를 출간하다.
2002.10.20.	개혁국민정당이 창당 발기인 대회에서 노무현 후보 지지를 결의하다.
2002.11.	국민통합21 정몽준 대표와 후보 단일화에 성공하다.
2002.12.19.	대한민국 제16대 대통령에 당선되다.

7. 대한민국 대통령

2003.2.25. 제16대 대통령에 취임하다.

2003.4. 청남대를 국민들에게 돌려주다.

2004.1. 균형 발전 3대 특별법 서명식을 갖고, 지방화와 균형 발전 시대 선포식을 갖다.
용산 미군기지의 평택 이전을 확정하고, 60년 만에 용산을 돌려받다.

2004.3.12. 한나라당과 민주당이 대통령 탄핵소추안을 의결하다.

2004.4.15. 열린우리당이 총선에서 과반 의석을 얻다.

2004.5.14. 헌법재판소가 탄핵소추를 기각하다.

2004.5.20. 열린우리당에 입당하다.

2004.10. 과학기술부를 부총리 부처로 승격시키고 장관을 부총리로 임명하다.

2005.3. 투명사회협약 체결식을 갖다.

2005.7. 대화와 타협의 정치 문화를 위한 선거구제 개편과 함께 대연정을 공식 제안하다.

2006 한미 자유무역협정 협상을 시작하다.

2006.2. 직접 개발에 참여한 청와대 업무관리 시스템 'e-지원'(e-知園)을 특허등록하고, 누구나 무상으로 활용할 수 있게 공개하다.

2006.4. 독도 영토주권 문제에 대한 한일 관계 특별 담화를 발표하다.

2006.8. 2030년까지의 국가 장기 발전 전략인 '국가비전 2030'을 발표하다.

2007.1. 책임정치 구현을 위해 대선과 총선 시기를 일치시키는 원 포인트 개헌을 제안하다.

2007.2. 당의 요구로 열린우리당 당적을 버리다.

2007.6. 대통령비서실에서 『있는 그대로, 대한민국』을 출간하다.

2007.7. 행정중심복합도시인 세종특별자치시의 기공식을 갖다.

수도권과 지방의 상생 발전을 위한 2단계 균형 발전 선포식을 갖다.

2007.9. 『한국정치, 이대로는 안 된다』를 출간하다.

지방 균형 발전을 위한 혁신 도시와 기업 도시 기공식을 시작하다.

2007.10. 평양을 방문하여 제2차 남북 정상회담을 개최하고 10·4공동선언을 발표하다.

8. 귀향, 그리고 서거

2008.2.25. 대통령 임기를 마치고 고향 봉하마을로 돌아오다.

2008 봉하마을에서 친환경 생태 농업과 하천 습지 복원, 숲 가꾸기 등 '아름답고 살기 좋은 마을 만들기' 프로젝트를 시작하다.

2008.3. 봉하마을과 화포천을 자원봉사자들과 함께 직접 청소하다.

2008.4. 광주 망월동 5·18묘역을 참배하고, 방명록에 '강물처럼'이라는 글을 남기다.

2008.5. 김해 특산물인 장군차밭을 방문하여 제다(製茶) 체험을 하고, 봉하마을에 장군차나무를 심다.

2008 함평·진주·하동·광양·평창·영월·정선·영동·논산·금산·서천·함양 등 전국의 살기 좋은 마을 가꾸기 모범 사례를 직접 찾아다니다.

2008.6.14. 친환경 농사를 위해 논에 오리를 풀어놓는 행사를 갖다.

2008.10. 10·4남북정상선언 1주년 기념식에 참석해 강연하다.

2008.10.20. 콤바인을 몰고 봉하오리쌀을 직접 수확하다.

2008.12.5. 봉하 방문객에게 마지막 인사를 하고 칩거하며 '진보주의' 연구와 회고록 준비를 시작하다.

2009.4.30. 검찰에 출두하다.

2009.5.23. 서거하다.

사진 출처

pp. 74~75 ⓒ박행원, p. 84 ⓒ박행원, p. 98 ⓒ박행원,
p. 106 ⓒ연합뉴스, pp. 114~115 ⓒ김종구,
p. 124 ⓒ박행원, p. 163 ⓒ김영호, p. 181 ⓒ오마이뉴스,
p. 197 ⓒ연합뉴스, pp. 240~241 ⓒ연합뉴스,
pp. 302~303 ⓒ이종철, pp. 352~353 ⓒ경향신문

* 사진의 게재를 허락해 주신 분들, 자료를 제공해 주신 분들께 감사드립니다.

* 위의 사진을 제외한 나머지 사진의 저작권은 모두 노무현재단에 있습니다.